UNA PALABRA MÁS FUERTE

LOS ESCRITOS DE MONSEÑOR AGUSTÍN ROMÁN

COLECCIÓN FÉLIX VARELA # 46

EDICIONES UNIVERSAL, Miami, Florida, 2012

JULIO ESTORINO (ED.)

UNA PALABRA MÁS FUERTE

LOS ESCRITOS DE MONSEÑOR AGUSTÍN ROMÁN

EDICIONES UNIVERSAL

Primera edición, 2012

EDICIONES UNIVERSAL
P.O. Box 450353 (Shenandoah Station)
Miami, FL 33245-0353. USA
Tel: (305) 642-3234 Fax: (305) 642-7978
e-mail: ediciones@ediciones.com
http://www.ediciones.com

Library of Congress Catalog Card No.: 2012948039
ISBN-10: 1-59388-242-4
ISBN-13: 978-1-59388-242-6

Composición de textos: María Cristina Salvat

Diseño de la cubierta: Luis García Fresquet
Foto de Monseñor A. Román en la cubierta: Roberto Koltún

A las Hijas de la Caridad de
San Vicente de Paúl,
en cuyas oraciones, trabajo y amor
descansó grandemente la obra de
Monseñor Agustín Román.

ÍNDICE

I – INTROITO:

II – LOS ESCRITOS:

I

INTROITO

PRESENTACIÓN

Escribir sobre un hombre de fe, como Mons. Agustín Román, cuya vida estuvo completamente dedicada a la misión de predicar el mensaje de Jesucristo, no es una tarea difícil; su obra habla por si sola, como también es elocuente el testimonio de quienes tuvimos el honor de conocerle y percibir de primera mano la pasión por el Evangelio que ardía en su corazón.

De la misma manera, escribir sobre la vida de un verdadero patriota y de un incansable luchador por la causa de la libertad de Cuba, como lo fue también Mons. Román, resultará siempre un acto de justicia hacia un hombre que tuvo a su querida patria y su sueño de libertad en en el corazón y en los labios hasta el mismo día de su muerte. Ambos amores, el de Dios y el de Cuba, unidos intrínsecamente en una misma alma, constituyeron siempre su razón de vivir y la fuente inagotable de energía que le impulsó y animó hasta el último minuto.

Por supuesto que la trayectoria de un hombre de su relevancia y estatura moral, estará siempre rodeada de anécdotas y testimonios que darán fe de su coherencia de vida, de su compromiso con Dios y con su pueblo, así como de su sencillez, humildad y profunda espiritualidad. En tiempos en los que sentimos la necesidad de líderes espirituales que nos guíen con su ejemplo, así como de hombres desinteresados que no desfallezcan en la búsqueda de la justicia, nada mejor que permitir al mismo Mons. Román, continuar animándonos y guiándonos a través de esa poderosa fuente de enseñanza que son su mismos escritos.

Aquí están, pues, esas homilías, artículos de prensa, reflexiones, en los que por tantos años plasmó su pensamiento y a través de los cuales supo hacerse presente, iluminando con la sabiduría que emana del Evangelio de Jesucristo, diferentes situaciones y momentos relevantes en la historia de un exilio, del que siempre fue guía y maestro.

La Archicofradía de la Caridad del Cobre, fundada por él junto al Santuario que honra en Miami a la madre de los cubanos, y continuadora de su misión evangelizadora e imborrable legado, quiere presentarles esta selección de sus escritos, con la esperanza de que serán una gran ayuda para conocer mejor su alma de pastor, aprender de su pensamiento, y mantener viva su memoria en medio de quienes tuvimos el inmenso privilegio de conocerle, así como de las generaciones que están por venir.

Y es que cuando Dios elige de en medio de su pueblo, hombres de semejante estirpe, con la misión de predicar un mensaje tan universal de amor y libertad, lo hace para siempre. Su obra y misión superan la propia vida; se engrandecen y toman vigencia en el tiempo. Ojalá que a través de la lectura de esta recopilación de sus escritos, realizada por su estrecho colaborador y amigo, el Sr. Julio Estorino, podamos seguir conociendo el corazón y la vida de este gran hombre de Dios y de Cuba que fue, es y será, Mons. Agustín Aleido Román.

P. Juan Rumín Domínguez
Rector de la Ermita de la Caridad.
Director Espiritual de la Archicofradía de la Caridad

ESTE LIBRO

Preparar este libro ha sido una tarea gozosa y enriquecedora, como lo es siempre volver a reunirse con un amigo querido y sabio, escuchar sus palabras, reír con sus ocurrencias, y, tras escucharle, entenderlo todo mejor, para despedirse entonces sintiendo el alma ligera, y esperar ansioso a que amanezca de nuevo para reunirse otra vez.

Eso han sido para mí los días transcurridos desde el fallecimiento de Monseñor Agustín Román, el 11 de abril de 2012, hasta el momento de la búsqueda de erratas en las transcripciones que forman el grueso del material que tienes ahora en tus manos. Releer sus escritos y recordar las circunstancias que rodearon a buena parte de estos cuando fueron concebidos primero, y puestos en blanco y negro después, ha sido gozar de nuevo y ser de nuevo beneficiario de los tesoros de bondad y sabiduría que emanaban de su mente y de su corazón, de su fe y de su caridad; volver a estar con él.

Nos conocimos por más de 45 años, prácticamente desde su arribo a Miami. Durante casi todo ese tiempo él fue mi maestro en las cosas de la fe y yo, no diré su discípulo, sino su desventajado alumno. Pero, además de esa relación que supone la debida subordinación del pastoreado al pastor, fuimos amigos, entrañablemente amigos, tanto cuanto lo permite lo sinceramente semejante, distinto y complementario entre un hombre mayor, todo espíritu y reservado en lo personal, y alguien 15 años más joven, extrovertido en comparación y mucho más de este mundo.

Ambos éramos producto de la Acción Católica Cubana, lo cual nos daba una similitud de sueños, ideales y visión de las cosas. Proveníamos los dos de «pueblos de campo», nuestras familias eran muy similares en valores, medios y status social. Además, nuestras vivencias de cubano bajo el régimen castrista no eran muy disímiles: él, hostigado por sacerdote y expulsado de Cuba a punta de fusil; yo, hostigado por católico, prófugo de una prisión y forzado a buscar asilo. Todo esto, estoy seguro, contribuía a una comunión de criterios políticos y sociales que se fue haciendo más fuerte al compás de los años que compartimos juntos en esfuerzos comunes y en enjundiosas conversaciones.

Una vez consagrado obispo el padre Román, me fui convirtiendo en algo así como su escribano, su cazador de gazapos, corrector de estilo, hilvanador de ideas y, en ocasiones, consultor; esto raramente y sólo cuando el tema a tratar tocaba situaciones específicas dentro de la problemática cubana.

Unas veces me entregaba el documento manuscrito para que yo «lo pasara en limpio»... *«púlelo un poco»,* me decía. Otras me llamaba: *«ven por acá»...* Conversábamos sobre el tópico acerca del cual él quería escribir, me hacía anotar ideas, citas bíblicas, me indicaba qué buscar en alguna alocución papal, me dictaba párrafos y frases sueltas... *«Mira a ver cómo cocinamos este ajiaco»...* Muchas veces, apurado, me llamaba a cualquier hora... *«Julito, yo no sé cómo tú te las arreglas para hacer tantas cosas, yo sé que no tienes tiempo, pero, mira, anota ahí esto que te voy a dictar, que es que hay que decir algo sobre este asunto cuanto antes»...* Era siempre una catarata de ideas, muchas veces inconexas, aunque todas sobre la misma temática y siempre con un propósito muy claro y definido: poner bajo la luz del evangelio el problema que fuese.

Al final, presionaba amablemente para que no me demorara... Yo simplemente seguía sus instrucciones, opinaba cuando él me lo pedía y, muy esporádicamente, le sugería algo para abundar en lo que él trataba. En las pocas ocasiones en que lo hice, él aceptaba generalmente la sugerencia. Alguna vez no lo hizo, pero se tomó entonces todo el tiempo del mundo en convencerme de porqué era mejor no cambiar o añadir, tal era su respeto por la opinión ajena.

Cuando terminaba lo que él me había encomendado, se lo hacía llegar o se lo llevaba personalmente. Él lo revisaba todo, y algunas veces modificaba, agregaba y, o bien me llamaba de nuevo para que rehiciera algo, o bien se encargaba él mismo de retocarlo antes de darlo a conocer, generalmente y de inmediato en el Diario Las Américas y, simultáneamente o a posteriori en El Nuevo Herald, la Revista Ideal, La Voz Católica, etc.

Con el tiempo adquirí oficio y el incremento de nuestra compenetración me hizo más fácil una tarea que consideré siempre un privilegio. Monseñor tenía ideas muy claras y convicciones muy firmes, hijas de su fe profundísima y de su acendrado amor a Cristo Jesús, a su Madre Santísima y a la patria de sus quereres. Su lenguaje era sencillo, pero certero, y tanto su teología, como sus conceptos patrios, los vertía en expresiones cotidianas que recordaban las parábolas de su Maestro.

Tenía excelente ortografía y un rico vocabulario adobado con la terminología popular cubana, particularmente campesina. Redondeaba bien sus mensajes y solamente tenía algunas dificultades con la sintaxis, en lo cual radicaba mayormente mi trabajo.

Fui siempre escrupulosamente fiel a sus ideas, y me impuse una estricta disciplina en cuanto a no teñirlas con las mías, sin reparar en cuan coincidentes fueran, pues desde el principio me di cuenta del valor del pensamiento de Monseñor Román, no sólo en lo contemporáneo, sino, sobre todo, en lo trascendente. Por eso guardé notas y papeles antes y después de la era digital y llené archivos virtuales después, no sólo de los escritos en los cuales lo ayudé en la forma que ya he explicado, sino también de otros en los que no tuve intervención alguna.

Lo difícil vino al tener que seleccionar, no tenerlo aquí para consultarle y no querer desechar nada, porque todo es importante. Pero, Monseñor escribió prolíficamente: homilías, plegarias, artículos periodísticos, charlas, discursos... la selección era inevitable. Escogí, pues, aquello que más diáfanamente expone su fe católica, su amor a Cuba, su pasión por la justicia, en fin de cuentas, su visión de la vida en todas sus dimensiones, incluyendo algunos documentos producidos en conjunto por él y otros pastores del exilio cubano.

Ordenar el material resultó tan difícil como escogerlo. Lógicamente, pensé en agrupar los escritos temáticamente, pero, no hubo manera. En uno de sus artículos más sentidos, «Curemos el corazón», escrito en 1992 en lo que parecía entonces que iba a ser su lecho de muerte en el hospital Mercy, él mismo nos dice: *«yo no sabría cómo separar en mí el amor a Dios y el amor a Cuba»*. Yo no supe cómo hacerlo en sus escritos tampoco.

En todos ellos lo catequético se cruza con lo patriótico, lo cívico se mezcla con lo social, la Virgen es ejemplo para todo; Jesús, la referencia permanente; Varela y Martí, una presencia repetida. ¿Qué hacer para presentarlo todo adecuadamente? Me fui por el camino de lo cronológico, pues por ahí transita la coherencia.

Asimismo, he evitado excederme en notas aclaratorias y explicaciones de circunstancias. Solamente he añadido algunas, tan escuetas como he podido, al final de unos pocos artículos donde me ha parecido útil fijar el contexto.

Para Cuba y para los cubanos, para nosotros y para las futuras generaciones, y para la humanidad entera —no exagero— este libro quiere hacer asequible aquello que les mencionaba al principio, el tesoro de bondad y sabiduría de un auténtico hombre de Dios: Monseñor Agustín Román. Agradezco infinitamente a Dios el haber marcado mi vida con la presencia en la misma de tan tremendo maestro, pastor y amigo y agradezco también la oportunidad que se me ha dado de contribuir en algo al mantenimiento y difusión de su legado a través de este libro.

Julio Estorino
Miami, Florida, junio de 2012.

PRÓLOGO

Rev. Martín N. Añorga

SANTIDAD, SABIDURÍA Y SERVICIO

Bien ha hecho nuestro querido y excelente amigo Julio Estorino al preparar esta inspiradora recopilación de varios artículos de Monseñor Agustín A. Román, amado y admirado sacerdote que acudió recientemente a su cita con el cielo.

El obispo auxiliar y pastor providente de los miles y miles de seres humanos que han pasado por la Ermita de la Caridad del Cobre, erguida frente al mar y señalando hacia Cuba, fue un hombre de Dios con un espíritu de humildad al sincero estilo de San Francisco de Asís.

Confesaba Monseñor Román que lamentaba que nunca pudo aprender a cantar y que nunca logró alcanzar el sueño de ser poeta, añadiendo que no se consideraba como escritor a pesar de la obra preciosa que nos ha dejado. Los que no sabemos cantar disfrutamos de la música de una forma muy especial. Monseñor era un gran conocedor de los himnos y cánticos religiosos y en su automóvil siempre gozaba de alguna melodía cristiana en la voz de los mejores exponentes de la misma y como lector acucioso e incansable sabía como pocos de los grandes poetas de le fe.Su calidad de escritor se pone de manifiesto en esta colección que nos brinda Estorino. Un estilo llano y claro, sin exceso de frases elaboradas y palabras innecesarias, con tremenda habilidad narrativa y notable variedad de temas, nos convierte en ávidos lectores de los trabajos que nos ha legado el santo hombre de Dios, quien además dominaba el uso de la palabra en sus homilías, conferencias y charlas con una elocuencia convincente, inspiradora y creativa.

No hemos conocido a ningún otro proclamador de la Palabra divina que haya tenido la habilidad para el uso de la anécdota oportuna y precisa como Monseñor Román. Su predicación era cautivadora, atrapaba la atención de los fieles, que lo mismo reían que lloraban al escuchar la luz del púlpito convertida en santa voz.

En los artículos inteligentemente recopilados por la generosidad de Estorino nos daremos cuenta de algunas de las grandes cualidades de Monseñor Agustín Román. Ante todo, debemos considerar su santidad, su dedicación a la oración, su comunión permanente con el Padre y su vida ausente de manchas y debilidades. Era costumbre del recordado sacerdote caminar desde su habitación, cada mañana casi al amanecer, para disfrutar de sus meditaciones religiosas frente al mar, pensando en su patria, en los que allá viven cautivos y en los que aquí vivimos azuzados por las nostalgias y hasta por las frustraciones. Era normal que en su caminata matutina se encontrara siempre con alguien que quería ser espiritualmente ayudado. Su disponibilidad para el que venía prendido de sus quejas era sosegadora. Después de sus consejos piadosos colocaba sus manos sobre la frente o la cabeza de la persona que reclamaba su atención y expresaba unas fortalecedoras palabras de bendición. Su refugio era la Ermita. Todavía, cuando visito el bello escenario en el que se levanta, veo al noble cura caminando despacio, ajustando su cansada respiración e inclinándose al suelo para recoger hojas sueltas y desperdicios dejados atrás por gente descuidada. Siempre fue confortable una conversación y un encuentro con Monseñor Román, permanentemente positivo, sin emitir juicios desfavorables ni críticas, reconciliador, amable y guía de almas. Yo, que tengo ya una larga vida y he recorrido muchos ámbitos del mundo, muy pocas veces he visto a siervos de Dios con la santidad y la nobleza que siempre vi en la figura de Monseñor Román. Me lo imagino en el cielo buscando ángeles con los que conversar y escuchando música en la compañía multitudinaria de los que en las alturas disfrutan de su santidad.

La sabiduría de Monseñor Román se pone de manifiesto, entre otras muchas cosas, en la variedad de las actividades que llevó a cabo, por todos conocidas, y en la fertilidad de sus artículos. En las páginas que siguen leeremos artículos sobre el ecumenismo, los municipios de Cuba en el exilio, los conceptos de nacionalidad, proyectos de reforma en la Isla como el proyecto Varela, presentado por el pensador y activista Osvaldo Payá desde Cuba.

Román nunca confundió la política con el patriotismo y se enfrentó a incomprensiones por su posición sobre la realidad dolorosa de su patria. *«Casi paralelamente se han desarrollado dos hechos fundamentales en mi vida personal y en mi condición de cubano: al tiempo en que he vivido el júbilo inmenso de mi sacerdocio en estos 31 años, la patria ha vivido la más dolorosa crisis de su historia»,* escribe en uno de sus artículos. En otro de ellos se compenetra con los cubanos desterrados cuando menciona, sin enconos ni airadas acusaciones, la experiencia inolvidable de la noche en que lo arrestaron y posteriormente lo expulsaron de la Isla en compañía de un centenar de compañeros.

El venerado obispo, amante inquebrantable de su provincia matancera, jamás volvió a Cuba. Invitaciones le abrumaban, pero no quiso jamás bajar su cabeza ante el poderío de los tiranos, sino únicamente ante la suprema autoridad del Dios al que sirviera con todo el ardor de su vida. Fue sabio Monseñor en manejar el tema de la patria. No se hizo partidario de divisiones, y para todos se abrieron sus brazos. En varios de los artículos en este trabajo seleccionado, veremos cómo no rehuye asumir responsabilidades y lealtades. En varias ocasiones participé junto al sabio obispo de reuniones en las que hubo discrepancias y distanciamientos. Observé con devoción casi religiosa cómo Monseñor se levantaba frente al micrófono y al influjo de sus enseñanzas y señalamientos, la calma resplandecía y reinaba la armonía. Su patriotismo, hermanado a su sabiduría, siempre fueron factores de paz y unidad.

Es interesante que Monseñor Román, obligado por su sentido de la sencillez y la humildad, apenas mencione en sus artículos sus numerosas actividades religiosas y comunitarias. Hablar de cómo se creó y se levantó la Ermita es adjudicarle la autoría de un verdadero milagro. Sus viajes continuados a cárceles del país para reclamar justicia para los centenares de cubanos encarcelados durante el memorable éxodo del Mariel, en circunstancias en las que llegó a poner en peligro su propia vida, fue un acto de heroísmo inimitable. Las veces que fue a Washington a interceder ante las autoridades en favor de los cubanos y de los inmigrantes en general son trazos ignorados de su robusto espíritu de servicio. Estos temas los trata Monseñor Román sin hacer nunca énfasis en lo que su labor personal aportaba a los asuntos que se trataban o las soluciones que se buscaban. Al reiterar mi agradecimiento al amigo Estorino, animo al lector que disfrute de los escritos de Monseñor Román, que lo haga no tan solo con el propósito de meditar en su santa sabiduría, sino con el objetivo de echarse al hombro los deberes de servir mejor a Dios y trabajar con más fervor por la libertad de la patria.

Monseñor es —y usamos el presente, porque su vida prevalece sobre la ausencia que ha producido su muerte—, un hombre de Dios, santo, sabio y servicial. Como dijo Víctor Hugo, «todo hombre es un libro en el que el propio Dios escribe», y ajustándonos a sus palabras afirmamos que Agustín Román es una de las obras mejores creadas por Dios.

Julio del 2012

GRITA, PROFETA

Has recibido un destino
de otra palabra más fuerte,
es tu misión ser profeta,
Palabra de Dios viviente.
Tú irás llevando la luz
en una entrega perenne,
que tu voz es voz de Dios
y la voz de Dios no duerme.
Ve por el mundo,
grita a la gente,
que el amor de Dios no acaba,
ni la voz de Dios se pierde.

Emilio Vicente Matéu

II

LOS ESCRITOS

HOMILÍA EN EL FUNERAL DEL CUBANO DESCONOCIDO

Hijo querido y hermano nuestro:

Como el samaritano te hemos encontrado herido por la injusticia, y sin detenernos a pensar, te hemos recogido como a un hermano. No sabemos tu nombre, pero sí sabemos quién eres: tú eres un hombre y por tanto, la imagen de Dios. Recordamos las palabras de San Ireneo: *«La gloria del hombre es Dios, pero el receptáculo de toda acción de Dios, de su sabiduría, de su poder, es el hombre».*

Tú eres el hombre más abandonado y aquí tienes a un Obispo de Jesucristo que presta sus brazos a su pueblo cubano para recogerte y recogerte con cariño, porque, *«Quienes están familiarizados con la historia de la Iglesia, saben que en todos los tiempos ha habido obispos profundamente empeñados en la valiente defensa de la dignidad humana de aquellos que el Señor les ha confiado. Lo han hecho siempre bajo el imperativo de su misión episcopal, porque para el obispo, la dignidad humana es un valor evangélico que no puede ser despreciado sin gran ofensa al Creador».* (Puebla, 1979).

Te conocemos. Tú eres la imagen de Dios: tú nos recuerdas al Dios vivo.

Te conocemos. Tu balsa y tu muerte nos dicen que saliste en busca de libertad, porque carecía tu tierra de libertad.

Te conocemos. Tu origen nos habla de nuestro origen. Hombres grandes que supieron sacrificar sus vidas forjaron tu nacionalidad: Valera, Luz, Saco, Martí, Maceo y tantos otros.

Te conocemos. No sabemos si eres de Pinar del Río, de Las Villas, de La Habana, Camagüey, Oriente o Matanzas, pero sabemos que vienes de un pueblo que tiene cinco siglos de existencia y que la Iglesia lo vio nacer, lo ha acompañado durante toda su historia proyectando el Evangelio y ahora los frutos son palpables. Aquí están.

Desde la Casa del Padre podrás ver cuántos hermanos te acompañan. No fue inútil la siembra del Evangelio porque aún queda el amor, la caridad que reúne a la familia en acontecimientos como éste.

Hermano nuestro, *«no es por oportunismo ni por afán de novedad que la Iglesia, experta en humanidad, es defensora de los derechos humanos»* (Pablo VI, discurso ante la ONU, 05-10-65). Es por auténtico compromiso evangélico, el cual, como sucedió con Cristo, es, sobre todo, compromiso con los más necesitados. Esta ha sido la actitud de la Arquidiócesis de Miami desde el comienzo del exilio cubano.

Tú eres el más necesitado y aquí nos tienes para orar por ti.

4 de octubre de 1979.

Nota del Editor. A finales de septiembre de 1979, seis meses después de la consagración episcopal de Mons. Román, llegó a costas de la Florida una balsa procedente de Cuba, ocupada solamente por el cadáver de un hombre joven, evidentemente muerto en su intento de alcanzar la libertad. El funeral se llevó a cabo en la Ermita de la Caridad, aún sin identificar la nueva víctima del castrato, y así fue sepultado. Días más tarde se supo que su nombre era Adelfo Giz.

MENSAJE DE LA VIRGEN DE LA CARIDAD

Al acercarse la fiesta de Nuestra Señora de la Caridad, queremos dirigir a nuestro pueblo una palabras de reflexión y estímulo que nos ayuden a pensar en nuestra patria y a vivir en forma positiva y fecunda nuestro exilio.

Hace ahora 30 años (en el año 1951) tuvo lugar en Cuba aquella magna peregrinación de la imagen de nuestra Madre y Patrona, la Virgen de la Caridad, que, partiendo el 20 de mayo del Santuario de El Cobre, fue recorriendo todos los pueblos y hasta los últimos rincones de nuestro pueblo, para terminar el 20 de mayo de 1952, día del cincuentenario de nuestra independencia.

Acompañada por el incansable misionero franciscano padre Manuel Oroquieta, la Virgen visitó todos nuestros municipios con sus pueblos, hospitales, cárceles, bateyes, desde Oriente hasta Pinar del Río, llevando por todas partes su mensaje de fe y de caridad para que fuéramos un pueblo cristiano, fuerte, libre.

Hoy nos hace mucha falta también, en las dolorosas circunstancias que estamos viviendo, no ya en el suelo patrio solamente, sino en los dispersos caminos del exilio también, reunirnos todos ante la Virgen y poner el oído atento para escuchar su mensaje que nos hace creer y crecer en la fuerza del amor y obrar siempre en sentido constructivo. Por eso les presentamos estas breves líneas de reflexión.

Cuba vive una hora trágica y difícil. El enorme éxodo que tuvo lugar por el Mariel demostró al mundo que allá hay un pueblo que no asimila ni acepta el marxismo en lo político, ni en lo económico, sino que quiere vivir en libertad y con la fe, que ha sido guardada por la gran mayoría dentro de los marcos de la religiosidad popular.

A la vez demostró también que los cubanos del exilio no se han olvidado de Cuba, que todos formamos un solo pueblo unido por fuertes ideales de fe, de libertad y de justicia social, y que queremos seguir fieles a nuestras raíces y a nuestra verdadera revolución libertadora, la que después de un siglo de lucha culminó en aquel 20 de mayo de 1902 y que había que perfeccionar y completar. Este año debe servirnos de preparación espiritual para conmemorar el próximo año del octogésimo aniversario de la República.

En un mundo tan agitado por la agresividad y la violencia, que ha llegado hasta la persona misma del Santo Padre Juan Pablo II, los obispos latinoamericanos en la Conferencia de Puebla nos invitan, recordando una frase del Papa Paulo VI a *«construir la civilización del amor»,* y éste es el mensaje que nos trae a todos la Virgen de la Caridad, que por algo quiso venir a nosotros con ese título.

¿Cómo se construye la civilización del amor? Sólo partiendo de Dios que es Amor y que por eso mismo es a la vez Justicia y Libertad. Por eso, así como nuestros hermanos que están en Cuba tienen que vencer el materialismo doctrinal y militante que se les quiere imponer, nosotros tenemos que vencer el materialismo práctico que sin darnos cuenta se nos cuela por todos los poros en este mundo democrático y libre, y quiere imponernos una triple idolatría.

¿Qué es para nosotros lo primero, lo más importante? ¿Dios, o el dinero? ¿Dios, o el placer? ¿Dios, o nosotros mismos?

Si, aunque no lo digamos con las palabras, nuestra conducta muestra que para nosotros lo más importante es el dinero, caemos en la vorágine de la sociedad de consumo en la que lo que importa es tener más y se crean necesidades artificiales que ponen la felicidad en los bienes materiales. Frente a esto, los exhortamos a la austeridad, y a buscar, no tanto tener más, sino ser mejores. Con el verdadero ser, se sabe qué hacer con el tener; pero, con el solo tener, se puede perder el ser. Es justo y lícito aspirar a tener un nivel humano de vida, pero no nos dejemos deslumbrar por las cosas materiales olvidando los más altos valores espirituales que son los que hacen grande al hombre.

Hoy más que nunca, cuando tantos hermanos nuestros pasan necesidad en Cuba y en otros países del mundo, el cristiano tiene que saber vivir con austeridad y sencillez. No hemos venido al exilio simplemente para tener más cosas, sino para ser realmente libres y trabajar por una patria y un mundo mejor.

Si lo más importante es el placer, caemos en el permisivismo moral, en el libertinaje en el que todo está permitido, los mandamientos de la ley de Dios caen como cosa pasada de moda, y nos sumergimos en la corrupción consecuencia de la droga, del sexo desordenado, del alcohol, etc., que es la manera más eficaz de destruir a un pueblo. Frente a esto los exhortamos al esfuerzo, a la superación personal, a la fidelidad al deber y a la conciencia, que exige sacrificio y lucha y que nos hace libres no sólo por fuera, sino también por dentro. Así mantendremos limpio ante el mundo el buen nombre de nuestro pueblo, conservaremos la estabilidad de las familias, y los jóvenes no malgastarán sus energías en el vicio, sino las pondrán al servicio de ideales grandes. Seremos un pueblo fuerte, capaz de cambiar el curso de la historia.

Si lo más importante somos nosotros mismos, caemos en el egoísmo y el individualismo que nos encierra en nuestro propio yo, dando la espalda a nuestras responsabilidades con la patria, con la Iglesia y con los demás. Frente a esto, los exhortamos a fortalecer el sentido de solidaridad y de comunidad y el espíritu de servicio. Así nos haremos sensibles a los problemas sociales, no sólo de nuestro pueblo, sino de los otros pueblos que sufren bajo otros sistemas políticos y económicos. Nosotros tenemos que demostrar al mundo que es posible juntar la libertad con la solidaridad que lleva a la justicia.

Queremos recomendarles algunos casos especiales que en estos momentos deben despertar más nuestra inquietud y nuestra ayuda fraterna: los presos que aún quedan en Cuba, ayudándolos al menos con nuestro apoyo y nuestra oración; los llegados por el Mariel, que necesitan nuestro apoyo, sin dejarnos llevar por las campañas negativas de prensa que se fijan más en uno malo que en mil buenos; los que al cabo de más de un año de su llegada aún permanecen en las cárceles, en muchos casos injustamente, por lo que su situación debe ser rápidamente estudiada y resuelta; los esposos y los padres e hijos que han quedado separados, unos en Cuba y otros fuera, que sufren enormemente y para los cuales hemos de urgir una solución; los ancianos que necesitan que se les atienda y visite y se les rodée de respeto y cariño.

Para superar el egoísmo hemos de salir de un sistema de competencia despiadada que ve en el otro un adversario, y sustituirlo por otro que ve en los demás un amigo y un hermano.

Para construir la civilización del amor tenemos también que aprender a convivir, a respetarnos mutuamente, a salir del enguerrillamiento y del aislamiento, a suprimir las actitudes agresivas y difamatorias. Vivir en democracia significa aceptar el derecho a discrepar, propiciar el intercambio de ideas en un diálogo auténtico y sereno, reconociendo que, buscando la misma verdad, pueden haber posiciones diversas a la nuestra, y llevar la discusión al plano noble y elevado de las ideas y no a los insultos, y mucho menos al terrorismo físico o verbal.

Nuestra labor en este momento tiene que ser eminentemente constructiva. No puede ser dividir, criticar, sembrar odios; sino unir, orientar, encender ideales. A todos nos toca prepararnos con la reflexión y el estudio serio para seguir programas y no caudillos, y saber qué queremos para la Cuba del futuro.

Toda acción, para que sea eficaz y fecunda tiene que ir siempre precedida y acompañada de una profunda siembra de ideas que le den base y consistencia doctrinal a la acción. Así todos juntos hemos de buscar los puntos de contacto para un programa mínimo que pueda servir a todos de común denominador.

Construir la civilización del amor es construir la paz, pero la paz cristiana, que no es pacifismo a toda costa, ni aceptación resignada y pasiva del mal, sino la paz que se basa en los cuatro pilares que señalaba el Papa Juan XXIII en la encíclica *Pacem in Terris:* la verdad, la justicia, la libertad y el amor. Esta es la única paz digna de tal nombre y a ella hemos de aspirar.

Que el mensaje de la Virgen de la Caridad recorra hoy, como en aquella peregrinación de hace 30 años, todos los pueblos y ciudades en que nos encontramos, para que a través de una sincera reconciliación con Dios, con nosotros mismos y con los demás, nos hagamos capaces de realizar todo lo que Dios y la patria esperan de nosotros. Con estos deseos les enviamos a todos nuestra bendición.

+Eduardo Boza Masvidal. +Agustín Román

Exilio, 8 de septiembre de 1981

DOS AÑOS DESPUÉS REFLEXIÓN SOBRE EL ÉXODO CUBANO DEL MARIEL

En este mes de septiembre de 1982 se cumplen dos años de haber terminado el último éxodo cubano, el que todos hemos conocido como «el éxodo del Mariel». Durante los meses de abril a septiembre de 1980, con un promedio de 25,000 cada mes, recibimos en Miami a hombres y mujeres de toda Cuba, produciéndose un aluvión humano que tuvo para esta comunidad profundas consecuencias, conocidas en parte a través de los medios de comunicación.

Por encontrarme viviendo en el condado Dade, donde permaneció el mayor número de refugiados (entre 80 y 90,000), y, sobre todo, por encontrarme en el lugar más frecuentado por los cubanos, que es la Ermita de la Caridad, por donde, sin duda, ha pasado la mayoría de los venidos en este éxodo, me atrevo a echar una mirada de pastor, junto a otros testigos tales como las religiosas Hijas de la Caridad y demás miembros del equipo que trabaja en este santuario, para tratar de contemplar con la mayor objetividad posible este hecho histórico, después de dos años, y compartir mis impresiones con los que, por vivir en lugares distantes, solamente lo conocieron por la prensa.

Pero, ya que una simple mirada no sería suficiente para esta reflexión, he querido tomar en consideración para este trabajo, el resultado de las investigaciones del Dr. Juan Clark, sociólogo, que ha dedicado gran parte de su vida al estudio del fenómeno cubano, a quien agradezco su valiosa colaboración.

En primer lugar, tenemos que admitir que, como consecuencia del Mariel, la composición étnica del condado Dade ha cambiado en estos dos años a favor de una mayor preponderancia de la población hispana. Siguiendo al mencionado sociólogo, los hispanos constituyen ahora un 39% de la población total del condado. Estos cambios son más notables en las municipalidades de Miami Beach, Hialeah y Miami. Es probable que la población alcance los dos millones para 1990, en vez del año 2000, como estaba previsto antes del arribo de los refugiados cubanos y también los haitianos. Se afirma que en 1985 los hispanos serán, probablemente, el sector numéricamente más importante en este condado.

La Ermita de la Caridad, desde donde escribo esta reflexión, es un santuario privilegiado por la constante afluencia de peregrinos. En la Ermita tratamos de hacer lo que ha dicho el Papa Juan Pablo II: *«...aprovechar pastoralmente estas ocasiones, acaso esporádicas, del encuentro con almas que no siempre son fieles a todo programa de una vida cristiana, pero que acuden guiadas por una visión a veces incompleta de la fe, para tratar de conducirlas al centro de toda piedad sólida, Cristo Jesús, Hijo de Dios Salvador».* (Santuario de Ntra. Sra. de Zapopán, Guadalajara, México, enero 30 de 1979)

Como pastor de almas he podido comprobar en estos dos años que el catolicismo popular, que es tradicional del pueblo cubano y que se recibe dentro del marco de la familia, ha podido conservar, a pesar de las constantes limitaciones que le ha impuesto el gobierno comunista de Cuba, la devoción a la Madre de Cristo bajo el título de la Virgen de la Caridad. Estamos conscientes de la pervivencia de confusiones con la religión que nuestros africanos trajeron a Cuba durante el tiempo de la colonia; pero los que hemos escuchado y hablado de cerca durante dos años con los llegados por el Mariel, no podemos poner en duda que bastaría una labor de catequesis para purificar y despertar la verdadera devoción a la Virgen como enseña la Iglesia católica.

En este santuario somos testigos del gran aprecio que el pueblo cubano ha conservado por el valor familiar. Hemos visto venir a los refugiados del Mariel a orar por la llegada de los familiares que quedaron en Cuba, y los hemos visto volver con los familiares para agradecer su venida. Hemos sufrido con ellos el dolor de las separaciones familiares, sobre todo el gran número de hombres que llegaron sin la esposa y los hijos. Los hemos visto llorar porque, aunque ya alcanzaban lo necesario con su trabajo, les faltaba la familia.

Se han publicado muchas noticias negativas referentes al éxodo del Mariel y no hay duda de que han sido ciertas. Pero, me parece que se ha exagerado lo negativo, sin tener en cuenta lo positivo, contribuyendo así a que se pierda la objetividad haciendo generalizaciones. Desde los disturbios en los campamentos, los asaltos de aviones, hasta el crimen callejero, los medios de comunicación se han hecho eco constante de este aspecto negativo, contribuyendo a la difusión de una imagen de rechazo que ha repercutido en la comunidad.

Es de todos conocido que la población refugiada ha contado con una minoría de delincuentes empedernidos que fue enviada por el gobierno de Cuba con el doble propósito de deshacerse de ellos y denigrar la imagen positiva de la comunidad cubano-americana. El gobierno cubano hizo algo nunca visto, como fue sacar hombres directamente de las prisiones, así como reclutar a muchos con antecedentes criminales y enviarlos en los pequeños barcos de los cubanos exiliados que fueron a Mariel, un puerto cerca de La Habana, en busca de sus familiares. El gobierno les presentó a estos delincuentes la alternativa de permanecer en prisión, o retornar a ella, si no aceptaban emigrar. Menos de 2,000 de estos delincuentes fueron detectados a su llegada por las autoridades norteamericanas y encarcelados posteriormente. Otros mintieron a las autoridades y pudieron evitar la detención, permaneciendo en las calles con la consecuencia del incremento de la delincuencia.

Sin embargo, la participación de los refugiados del Mariel en el incremento delictivo ha sido exagerada, según estadísticas ofrecidas por las autoridades policiacas del Estado de la Florida y del Condado Dade, publicadas por The Miami Herald en el mes de mayo de este año. En estos datos se reconoce que el índice de delincuencia de los arribados por el Mariel se ha exagerado mientras que el de otros grupos se ha subestimado. Estas fuentes oficiales nos dicen que la delincuencia en toda el área del Condado Dade ha disminuido y que, aparentemente, las aguas van tomando su nivel.

Los que hemos vivido dentro y con el éxodo, poco a poco hemos podido ver lo positivo, a pesar del trauma que muchos han sufrido en el proceso de adaptación, especialmente en los casos en que la familia ha quedado separada, que es la mayoría de esta población. La creatividad que Dios da a cada hombre, que aparecía como anestesiada en los primeros que llegaban debido al sistema en que habían vivido, fue despertándose ante el estímulo de una comunidad que, aún sin estar preparada para recibir en tan corto tiempo un número tan elevado de refugiados, les abrió los brazos.

Al comienzo del éxodo del Mariel los refugiados tuvieron un altísimo índice de desempleo. Para fines de 1981, sin embargo, esta situación mejoró notablemente. Se estima que sólo unos 23,000 refugiados del Mariel se encontraban recibiendo ayuda económica (aproximadamente un 20% del total asentado aquí). Esta situación contrasta con la de otros refugiados, como los indochinos asentados en California, de los cuales el 75% continuaba recibiendo ayuda al año de su llegada. Este grado de ajuste o adaptación de los refugiados del Mariel puede atribuirse a la indiscutible red de ayuda de familiares y amigos que ha favorecido a la mayoría de ellos. Estamos casi seguros que los que carecen de este apoyo son los que más ayuda institucional han necesitado.

Según reportes fidedignos, los jóvenes escolares llegados por el Mariel han tenido un buen proceso de adaptación, que en algunos casos ha llegado a ser excelente. Lo mismo puede decirse de los que tenían estudios universitarios y han podido continuarlos en este país.

Respecto a la vivienda, considerando el enorme crecimiento que sufrió la población en los pocos meses que duró el éxodo del Mariel, podemos ver que, de una situación crítica en 1980, el problema de la vivienda ha mejorado mucho. Aquí también la red de familiares y amigos que ofrecieron albergue inmediato a los recién llegados ayudó a la solución de un problema de, de otro modo, habría puesto en crisis a nuestra comunidad por largo tiempo.

Dos años después, vemos cómo, gradualmente, la mayor parte del éxodo del Mariel se ha integrado en la comunidad, reflejando la gran calidad humana de la mayoría de estos refugiados que tratan de superarse dentro de su área de trabajo, aunque en muchos casos han tenido que emplearse por debajo de su potencial, capacidad o entrenamiento. En sólo dos años los hemos visto ya destacarse en distintas profesiones y oficios, también en el arte, (pintura, escultura, música, teatro, etc.), y aún los más humildes, como vendedores ambulantes de frutas y vegetales, dando un toque pintoresco a las calles de la Pequeña Habana.

Dos años después, una mirada global a la población del éxodo del Mariel a la luz de las realidades consideradas anteriormente, pesando los aspectos negativos y los positivos, nos hace pensar que los cubanos llegados por el Mariel continúan recibiendo el apoyo de la comunidad y se ha evitado la creación de una brecha entre estos y los cubanos arribados anteriormente. **Todo esto nos hace predecir que estos nuevos refugiados habrán de dejar un impacto positivo en este país, como lo han hecho las anteriores oleadas de todo el éxodo cubano desde 1959.**

A la Virgen de la Caridad, que conoce tan bien las penas y alegrías de nuestro pueblo, el primer pueblo de América que ha vivido la experiencia de un sistema basado en el odio, elevo mi plegaria para que sus ruegos nos alcancen del Señor la caridad, que es la clave para solucionar los problemas de nuestros días.

9 de septiembre de 1982.

Nota del Editor: Monseñor Román puso todo su celo pastoral en la búsqueda de justicia para los prisioneros del Mariel, pues los consideraba víctimas en más de un sentido: de la desvalorización impuesta en Cuba por el régimen castrista al tratar de crear un «hombre nuevo» sin Dios, de la separación familiar, de la manera traumática en que fueron enviados al exilio (particularmente los enfermos mentales), y de su desconocimiento del idioma inglés y del sistema judicial de los Estados Unidos. De ahí su insistencia en el tema, como puede verse en éste y en otros artículos incluidos en esta selección. Igualmente, era Mons. Román muy celoso del buen nombre de los cubanos y, en particular, del exilio cubano de Miami. Le molestaban sobremanera los estereotipos, las generalizaciones y distorsiones de algunos medios de prensa y centros de opinión al enfocar los temas de Cuba y su exilio y se preocupaba grandemente cuando algunos de los nuestros contribuía, consciente o inconscientemente a alimentar los prejuicios de otros sobre nuestra comunidad. En éste y otros escritos se puede ver claramente su empeño pastoral en la vindicación del pueblo cubano.

LA VIRGEN DE LA CARIDAD Y EL PUEBLO CUBANO

En 1980, un matrimonio se acercó a mí llorando. Legaba de Cuba por el Mariel y habían perdido sus anillos de boda. Traté de consolarlos razonando con ellos. Para mí lo importante eran sus 25 años de felicidad en el matrimonio. Los anillos eran sólo un símbolo y podían ser adquiridos aquí nuevamente, les dije.

Ellos me respondieron con gran sabiduría: *«Ud. tiene razón, pero aquel signo ya algo gastado por los años nos recordaba muchas cosas: nuestro noviazgo, nuestra boda, la parroquia donde se nos bendijo el matrimonio, el sacerdote que estuvo presente, hoy ya difunto y las palabras que nos dijo. Nuestros 25 años de vida matrimonial con nuestros siete hijos y con nuestros dos nietos. Los momentos felices y difíciles por sacar adelante nuestra familia. ¡Aquellos anillos nos decían tantas cosas!»*

Entonces comprendí mejor el valor de un signo. Por muy pequeño que sea éste, es capaz de llevarnos hasta el infinito. Por eso, el buen Dios, con su gran sabiduría, nos ha hablado a través de ellos en la historia de la salvación y por eso la Iglesia, maestra de maestros, nos pone en comunicación con Dios en su liturgia a través de los signos.

No hay duda que los hombres tienen sus signos que encierran grandes riquezas, y también los pueblos. Nuestro pueblo cubano católico tiene muchos signos, pero entre ellos tiene uno que es capaz de hablarle hasta a las multitudes. Ese signo le ha dicho y le sigue diciendo más que un libro bien documentado, porque de una sola mirada es capaz de leerse en él toda la historia. Ese signo es la Virgen de la Caridad.

Ella fue encontrada por el pueblo cubano tempranamente en su historia y muy tempranamente en la historia personal de cada uno de nosotros. Desde que nuestra madre nos dormía en sus brazos la descubrimos con ella en la pared de nuestro hogar. Queda el eco de sus palabras invitándonos a tirarle un beso con nuestra mano de niño. Así antes de que fuéramos capaces de decir el Ave María; así, antes de que recibiéramos la primera clase de catequesis en la familia y en la parroquia, la veíamos como el signo que nos recuerda la Madre que viene en auxilio de sus hijos en las tempestades, cuando la barquita se mece, cuando llegan las dificultades. Y la veíamos mostrándonos al Señor Jesús en sus brazos.

Antes de ser capaces de leer el Evangelio ya sentíamos la frase del Señor: *«No teman»,* (S. Mateo 14, 32-36) descubriendo en Él la fuente de la paz y la seguridad nuestra. Es así como los pastores y los reyes encontraron al Señor con la Madre.

La última mirada de la noche era siempre, junto a nuestra mamá, a la Virgen de la Caridad, que nos hacía una invitación a abrazar al Señor como ella lo abrazaba. ¡Cuánta teología se escondía en todo esto! Las madres se hacen sirvientas de sus hijos. Todos tuvimos esta experiencia de las nuestras. La mirada a aquella imagen o a la medalla que nos colocaban en el cuello nos hacía descubrir la mamá de Jesús, la Sirvienta del Señor.

Había también confusiones en la calle, como las encontramos ahora. No pocas veces oíamos a algunos que la confundían con alguna diosa africana, propio de la mitología que también había llegado a nuestra tierra desde el África, pero a la luz de la catequesis, la oscuridad desaparecía cuando la clara verdad del Evangelio comenzaba a brillar. María de la Caridad no era una diosa, era la Madre del Salvador y crecía en nosotros el deseo de conocerla mejor a través de las clases de doctrina cristiana que semanalmente íbamos recibiendo en la iglesia parroquial para compartir esto con los demás.

Nos decían nuestros abuelos que había aparecido casi cuatro siglos atrás a tres sencillos campesinos que iban a la bahía de Nipe en busca de sal para salar las carnes de las reses que ellos preparaban para el comercio. Eran campesinos sencillos, incapaces de inventar una historia, sólo podían contar el hecho. Dos indios y un morenito recogieron la imagen blanca sobre las aguas de la bahía de Nipe después de dos días de tormenta y todo esto había sucedido pasada la noche, al amanecer.

Apareció vestida de blanco, limpia, inmaculada. Blanca como la misma sal. Nos recordaba el saludo del ángel: *«llena eres de gracia»* (S. Lucas 1, 28). Había venido limpia al mundo para darle la carne y la sangre al Hijo de Dios que nos salvaría ofreciéndose en una cruz por nosotros. Su albura era como una invitación a permanecer limpios del mal.

Su aparición al amanecer, cuando el sol descubría sus primeros rayos, era como para anunciarnos la nueva etapa mariana que, comenzando en el siglo XVII, se prolongaría hasta nuestros días.

La tablita que la sostenía nos daba un mensaje corto, pero muy rico: *«Yo soy la Virgen de la Caridad»*. La Virgen, la mujer elegida por el Padre para hacerla Madre de su hijo. Virgen, porque la salvación comenzada en ella sería obra del Espíritu Santo. Caridad, Dios es caridad, nos dice la Escritura. La caridad es el amor cuando éste es total, es decir, cuando somos capaces de amar al Creador y amar a los hombres, nuestros hermanos, como Él ama. La Virgen de la Caridad, la que ama tanto que se hace esclava del Señor, era la primera invitación nuestra a la Caridad.

Desde los comienzos ese bendito signo que nos hacía levantar el corazón a la Madre de Cristo fue recibido por la familia de Dios, que es la Iglesia, hasta el día de hoy, y el pueblo cubano así lo ha reconocido adornándola con los colores de la bandera de la misma Iglesia, colores que nos recuerdan la frase del Señor *«ustedes son la luz del mundo, ustedes son la sal de la Tierra»*. (S. Mateo 5, 13-14).

Amarillo, que recuerda la luz; blanco, que recuerda la sal. Las flores blancas y amarillas de nuestros campos ofrecidas a la Virgen deben ser como una plegaria: «Madre, ruega al Señor para que seamos capaces de compartir la verdad de la fe con todos, como la amarilla luz que irradia a los que la rodean. Que seamos capaces de preservar nuestros ambientes de la corrupción, dándole el verdadero sabor de nuestro cristianismo a las estructuras en que vivimos, como la blanca sal lo hace con nuestros alimentos».

La imagen abrazada al Señor nos recuerda nuestro primer abrazo con él en el bautismo y tantas veces, para mantener ese bautismo intacto, en la reconciliación, si hemos tenido la desgracia de separarnos por el pecado. Ese abrazo de la Virgen con el Señor nos recuerda nuestro abrazo frecuente de comunión en la Eucaristía donde recibimos al mismo Jesús. Su abrazo nos invita a abrazarnos con Él en todos los sacramentos, que son fuentes de gracias.

Siempre le descubrimos una cruz en su mano derecha. Aquella cruz, signo de redención, tan venerada el Viernes Santo, también era para nosotros una invitación a seguir al Señor glorioso hoy en el cielo, cargando nuestras cruces de cada día. Aquella cruz nos recordaba que el camino que lleva a Cristo es el camino estrecho. La gran sabiduría consiste en conformar nuestras vidas con su voluntad guardando sus mandamientos. El camino ancho, sin cruces de ayer y de hoy, es atractivo, pero incapaz de hacernos felices.

La Virgen vestida de blanco al aparecer la libertad de la Patria, es revestida por su pueblo. Recibe el manto azul recordándonos el bello cielo cubano reflejado en nuestra bandera patria por tres franjas. Jesús niño, sostenido por su brazo izquierdo sobre su corazón virginal, es vestido de rojo. Él es el mártir de los mártires. Su sangre divina, derramada en la cruz, asume toda la sangre que será derramada por hacer este mundo más conforme con el plan de Dios. Esa sangre derramada sobre el suelo cubano quedó para siempre representada en el triángulo de nuestra bandera. Con el color de ese triángulo se vestía al Salvador que ella dio al mundo y que Dios ha querido que, a través de su imagen, el pueblo cubano, como todos los pueblos, recuerde que sólo respondiendo como ella a Él seremos verdaderamente sabios, ya que sólo *«al Rey de los Siglos, inmortal, invisible, único Dios, debe ser dada la honra y la gloria por los siglos de los siglos»*. (1 Tim. 1-17)

Septiembre de 1984.

ESTOS HOMBRES DESESPERADOS

Mi responsabilidad como rector de la Ermita de la Caridad, lugar por donde peregrina cada año medio millón de personas, me ha dado la oportunidad, como en años anteriores, de ponerme en contacto en estos días festivos con miles de peregrinos, en su gran mayoría cubanos, que vienen con sus familiares a visitar este lugar dedicado a la madre de Cristo, bajo el título de Nuestra Señora de la Caridad.

De gran alegría ha sido ver cómo muchos de esos que nos visitaron ahora eran de aquellos que en 1980 llegaron en estado deprimente por el puente Mariel-Cayo Hueso, y que ya hoy se han logrado encausar económica y socialmente.

Por otra parte, a través de los medios de comunicación y a propósito de una posible deportación de una parte de este grupo, se ha vuelto a escuchar el tono despectivo y a generalizar de manera negativa sobre estos hermanos.

El contacto con esta realidad, ya sea con los que nos visitan en el Santuario o con los que están en las cárceles, personalmente, o a través de los que semanalmente los visitan movidos por la caridad, me ha hecho escribir estas líneas invitando a todos a juzgar este drama a la luz del Evangelio.

De todos es sabido que en 1980 se produjo una emigración masiva de 125,000 cubanos desde el puerto del Mariel, en Cuba, hasta el sur de la Florida. La magnitud del hecho provocó una amplia gama de informaciones y opiniones donde la realidad se mezclaba con lo emocional y los intereses políticos con los intereses humanitarios, sin contar que se hablaba del hecho en los cincuenta estados de la Unión Americana y en dos idiomas diferentes.

Con esta escala gigantesca no fue posible sacar toda la verdad del acontecimiento. Además, muy pronto se proveyó el despectivo nombre de *«marielitos»* como un resumen peyorativo que obviara toda la complejidad de detalles.

La gran mayoría de estos nuevos inmigrantes, aptos para caminar por sí mismos o ayudados por familiares y amigos, pudieron ir saliendo del ruido de aquel acontecimiento y encontrar cauces más o menos normales.

Sin embargo, dentro de la masa de estos inmigrantes hubo quienes, víctimas del relativismo moral y del pobre desarrollo integral que propicia el sistema totalitario comunista, donde la creatividad humana es reprimida para seguir los dictados de los únicos que ordenan; o por falta de entrenamiento por parte de familiares o instituciones en un país libre de lengua extraña, fue resultando un grupo de estos inmigrantes sobre los que se fue cerrando un nudo corredizo y sobre los cuales ahora se especula tomar una acción global de deportación. Es de señalarse que la gran mayoría de las personas que integran este grupo fueron deportadas como simples objetos o cosas por el gobierno comunista de Cuba, y ahora podríamos repetir el mismo atropello en dirección contraria.

La Iglesia Católica no discute el derecho que asiste al poder secular de juzgar y actuar por el bien común. Más aún, la Iglesia recibe con beneplácito estas leyes y las apoya cuando son justas. Pero, en este caso, a la luz de los derechos humanos, hay demasiadas evidencias de que el bien común no es la deportación global.

Creo que en todo momento debemos ver, juzgar y actuar a la luz del Evangelio y, a esa luz, todo hombre es imagen de Dios y según esa condición debe ser tratado. Nos favorece vivir en un país que se gestó y desarrolló en el marco de los valores judeo-cristianos y que, a lo largo de su historia, ha sabido examinar su actuación a la luz de esos valores, razón por la que podemos hablar.

Quisiera concretar mi opinión de que no ofrece dudas la justicia de retornar a Cuba a todos aquellos que así lo deseen y soliciten.

Pero, por otra parte, es lamentable que enfermos mentales y otros hombres que por sus delitos se encontraban privados de libertad en cárceles cubanas, fueran forzados monstruosamente a salir de su país hacia lo desconocido. Dicho sea de paso, creemos que ningún hospital o cárcel podrá ser más adecuado que aquél donde se hable la propia lengua y donde los familiares puedan visitar a los que permanecen en ellos sin poder salir. Sin embargo, por la criminal acción del gobierno comunista de Cuba, hoy se encuentran desamparados donde el idioma es extraño, la familia no puede llegar y no tienen un Estado que respalde o apoye sus intereses como seres humanos.

Pero la contrapartida positiva es que ahora se encuentran dentro de una nación que sí trata a los hombres según los derechos humanos y cuya constitución otorga el derecho a cada persona de tener su día en corte para presentar su caso y defenderse y el Estado asume la defensa de la justicia sobre todos.

Por todo lo anterior, entiéndase que no pretendo excusar los delitos reales que hayan podido cometer. Pero, hoy debo alzar mi voz por estos hombres desamparados, porque, a través de visitarles y de una correspondencia continua, he conocido la evidencia de métodos y procedimientos en desacuerdo con la justicia para los encarcelados.

En primer lugar, ha ocurrido en demasiadas ocasiones la retención indefinida de estos hombres en las cárceles, sin un motivo concreto y sólo en previsión de que pudieran aparecer nuevos acusadores.

Otra forma de injusticia ha sido la provisión de una defensa pública sumamente deficiente por tratarse de personas sin medio económicos, que la mayoría de las veces no han podido pagar ni la fianza, y por ello han tenido que depender de abogados de oficio con los que no han podido establecer una buena comunicación por causa del idioma. En otros casos, muchos encarcelados sólo han podido ver a sus defensores por primera vez el día anterior al juicio, y algunos no los han visto hasta el momento de presentarse ante los tribunales. Otra deficiencia ha sido los frecuentes cambios de abogados de la defensa, con la consiguiente falta de coherencia en la misma y aún la aparición de torpes contradicciones que han obrado en detrimento de hombres indefensos. Y finalmente, la sugerencia realizada por algunos de los defensores a los detenidos para que firmen una renuncia de derechos que luego se ha convertido en una trampa procesal.

Otra forma ha sido la presión fiscal sobre muchos acusadores que se habían desinteresado en el proceso para que mantengan sus cargos y concurran a los tribunales.

Y quizás la más reveladora de todas ha sido la aplicación sistemática de tecnicismos procesales para lograr la dilación de los juicios y poder así retener al acusado. Esto ha ocurrido aún cuando el ministerio fiscal ha fracasado reiteradamente en su intento de presentar testigos de cargo. Para ejemplificar lo que esto significa, diremos que ha habido encarcelados que han sido presentados más de treinta veces ante el funcionario judicial correspondiente a lo largo de dos años y medio de reclusión, sin que todavía se vislumbre límite alguno para una decisión sobre el caso.

Y toda esta práctica injusta ha venido ocurriendo de forma exclusiva dentro del grupo inmigratorio cubano proveniente del Mariel. Por todo esto podemos creer que ha habido una tendencia no confesada de mantener disponible a este grupo de cubanos en una especie de limbo judicial, en espera de que se concretara la especulada deportación.

Nos ayuda a establecer este criterio el que los hombres de iglesia y algunos de los propios funcionarios del poder judicial de los Estados Unidos, con sentido encomiable de la justicia que representan, hayan reaccionado a nivel de su autoridad positivamente en defensa de estos hombres que parecen no tener derecho a un sitio en este mundo de todos.

Por todo ello, al comenzar el Nuevo Año, elevo mi oración públicamente a Dios rico en misericordia para que nos ilumine a todos y especialmente a las autoridades en este país en su toma de decisiones sobre estos hombres desamparados, para que no se decida la injusta deportación global, así como superando el prejuicio en que se apoya, y dando solución honesta según una justa evaluación de cada caso y de cada persona.

+Agustín A. Román
Enero 1ºde 1985

Nota del Editor: Este artículo de Mons. Román resultó profético. Ignorando sus advertencias y peticiones a favor de un proceso justo para los prisioneros del Mariel, el gobierno de Estados Unidos y la dictadura castrista se comprometieron en un Pacto Migratorio que incluía la repatriación masiva de los encarcelados, sin previa revisión de sus casos. Esto provocó que los retenidos en las prisiones de Atlanta, GA. y Oakdale, LA., se sublevaran tomando rehenes en lo que se convirtió en los motines carcelarios más grandes en la historia de este país. Esto ocurrió menos de tres años después de la publicación de este alegato. Los motines terminarían felizmente, gracias a la intervención personal de Mons. Román, a pedido de los prisioneros.

SOBRE EL ENEC

En el próximo mes de febrero, del día 17 al 22, se celebrará en La Habana una importante reunión católica a la que asistirán como observadores invitados eclesiásticos y fieles de distintas naciones de América. Se titula «Encuentro Nacional Eclesial Cubano» (ENEC), y en él se estudiará la vida de la Iglesia en su pasado, presente y futuro.

El punto de partida de las discusiones del Encuentro será el extenso documento que recoge los comentarios y sugerencias hechos por los fieles en las reuniones parroquiales celebradas a partir del mes de abril de 1981.

En dicho documento se expresa el deseo de buscar nuevos caminos para la evangelización, en las estructuras en que vive la Iglesia actualmente a nivel nacional y local; pero se recuerda que los cristianos están impedidos de participar plenamente en la vida política nacional y que han sido *«objeto de incomprensiones y hostilidades»,* por lo que *«gran número de ellos temen ser discriminados si van a la iglesia».* Se pide, por tanto, entre otras muchas cosas, que cesen *«los empeños por propagar el ateísmo»* y se cree *«un clima de respeto a las opciones religiosas de cada uno, pero, sobre todo, de los niños y adolescentes»*; que se permita a la Iglesia el acceso a las cárceles y el uso de los medios masivos de comunicación; que se acepte la ordenación de diáconos permanentes y se facilite la entrada al país de sacerdotes y religiosos.

Muchas personas entienden que la necesidad en que se halla el régimen de mejorar su imagen en la América Latina es posible que lo lleve, en estos momentos, a suavizar en algo las inmensas presiones a que durante años ha estado sometida la Iglesia.

Este reflexionar a la luz del Evangelio en la situación histórica en que vivimos es una necesidad pastoral, lo que nos llena de consuelo. Frente a este evento debemos saber distinguir entre la finalidad de la

Iglesia, que es anunciar el Reino de Dios, y el sistema en que le ha tocado vivir.

Sabemos, por otra parte, que el Encuentro ha sido plenamente aprobado por el Santo Padre, y debemos orar para que, como quiere la Iglesia, la luz del Evangelio pueda llegar a todos los cubanos y este evento no termine en meras expresiones verbales de libertad religiosa por parte del régimen, con destino a la propaganda internacional, obstaculizando así que conduzca a cambios reales en la vida de la Iglesia cubana.

Reafirmamos, pues, en esta ocasión, nuestra comunión con toda la Iglesia de Cuba, de la que estamos ausentes sólo por la violencia del régimen; con sus obispos, con los cristianos que han sufrido en la patria discriminación y hostilidad por ser fieles a su fe, y, en general, con todo el pueblo cubano, sometido hasta hoy a un régimen político en que se han violado los más esenciales derechos del hombre.

¡Qué la Santísima Virgen de la Caridad, Madre de todos los cubanos, los de adentro y los de afuera, interceda por nosotros ante el Señor para que algún día surja un régimen jurídico que, abrazado a los ideales de libertad y justicia social, respete a plenitud los derechos, no sólo de la Iglesia Católica, sino de todos los hombres y mujeres que integran el pueblo de Cuba!

+Mons. Eduardo Boza Masvidal   +Mons. Agustín A. Román

31 de enero de 1986.

VEINTICINCO AÑOS DE DESTIERRO

Este año se cumple un cuarto de siglo de nuestro destierro y, a pesar de haber vivido forzosamente veinticinco años fuera de Cuba, el amor a ella no ha disminuido en nuestros corazones.

Vemos con alegría cómo, en no pocos sectores, el patriotismo se mantiene vivo. Muchas son las instituciones que trabajan por el ideal patrio. Testigos son los prisioneros políticos que dentro y fuera de la isla, sufren en las cárceles porque no se conforman con que la patria no sea libre. Pero, también vemos con dolor cómo, en muchos, el interés por los valores patrios está dormido o muerto, sin hacer nada por la patria que nos vio nacer.

Comprendemos que el materialismo marxista o capitalista nos invade, haciéndonos incapaces de reflexionar, de frenar ese afán económico excesivo, de lanzarnos hasta el sacrificio. Nos desanimamos frente a los fracasos de reconquista de la patria alejada. El materialismo nos hace crecer el individualismo, reduciendo el amor a nuestro pueblo a la sola familia y hasta llegar por último a amarnos únicamente a nosotros mismos.

Frente a esta realidad, quisiéramos, en este 20 de Mayo, como hermanos que somos de todos, invitarles a la luz del Evangelio a revivir nuestro amor por Cuba con un patriotismo auténtico.

El amor al prójimo que Cristo nos predicó es, por esencia, universalista. Tenemos que amar a todos los hombres sin excepción alguna y de nuestro amor no puede quedar excluida ninguna nación. En la parábola del Buen Samaritano *(S. Lucas 10, 30-37)* el Señor nos ha puesto como modelo del amor al prójimo precisamente al hombre que mostró compasión por quien, a sus ojos, pertenecía a otra raza, a otra nacionalidad y a otra religión.

Pero, como no es posible a ningún ser humano servir por igual a todos los hombres, Dios ha querido que nos ocupemos de un modo especial por aquellos que la Providencia ha puesto más cerca de nosotros, y así surgen, en el plan divino, el amor a la familia y el amor a la patria.

Uno y otro brotan espontáneamente en todos los hombres, pero adquieren el carácter de virtudes cristianas cuando se les mira como el cumplimiento de lo que Dios quiere de cada uno de nosotros. Jesús, nuestro divino modelo, que quiso ser igual a los hombres en todo menos en el pecado *(Hebreos 4, 15)*, nos enseñó claramente ambos amores con el ejemplo de su vida: el amor a la familia en la silenciosa entrega a los suyos durante el tiempo de su vida oculta, estando unido a sus padres durante todos los años que precedieron al comienzo de su ministerio *(S. Lucas 2, 51)*. Y el amor a la patria cuando, pensando en las desgracias que le aguardaban en un futuro próximo a la ciudad sagrada del pueblo en que había nacido, se conmovió hasta el punto de llorar por ella *(S. Lucas 19, 41)*.

El amor a la nación en la que la Providencia quiso que naciéramos es, pues, un deber ineludible de todo buen cristiano. Las personas que viven en un país distinto a aquel en que vinieron al mundo deben amar también de un modo particular a esta nueva nación. Deben preocuparse por su suerte y, en la medida de sus posibilidades, contribuir a su bienestar y engrandecimiento.

No son, pues, buenos cristianos los cubanos que se han olvidado de Cuba, o los que no comparten las alegrías y dolores del país en que más tarde les tocó vivir.

A la virtud de patriotismo se oponen dos grandes vicios: el del egoísmo individualista y el del egoísmo familiar. Hay personas para quienes el amor al prójimo termina en la puerta de su casa. Con visión miope, no piensan más que en el bienestar de los suyos. Un vicio todavía más detestable es el egoísmo individualista de quienes ponen como valor supremo de sus vidas los placeres, las riquezas y el éxito personal.

Hay, por otra parte, quienes piensan que el patriotismo es una virtud que sólo puede ejercitarse en situaciones de gravedad extrema, cuando la patria exige de sus hijos la ofrenda de sus vidas, y se olvidan de las múltiples formas en que esta virtud puede practicarse en el cotidiano vivir. En el caso concreto del amor a Cuba, esto tiene un campo que está siempre abierto a todos: el deseo de contribuir al bienestar material y espiritual de los compatriotas que nos rodean.

El cubano desterrado debe ser, pues, un miembro útil, preocupado y leal del país en que vive, especialmente si ha adoptado su ciudadanía, pero, sin olvidarse por ello del país en que nació y de las necesidades y sufrimientos de los cubanos que viven en la isla o marcharon un día al exilio.

En los miembros de las nuevas generaciones, que nacieron en otras tierras o vinieron muy jóvenes a ellas, hay que tratar de fomentar un razonable aprecio de la herencia cultural y nacional de sus padres, para que de este modo vean sus vidas enriquecidas por dos tradiciones nacionales y dos culturas. En este sentido el amor a la patria de sus antepasados vendría a ser una lógica prolongación de los lazos del amor familiar.

No podemos terminar sin recordar que la conciencia cubana se formó en gran parte en el destierro. Somos herederos del pensamiento de Varela, Saco, Martí y tantos otros que, peregrinando lejos de la tierra cubana, vivieron en comunión con nuestro pueblo y le ofrecieron lo mejor de sus vidas.

A la Virgen de la Caridad le rezamos el Ave María por nuestro pueblo, en el aniversario de nuestra República.

+Eduardo Boza Masvidal +Agustín A. Román

Exilio, 20 de mayo de 1986.

SOBRE LOS PRISIONEROS DEL MARIEL

Declaración de Mons. Agustín A. Román, Obispo Auxiliar, Arquidiócesis de Miami, y Mons. Enrique San Pedro, Obispo Auxiliar, Diócesis de Galveston-Houston

El Adviento nos trae un aniversario más de la encíclica *Dives in Misericordia,* en la cual el Santo Padre Juan Pablo II, queriendo mostrarnos al Padre de los cielos, rico en misericordia, nos descubre la importancia de la misericordia cuando se trata de la justicia.

A la luz de este documento y en el marco familiar en el cual nos reunimos para dar gracias a Dios por tantas bendiciones y nos preparamos para la celebración del nacimiento de Jesús, hagamos un examen de conciencia y meditemos sobre la situación de esos miembros de nuestra gran familia cubana que se encuentran detenidos en la Penitenciaría Federal de Atlanta y en otras cárceles federales. Ellos ponen su esperanza en la Iglesia de Cristo, como lo demuestra la infinidad de cartas que se han recibido y se siguen recibiendo a diario por nosotros los obispos y también por los sacerdotes. Cartas llenas de dolor nos llegan de diversas prisiones expresando los sentimientos y necesidades de estas personas, algunas de las cuales han estado detenidas por más de seis años y cuyo futuro es cada vez más incierto.

La mayoría de los presos detenidos en Atlanta y otras cárceles llegaron a este país en la emigración masiva de 1980, en la que más de 125,000 cubanos salieron del puerto de Mariel en busca de libertad. El gobierno cubano, buscando la forma de cubrir el fracaso que aquella salida desesperada representaba para su imagen, forzó la salida en pequeñas embarcaciones y deportó como simples objetos a centenares de infelices que sufrían enfermedades mentales, así como a centenares de personas que cumplían sentencia en las cárceles cubanas por delitos comunes. Así intentó el gobierno de Cuba tergiversar la realidad del Mariel y desacreditar al exilio cubano. La intención era que la prensa mundial reportara sobre la llegada de «los criminales del Mariel» y no sobre el fracaso del sistema totalitario comunista que era la causa del éxodo masivo.

Hemos visto cómo en unos pocos años la gran mayoría de los inmigrantes que vinieron por el Mariel se han encaminado por sí mismos o ayudados por familiares y amigos y hoy son miembros productivos de nuestra sociedad. Sin embargo, no podemos dejar que el éxito de esa mayoría nos haga olvidar el dolor que aún sufren aquellos desamparados que han sido categorizados como «indeseables» y permanecen en prisión.

Específicamente, el reporte del Subcomité sobre la Administración de Justicia del Comité Judicial de la Cámara de Representantes identificó en abril de 1986 a 1,929 cubanos detenidos en la Penitenciaría Federal de Atlanta, que no están cumpliendo sentencias criminales. A pesar de numerosas apelaciones a tribunales de apelación, estas personas permanecen detenidas sin que se les concedan los más elementales derechos legales. Los tribunales han dictado que, debido a que estas personas nunca fueron admitidas oficialmente en este país, o han incumplido las condiciones del *parole* son *excluíbles* y no tienen derecho a vistas individuales con representación de abogados, así como muchos otros derechos que serían considerados básicos para las personas que residen legalmente en este país.

Entre los presos de Atlanta se pueden identificar por lo menos cuatro grupos distintos. El primer grupo consiste en aquellos que sufren enfermedades mentales. En el segundo grupo están aquellas personas a quienes nunca se les concedió la entrada en este país por razón de haber cometido delitos serios en Cuba. El tercer grupo consiste en aquellos que a su llegada se les otorgó el *parole* y posteriormente cometieron delitos en este país y ya han terminado de cumplir sus sentencias. Por último, están aquellas personas que, habiéndoseles concedido el *parole* a su llegada a este país, posteriormente cometieron delitos aquí y aún están cumpliendo sus sentencias.

Es importante señalar que los dos primeros grupos no vinieron aquí voluntariamente, sino que fueron forzados a abordar las embarcaciones por oficiales del gobierno cubano, el mismo gobierno que ahora les niega el regreso.

El Congreso norteamericano tiene autoridad sobre la admisión de extranjeros a este país. Los jueces federales han dictado que bajo las leyes vigentes se exige la deportación, y, en casos en que esto no sea posible, el encarcelamiento, de aquellas personas que nunca han sido admitidas oficialmente al país y son consideradas como amenazas a la seguridad nacional.

Nosotros no diferimos de este planteamiento. Al contrario, nos llenaría de tristeza que alguno de los detenidos que no esté en condiciones de poder convivir libremente en nuestra sociedad fuese puesto en libertad prematuramente y esto causara una desgracia. Sin embargo, la aplicación de la ley de exclusión en forma masiva a los presos cubanos de Atlanta resulta en una situación que no podemos aceptar. El encarcelamiento indefinido de seres humanos que no estén cumpliendo condenas por delitos cometidos no es justificable.

Toda aquella persona que después de haberse sometido a un juicio justo haya sido condenada por cometer un delito debe de cumplir su sentencia. Pero, es un derecho básico del ser humano que después de cumplida su deuda con la sociedad se le restaure la libertad. No podemos aceptar que se mantengan encarceladas indefinidamente aquellas personas que cometieron delitos en este país después que hayan terminado de cumplir sus sentencias. Sí, sabemos que, técnicamente, el haber cometido un delito después de su llegada a este país constituye una violación del *parole,* que los hace deportables. Esa es la ley.

Sin embargo, al no existir la alternativa de la deportación porque el gobierno cubano se niega a su regreso, la aplicación de la ley en el caso de los presos cubanos resulta en un encarcelamiento indefinido. Esto no es aceptable. Es obvio que la ley no contempla una situación como la actual. Por lo tanto, lo legal debe ceder a otras alternativas que se apliquen más a la realidad y que tengan una firme base moral y humana.

Las personas a quienes no se ha concedido la entrada en el país y son excluíbles, no tienen derecho bajo la ley a vistas individuales, representación por abogado y muchos otros procedimientos que serían considerados derechos básicos de un residente o ciudadano de este país. De nuevo, la ley no se aplica a la realidad de estas personas. Algunos llevan muchos años detenidos y su situación legal no aparenta estar hoy más cerca de resolverse que el día que llegaron a estas costas. Los cubanos de Atlanta son un grupo tan diverso que cada caso debe ser analizado en vistas individuales donde cada persona tenga la oportunidad, con la ayuda de una representación legal adecuada, de expresar su caso en la forma más favorable posible.

Los enfermos mentales merecen ser vistos con misericordia y comprensión. No podemos mantener indefinidamente a estas personas en cárceles que no están preparadas para ayudarles en sus dificultades. Comprendemos que esto representa asumir una gran carga pública por parte de este país. Pero, esa carga será a la larga mucho más leve que el peso de la carga moral y de conciencia que conlleva la prolongación indefinida de la situación actual. El mundo entero podrá comparar la actuación cruel del gobierno cubano, que depositó a estos enfermos en las costas de este país, y la actuación generosa de esta nación que les da el tratamiento adecuado; no porque tenga la obligación legal de hacerlo, sino porque es la forma correcta y humana de tratar a esos enfermos.

Los casos de aquellos que cometieron delitos en Cuba deben ser revisados para determinar si fueron juzgados debidamente. Todos sabemos las características del sistema jurídico cubano.

Aquellos que cometieron delitos en este país, pero que ya han cumplido sus sentencias, deben ser puestos en libertad si se determina que no constituyen una amenaza para nuestra sociedad.

Aquellos que aún cumplen sus sentencias deben hacerlo en cárceles adecuadas.

A todos ellos debemos proporcionarles programas de rehabilitación que les permitan su reincorporación a nuestra sociedad. No olvidemos que dentro de la masa de estos inmigrantes hubo quienes, víctimas del relativismo moral y del pobre desarrollo integral que propicia el sistema totalitario comunista, donde la creatividad humana es reprimida para seguir los dictados de los únicos que ordenan, o debido a la falta de entrenamiento por parte de familiares o instituciones al llegar a un país libre de lengua extraña, o simplemente por error propio, tomaron un mal camino. A estos hay que fortalecerlos con una base moral y de principios que les permita recuperar su dignidad como seres humanos y convivir en una sociedad libre.

La deportación de estas personas no ofrece una solución satisfactoria al problema. Se ha visto que el gobierno cubano no está dispuesto a que estos cubanos regresen. No vamos a tener a estas personas encarceladas indefinidamente hasta que el gobierno cubano cambie de parecer. Mientras tanto, por cada día que pasa, estas personas, aún en prisión, van echando raíces en este país. Muchos tienen aquí a sus familiares. Otros han contraído matrimonio aquí y tienen hijos de esos matrimonios. Por todo ello, la intentada deportación de estas personas nunca ha sido una solución, y lo es menos aún hoy, puesto que implicaría una dolorosa separación de la familia.

Repetimos que no estamos abogando por una inmediata libertad de todos los encarcelados cubanos que se encuentran en Atlanta y en otras cárceles. No pretendemos ignorar el orden jurídico que gobierna este país. Pero sí estamos pidiendo, acorde con la mejor tradición de este orden jurídico, que todos estos encarcelados tengan la oportunidad de ser escuchados individualmente por los funcionarios judiciales competentes, a fin de que se pueda establecer el modo más justo de proceder en cada caso particular, resolviéndose así la inhumana situación de incertidumbre y el encarcelamiento indefinido.

Es propicio que la Iglesia interceda a favor de los más desamparados. ¿De qué otra institución que no sea la Iglesia del Dios del Amor que es Cristo, pueden esperar estos hijos de Dios el más firme apoyo para que se corrija la gran falta de caridad que se está cometiendo con ellos? ¿De qué otro grupo humano pueden esperar ellos comprensión y ayuda para recuperar su dignidad y, cuando lo merezcan, su libertad, como no sea el de sus hermanos de nación que han conocido el desarraigo y la incertidumbre del exilio político? No podemos pasar por alto el que la mayoría abrumadora de los detenidos son católicos romanos por profesión o por cultura y que miran hacia la Iglesia como fuente de esperanza.

Por último, recordando la advocación de la Caridad por la que María, la Madre de Dios, quiso hacerse manifiesta al pueblo de Cuba, queremos exhortar a todos a ejercer esa divina virtud de la Caridad en servicio del Cristo sufriente que espera por nosotros en la Penitenciaría Federal de Atlanta y otras cárceles. Y esto no sólo con nuestras oraciones, que son parte importantísima en la solución de toda esta triste situación, sino también con nuestra actuación ciudadana dentro de los mecanismos de gobierno democrático que rigen en esta nación bendita de Dios.

21 de diciembre de 1986.

Nota del Editor: Otro profético alegato abogando por justicia para los prisioneros del Mariel, hecho en conjunto, en este caso, por los obispos cubanos desterrados Román y San Pedro, *once meses antes de que estallaran los motines de prisioneros del Mariel en las cárceles de Atlanta y Oakdale.*

AÑO NUEVO, VIDA NUEVA

Los Evangelios de la infancia del Señor iluminan los días últimos del año que termina y los primeros del año que comienza en la liturgia católica. Esta presentación del misterio de la infancia del Hijo de Dios no puede ser solamente el recuerdo emocionado de algo que sucedió un día en la historia, sino que, además, debe alcanzar su expresión óptima en la vivencia actual de lo que el mismo Dios que nos envía a su Hijo como Redentor trata de decirnos hoy a los hombres y mujeres de la presente generación.

Si contemplamos el nacimiento de Jesús en su sentido más íntimo y característico, descubriremos que es, esencialmente, una amorosa manifestación de la misericordia de Dios, nuestro Padre. Conocedor anticipado de la buena nueva que estaba a punto de realizarse. Zacarías, el padre de Juan el Bautista, nos dice en la Biblia, que Cristo, *«el sol que nace de lo alto»* viene *«por la entrañable misericordia de nuestro Dios... para iluminar a los que viven en tinieblas y en sombra de muerte, para guiar nuestros por el camino de la paz»* (S. Lucas 1; 78-79)

Cuando miramos a nuestro alrededor en este minuto, es fácil advertir que no son pocos los que también hoy están viviendo *«en tinieblas y en sombra de muerte»* en nuestra comunidad y que todos, o al menos una gran mayoría, deseamos sinceramente hallar *«el camino de la paz»*. Y si ese camino de paz, como dice la Sagrada Escritura, es fruto de la misericordia de Dios, ha de ser oportuno que la venida del Salvador suscite en nosotros siquiera una breve reflexión sobre la misericordia que necesitamos si hemos de encontrar la paz.

Sí, necesitamos de la misericordia en Miami, porque vivimos en un mundo que muchas veces parece hostil, en una sociedad árida, donde el abrazo está siendo suplantado por el gesto huraño y el miedo parece querer adueñarse de nuestras vidas. Quizás el síntoma más evidente de esta preocupante situación sea tanto el incremento actual de la criminalidad, como las reacciones que este fenómeno provoca entre nosotros.

Debemos comenzar por preguntarnos dónde están los motivos de esta situación. Debemos inquirir de nosotros mismos, que somos parte de ella, por qué nuestra sociedad está fabricando tantos delincuentes, por qué vivimos en medio de un desequilibrio colectivo que engendra violencia y sufrimientos. Al analizar el panorama más amplio, pero no muy diferente del mundo de hoy, los padres de la Iglesia, reunidos en el Concilio Vaticano II, dijeron lo siguiente: *«En verdad, los desequilibrios que sufre el mundo moderno están conectados con ese otro desequilibrio fundamental que hunde sus raíces en el corazón humano».* (*Gadium et Spes*, 10)

¿Qué estamos metiendo en nuestros corazones que recogemos estos frutos amargos? Estamos saturados de un ambiente materializante donde se hace del dinero, del lujo, y de la posesión de cosas, el fin primordial de la existencia. Se nos dice que los que logran esas metas, son importa cómo, son triunfadores. Los medios de comunicación a veces parece como que glorificaran la violencia misma. Y el relajamiento de las costumbres, el permisivismo y la pérdida del sentido de pecado, que se ven hoy por muchos como cosa natural y aceptable, no están dando, porque no pueden darlo, los cimientos firmes que necesita una sociedad ordenada en el bien.

Del desorden sexual, de la búsqueda irrestricta del placer, del uso y abuso del alcohol y las drogas, del desprecio al trabajo, del egoísmo y la vanidad, no pueden salir los hogares firmes que forman carácter y proveen al hombre de principios sólidos para andar con paso sereno por el escabroso camino de la vida. Lo que hoy vemos de resquebrajamiento moral en la sociedad, manifestado en la ausencia de respeto por la persona humana, por la vida y la propiedad ajenas, es producto de tanto divorcio, de tanta madre soltera, de tanto padre irresponsable, en suma, de haber sacado de nuestros ambientes al Buen Dios, sin el cual ni hay valores ciertos, ni sentido real para la vida.

Hemos de preguntarnos y hemos de respondernos con humilde sinceridad hasta qué punto somos un tanto responsables de los males que nos aquejan. Antes del juicio severo al hermano que peca o delinque, examinemos nuestra propia conducta y cuidémonos, no sólo de proclamar la justicia, a la que todos aspiramos, sino también de practicarla.

Respondámonos en un franco análisis de conciencia si a veces no negamos a los demás las oportunidades de progreso a las que todo hombre tiene derecho, si no abusamos del poco o mucho poder que podamos tener, si pagamos los salarios justos, si compramos lo que otro robó haciéndonos partícipes de su delito, si consentimos en el soborno que corrompe las instituciones, si transigimos frívolamente en el consumo de drogas o alcohol, el engaño y la licencia sexual que destruyen nuestras familias y que son particularmente perjudiciales a nuestra juventud. Preguntémonos: ¿podemos pedir a otros que respeten la vida de un semejante cuando, a la vez, aprobamos que se destruya la vida cuando ésta es más indefensa, en el vientre mismo de la madre?

Al proceder al sano replanteo de nuestras actitudes ante el profundo drama moral de nuestros tiempos, quizás sea oportuno recordar las palabras del papa Paulo VI cuando nos recomendó: *«Si quieres paz, trabaja por la justicia»,* a lo que hoy pudiéramos añadir, «si quieres justicia, practica la justicia».

Ahora bien, en la sana búsqueda de las urgentes soluciones que necesitamos, debemos también preguntarnos si basta la justicia. Para hallar respuesta, sería bueno escuchar las palabras del Santo Padre Juan Pablo II, quien en su encíclica «Dives in Misericordia» nos dice al respecto:

«La experiencia del pasado y de nuestros tiempos demuestra que la justicia por sí sola no es suficiente y que, más aún, puede conducir a la negación y al aniquilamiento de sí misma si no se le permite a esa forma más profunda que es el amor plasmar la vida humana en sus diversas dimensiones»

Y añade el Santo Padre, el mismo que perdonó y dio un abrazo de reconciliación al hombre que intentó asesinarle, que... *«El mundo de los hombres puede hacerse cada vez más humano únicamente si introducimos en el ámbito multiforme de las relaciones humanas y sociales, junto con la justicia, el amor misericordioso que constituye el mensaje mesiánico del Evangelio».* No nos olvidemos que si la fuerza del materialismo marxista es el odio, la del cristianismo es el amor.

Vale la pena que probemos como solución ese «amor misericordioso», esa misericordia que viene de Dios mismo, primero, porque viene del que nos ha creado por amor, y segundo, porque todas las otras soluciones han resultado falsas. Sí, es el Dios del Amor, el Espíritu Santo, quien debe conducirnos en este camino. También hoy tenemos que dirigirnos a lo alto con las palabras que canta la Iglesia en Pentecostés: *«Mira el vacío del hombre si Tú le faltas por dentro, mira el poder del pecado cuando no envías tu aliento».* (Secuencia del Espíritu Santo, Liturgia de las Horas)

Tal vez el error ha estado en que hemos querido extirpar el mal cuando ya éste ha rendido su saldo de dolor, pero no nos hemos ocupado lo suficiente de evitar su florecimiento, abonando con amor la vida de los hermanos. Nos horrorizamos cuando los jóvenes se involucran en grupos de violencia que llegan hasta el crimen, sin darnos cuenta que esto es la consecuencia de no haberlos involucrado temprano en la comunidad parroquial donde se aprenden bien los valores morales. Quizás nos preocupamos más de erigir cárceles que de formar hogares. Acaso hemos dado más atención a escribir leyes que a practicar el bien. Pedimos más policías y no buscamos mejores maestros.

Ciertamente, cárceles, leyes y policías son elementos necesarios en nuestra sociedad y los hombres y mujeres que dedican sus vidas al mantenimiento de la ley y el orden merecen la gratitud y el respeto de todos. Pero todos estos instrumentos de la justicia humana, y como humana, imperfecta, hemos de verlos en el real carácter disuasivo que tienen, que es bueno y adecuado, pero que no cura los males, sino simplemente reprime sus manifestaciones.

A un problema como el que enfrentamos, de orden moral, hay que darle soluciones del mismo orden: hay que dar la orientación moral de que carece nuestra sociedad. Hacen falta más familias verdaderas donde los padres no deleguen la educación de los hijos, que es deber fundamental e intransferible y que no es el simple mandar los hijos a la escuela, ni proporcionarles el exceso de consumo y gustos materiales. Fue un pensador cubano de honda raíz cristiana, Don José de la Luz y Caballero, quien nos dijo que *«instruir puede cualquiera; educar, sólo quien sea un Evangelio vivo».*

La solución al problema de la criminalidad no puede reducirse a un simple acto de castigo, sino que hay que darle toda esa dimensión del Evangelio que pedía Don Pepe. Que todos nos empeñemos en el amor. Que los padres dediquen más tiempo a la formación moral y religiosa de los hijos. Que las escuelas puedan dar orientación moral. Que las cárceles se conviertan en instrumentos de rehabilitación, no en centros de deshumanización. Que puedan los miembros de nuestra policía desarrollar su función preservadora del orden sin tener que confrontar situaciones de desacato tales que los conduzcan a una lucha por sobrevivir en la sociedad que debe respetarlos y que ellos deben cuidar.

En suma, que volvamos los ojos al Dios rico en misericordia. Misericordia que en ningún caso debe confundirse con indulgencia hacia el crimen, ni descuido del sano orden que debe imperar entre los hombres, sino que, muy por el contrario, debe ser testimonio y resultado de un orden superior en las relaciones humanas, el orden del amor, el que desde el Antiguo Testamento nos repite *«no hagas a otro lo que no te gustaría que te hicieran a ti».* (Tb. 4, 16)

Al suscribir la misericordia hemos de recordar que en el Sermón de la Montaña ese bendito Señor y Dios nuestro, cuyo nacimiento celebramos, la incluyó entre los requisitos de la felicidad: *«Felices los misericordiosos...»* y la puso como condición para alcanzar el favor del Padre... *«porque ellos alcanzarán misericordia».* (S. Mateo; 5, 7)

Y no debemos olvidar que todos los hombres, pecadores como somos, todos sin excepción, necesitamos de esa misericordia.

Que sea María Santísima, la Madre de Dios, quien pida al Señor que abra el corazón de Miami a la misericordia, ese don altísimo que, según sus palabras en el canto del Magníficat, *«llega a los fieles de generación en generación»* (S. Lucas; 1, 50). Que sea la nuestra, pues, ahora y aquí, la generación de la misericordia para que, lejos del crimen, la violencia y la venganza, dejemos de vivir *«en tinieblas y en sombra de muerte»* y encontremos en Cristo *«el camino de la paz»*.

+Mons. Agustín Román
Obispo Auxiliar de Miami

1° de enero de 1989.

Granma
ORGANO OFICIAL DEL COMITE CENTRAL DEL PARTIDO COMUNISTA DE CUBA
LA HABANA, VIERNES 6 DE ENERO DE 1989 / AÑO 31 DE LA REVOLUCION / AÑO 25 / NUMERO 5 / CIERRE: 2:00 / 1

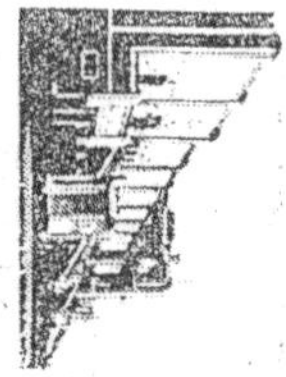

Carta a Fidel del Cardenal de Sao Paulo, Paulo Evaristo Arns

- **Cuba puede sentirse orgullosa de ser en nuestro continente, tan empobrecido por la deuda externa, un ejemplo de justicia social**

Sao Paulo, Navidad de 1988
Queridísimo Fidel
¡Paz y Bien!

Aprovecho el viaje de Frei Betto para enviarle un abrazo y saludar al pueblo cubano en ocasión de este Aniversario 30 de la Revolución. Todos nosotros sabemos con cuánto heroísmo y sacrificio el pueblo de su país logró resistir las agresiones externas y el inmenso desafío de erradicar la miseria, el analfabetismo y los problemas sociales crónicos. Hoy día Cuba puede sentirse orgullosa de ser en nuestro continente, tan empobrecido por la deuda externa, un ejemplo de justicia social.

La fe cristiana descubre en las conquistas de la Revolución las señales del Reino de Dios que se manifiesta en nuestros corazones y en las estructuras que permiten hacer de la convivencia política una obra de amor.

Aquí en Brasil vivimos momentos importantes de luces y de sombras. De un lado, la victoria popular alcanzada en las últimas elecciones renueva el marco político del país y abre esperanzas de que el indescriptible sufrimiento de nuestro pueblo pueda ser aminorado en el futuro. Convivimos con una inflación de 30% por mes y una sangría de recursos absorbidos por el injustificable pago de los intereses de la deuda externa. De otro lado, sabemos que esa victoria aún no significa nuestra libertad y estaremos obligados a enfrentar en nuestro propio país todo tipo de presiones y dificultades creadas por los dueños del gran capital.

Este es un momento de dolor para quien hace de su servicio episcopal un acto de efectivo amor para con los pobres. Sin embargo, confío en que nuestras Comunidades Eclesiales de Base sabrán preservar las semillas de nueva vida que han sido sembradas.

Desdichadamente, aún no se han dado las condiciones favorables para que se efectúe nuestro encuentro. Tengo la certeza de que el Señor Jesús nos indicará el momento oportuno.

Lo tengo presente diariamente en mis oraciones, le pido al Padre que le conceda siempre la gracia de conducir el destino de su Patria.

Reciba mi fraternal abrazo en los festejos por el XXX Aniversario de la Revolución Cubana y los votos de un Año Nuevo promisorio para su país.

Fraternalmente,
Paulo Evaristo, Cardenal Arns

CARTA ABIERTA AL CARDENAL PABLO EVARISTO ARNS

Carta Abierta al Emmo. Sr. Cardenal
Pablo Evaristo Arns, O.F.M.
Arzobispo de Sao Paulo
Brasil.

Eminentísimo Sr. Cardenal Arns:

Nos dirigimos a Su Eminencia en forma pública por dos razones principales: primero, porque el motivo que nos lleva a escribir esta carta es de orden público, habiéndose publicado en la prensa nacional e internacional y segundo, porque habiéndole escrito primeramente en forma privada, no hemos recibido respuesta, después de haber esperado un plazo de tiempo razonable. Nuestras anteriores cartas a Su Eminencia están fechadas en Enero 16 (Mons. Boza Masvidal) y Febrero 23 (Mons. Román y Mons. San Pedro) del corriente.

El objetivo de la presente es su mensaje de Navidad al Sr. Castro, dictador vitalicio de Cuba, con ocasión de los 30 años de haber tomado el poder. No vamos a repetir lo que le dijimos en nuestra correspondencia privada, aunque sí nos permitimos hacer un resumen de los puntos principales que tocamos en la misma.

Le decíamos que sería muy largo exponer toda la situación del país en cuanto a discriminación, falta de libertad religiosa, etc., señalábamos el carácter discutible de las conquistas y de los logros porque, por una parte, se hacen con costo ético y espiritual demasiado alto y, por otra parte, porque son muy relativos. (Carta de Mons. Boza Masvidal).

También le recordamos que Cuba padece desde hace 30 años una cruel y represiva dictadura militar en un estado policiaco que viola o suprime constante e institucionalmente los derechos fundamentales de la persona humana. Y entre otras pruebas de esta situación, mencionabamos las aventuras militares del castrismo que han costado millones de dólares al pueblo cubano y miles de víctimas a su juventud. (Carta de Mons. Román y Mons. San Pedro).

Sería muy largo el comentar punto por punto todas sus aserciones en el mencionado mensaje, pero estimamos necesario el señalar algunas de las más extraordinarias. Estima Su Eminencia que *«hoy día Cuba puede sentirse orgullosa de ser en nuestro continente, tan empobrecido por la deuda externa, un ejemplo de justicia social»*. No queremos hacerle decir lo que no dice, pero, leyendo esta frase, podría pensarse que Cuba no está, como el resto del continente, empobrecida por la deuda externa. Estamos seguros de que Su Eminencia sabe que Cuba tiene una enorme deuda externa, no sólo con los países occidentales, sino igualmente con los países comunistas; según los últimos datos a nuestra disposición, esta deuda aproximadamente asciende a la cifra de 5,500 millones de dólares.

En cuanto a la justicia social de la que Su Eminencia afirma que Cuba es ejemplo en nuestro continente, deseamos recordarle que mientras un número bastante reducido de jerarcas del gobierno disfrutan de todas las comodidades de la vida, el pueblo se ve reducido a nivel de sobrevivencia. Eminencia, algunos de nosotros hemos estado, en un pasado reciente, en Cuba, no para disfrutar cómo cocinar camarones y langostas con «el comandante» (Ver *«Fidel e a Religiao. Conversas con Frei Betto»,* pags. 28-29, 33-34*)*, sino para convivir con nuestro pueblo y compartir con él su angustia y su dolor. Estamos seguros de que Su Eminencia no desea para su querido Brasil una situación en la que un número reducidísimo retenga irreversiblemente todo el poder político y económico, del que abusa para su propio provecho y para perpetuarse en el poder, mientras la población en general es mantenida en una condición de subjeción total equivalente a una minoría de edad. Pregúntele, por favor, Sr. Cardenal, a sus amigos que visitan a Cuba y se codean con los personajes de la dictadura si han visto alguna vez a alguno de ellos esperando pacientemente con la libreta de racionamiento en la mano para poder comprar una libra de carne cada nueve días, o dos camisas al año, como el resto de la población.

Dice a continuación Su Eminencia que *«la fe cristiana descubre en las conquistas de la revolución las señales del reino de Dios que se manifiesta en nuestros corazones y en las estructuras que permiten hacer de la convivencia política una obra de amor»*. No sabemos porqué al leer estas frases nos vienen a la mente aquellas otras de Pablo VI en las que afirma que *«la Iglesia... rechaza la substitución del anuncio del reino por la proclamación de las liberaciones humanas, y proclama también que su contribución a la liberación no sería completa si descuidara anunciar la salvación en Jesucristo. Ella... no identifica nunca liberación humana y salvación en Jesucristo, porque sabe... que no es suficiente instaurar la liberación, crear el bienestar y el desarrollo para que llegue el reino de Dios»* (Evangelii Nuntiandi, Nos. 34 y 35)

Por otra parte, afirmar que las estructuras vigentes en Cuba *«permiten hacer de la convivencia política una obra de amor»* es desconocer totalmente la realidad cubana. Si fuera como dice Su Eminencia, ¿por qué se debe considerar delictivo el tratar de escapar de esa *«convivencia política»*que se califica aquí como *«obra de amor»*? ¿Por qué un país como Cuba, que apenas si tenía emigración, ha visto en los 30 años de la dictadura castrista un millón de sus ciudadanos abandonar el país? ¿Por qué en el breve espacio de cinco meses, en 1980, 125,000 personas se lanzaron a las costas floridanas en un éxodo incontrolable? ¿Qué debiéramos pensar, Sr. Cardenal, si en cinco meses 1´100,000 brasileños buscasen refugio en Chile?

Creemos, Sr. Cardenal, que es víctima de su bondad y buen corazón. Su Eminencia no conoce a Cuba sino a través del testimonio de otras personas de su confianza. No nos corresponde a nosotros el expresar aquí una opinión sobre la intención de esas personas o el conocimiento que las mismas puedan tener de la realidad cubana, pero no podemos dejar de sentir dolor y extrañeza ante el silencio de Su Eminencia a nuestra oferta fraternal, como hermanos en el episcopado, de poner a su disposición otros aspectos de la situación en Cuba que por lo visto Su Eminencia ignora.

Uno de estos aspectos, que podría preocupar a Su Eminencia, es la falta de libertad religiosa que afecta especialmente a los católicos. Esta falta de libertad, cuyos detalles podríamos ofrecer a Su Eminencia cuando gustase, se refleja trágicamente en las estadísticas religiosas: Cuba es el único país entre sus hermanos del Caribe y probablemente de la América Latina en general, que en los últimos 30 años ha visto disminuir en cifras absolutas el número de católicos, sacerdotes, religiosos y seminaristas, así como la asistencia a la Misa dominical.

La reciente polémica suscitada por su mensaje navideño es una prueba evidente de lo que estamos diciendo. Su Eminencia ha podido contestar y hacer todas las declaraciones públicas que ha creído oportuno hacer, tanto en su patria como en el extranjero. Que sepamos, los obispos de Cuba, por su parte, ha mantenido su acostumbrado silencio. La prensa le ha atribuido la afirmación de que el mensaje, que pretendía ser confidencial y privado, se hizo público solamente después de que el Sr. Arzobispo de La Habana dio su asentimiento. Nos consta por el testimonio de personas completamente fidedignas que esa afirmación no corresponde a los hechos. Eminencia, no dudamos de su veracidad, pero pensamos que una vez más ha sido víctima de su confianza y credulidad confiando en terceras personas.

A propósito de esta libertad religiosa nos atrevemos una vez más a citar la exhortación apostólica Evangelii Nuntiandi: *«De esta justa liberación vinculada a la evangelización, que trata de lograr estructuras que salvaguarden la libertad humana, no se puede separar la necesidad de asegurar todos los derechos fundamentales del hombre, entre los cuales la libertad religiosa ocupa un puesto de primera importancia»*. (Evangelii Nuntiandi, Nº 39).

Queremos concluir reiterándole el deseo que le expresamos en nuestra correspondencia privada: Dios quiera que su país nunca tenga que pasar por la trágica experiencia por la que nosotros estamos atravesando.

Señor Cardenal, paz y bien.

+Eduardo Boza Masvidal — Obispo Titular de Vinda
+Agustín A. Román — Obispo Auxiliar de Miami
+Enrique Sanpedro, S.J. — Obispo Auxiliar de Galveston-Houston

9 de mayo de 1989

Nota del Editor: Esta valiente respuesta de los tres obispos cubanos exiliados que entonces existían al Cardenal Arzobispo de Sao Paulo, Mons. Pablo Evaristo Arns, en aquellos tiempos una de las más prominentes figuras del episcopado latinoamericano, se explica por sí sola. Valga añadir que su publicación acarreó fuertes críticas de parte de algunos en las jerarquías católicas del continente contra los prelados exiliados por «atreverse» a desmentir públicamente a todo un Sr. Cardenal. Sin embargo, dichas críticas no lograron disminuir un ápice el compromiso de Román, Boza, y San Pedro, respectivamente, con la verdad sobre Cuba y el derecho de su pueblo a la justicia y la libertad.

RECUERDA QUE TÚ TAMBIÉN FUISTE EXTRANJERO

El dolor del pueblo nicaragüense está tocando a nuestro corazón y esta situación no debemos plantearla como crisis, sino como reto a nuestra generosidad y deber fraterno para con los que sufren. Debiera asustarnos, más que la complejidad de las circunstancias realmente difíciles, el que no encontráramos entre nosotros una sincera voluntad de ayuda y una amplia y efectiva solidaridad con los que recorren hoy un camino cuyos escollos conocemos bien, por haberlo transitado antes.

Al visitar el Stadium de Miami y compartir allí con estos desesperados hermanos, he podido palpar todo el pesar que causan el destierro y la incertidumbre, pero he podido ver también mucha caridad y entrega por parte de distintos sectores de nuestra comunidad. Esto reconforta, ya que nos muestra la misericordia de Dios.

Es necesario, sin embargo, que todos seamos instrumentos de esa misericordia y pongamos manos a la obra, sin vacilar, para estar a la altura de esta tragedia que sólo podrá aliviarse con un desbordamiento de amor.

A ese desbordamiento de amor debemos entregarnos todos, pero, en especial, los que ya vivimos la pena de salir de nuestra patria y llegar a otras tierras con las manos extendidas. *«Acuérdate de que tú también fuiste extranjero»*... nos dice el Señor en la Biblia (Lev. 19, 34) al pedir que amemos y socorramos al que es forastero entre nosotros.

La carta del Arzobispo de la pasada semana, pidiéndonos abrir el corazón a los que están llegando, como lo hicieron hace 30 años aquellos hermanos que nos recibieron, y su gesto de abrir las puertas del Centro de Actividades Pastorales, junto a la Catedral, para dar albergue a los que no lo tienen, deben hacernos pensar y actuar.

Justamente se ha pedido a las autoridades que se expedite el proceso para lograr una rápida integración de estos refugiados en un cauce normal. Es urgente que no se niegue el permiso de trabajo necesario para ganar el sustento, y es lícito pedir al gobierno la ayuda necesaria para que el sufrimiento no se prolongue.

Pero, a la vez, nosotros, como comunidad hermanada en un dolor que a todos nos afecta, no podemos simplemente esperar a que otros ayuden, ni sustraernos de participar directamente en las soluciones que se requieren. Podemos sentirnos sanamente orgullosos de que, cada vez que se ha necesitado, nuestro pueblo ha respondido con generosidad y cariño. El recibimiento a los hermanos que partían de Cuba por el Mariel, hace más de ocho años, fue buena prueba de ello.

Hoy no podemos hacer menos. Abramos nuestro corazón y brindemos ayuda espiritual, moral y material, de que tan urgidos están los que llegan. Y hagámoslo con amor y alegría, sabiendo que esto no nos amenaza, sino nos enriquece, porque no hay nadie más pobre que el que no es capaz de compartir lo que Dios le ha dado.

Confiados en el Padre que viste a las flores del campo y alimenta a las aves del cielo, sirvamos todos ahora, recordando que el mismo Cristo está en todo dolor humano... *«Tuve hambre y me diste de comer»*... (S. Mateo 25, 35), A ese mismo Señor Todopoderoso elevemos nuestras oraciones por la paz y felicidad de todos los pueblos que sufren regímenes opresivos y que, como Él mismo en su infancia, tienen que marchar al exilio.

Que María Inmaculada nos alcance las gracias necesarias para que esta triste situación, que no puede sernos indiferente, se transforme, por la generosidad de todos, en una celebración del amor.

+Mons. Agustín A. Román
Obispo Auxiliar de Miami

27 de enero de 1989

A LOS MUNICIPIOS DE CUBA EN EL EXILIO

Mis queridos hermanos de los Municipios:

He venido tan sólo un minuto a estar con ustedes en esta ocasión en que culmina el proceso democrático de las elecciones, con la Toma de Posesión del nuevo Ejecutivo Nacional. He venido a felicitar, muy especialmente, al presidente saliente, el Dr. Roberto Rodríguez de Aragón, por un trabajo bien hecho, y a nuestra nueva presidenta, la Dra. Moravia Capó, por el entusiasmo con que ustedes la han exaltado a tan importante posición.

El entusiasmo no es malo. La mejor prueba de ello es que los cubanos nacemos entusiasmados y todos somos «buena gente». Es el mismo entusiasmo con que, allá en Cuba, nuestros hermanos han recibido la visita de la imagen de nuestra patrona, la Virgen de la Caridad del Cobre, en todos los municipios a donde ella ha podido llegar. Ese entusiasmo es una manera de agradecer a Dios todo lo bueno que Él nos da.

Pero, al entusiasmo hay que ponerle su dosis de reflexión si queremos que el mismo se convierta en una fuerza fructificadora. Por eso esta noche yo quiero invitarlos a meditar seriamente en el papel tan fundamental que cada uno de nosotros puede desempeñar en el futuro de nuestra patria y en el presente de nuestro exilio a través de los municipios.

En todos estos años de destierro, los municipios han sido algo así como los custodios del alma nacional cubana; los que han preservado lo mejor de nuestras costumbres, como son la fe en el Señor, la entrega al bien de la patria, el amor a la familia y la confraternidad entre amigos y vecinos. Por eso es que yo también soy municipalista, de San Antonio de los Baños, y siempre los invito a la Ermita y ustedes me invitan a sus actos.

Ahora, pues, que hay tanto entusiasmo porque parece que se acerca la hora de la libertad, ese tesoro que los municipios han conservado vivo en el exilio, tenemos que bruñirlo para que brille para todos los cubanos. Tenemos que exaltar nuestros valores tradicionales, porque lo más urgente para el futuro de Cuba, lo más necesario, es la reafirmación de esos valores.

Nadie podrá reconstruir a Cuba si primero no se reconstruye al cubano. Yo me preocupo cuando veo a tantos hermanos elaborando planes de reconstrucción política y económica para una Cuba libre, y no veo que se le preste igual atención a la reconstrucción moral, ética y cívica de nuestro país.

Los cubanos llevamos muchos años expuestos a una gran subversión de valores. Allá, debido al materialismo comunista que deshumaniza al hombre, y aquí y en otros países, debido al consumismo que, acaso no habla contra nuestros valores, pero muchas veces se olvida de ellos.

Los municipios tienen el legado de esos valores y es un legado que no nos viene de fuentes extrañas, sino que nos llega desde nuestras propias raíces, del padre Varela y de Don José de la Luz y Caballero; de José Martí, o de cualquiera de los innumerables hermanos que han dado la vida por los demás gritando «¡Viva Cristo Rey!» y «¡Viva Cuba libre!». Los municipios, que año tras año dan fe de su opción democrática, pueden darle a Cuba el importante servicio de la reafirmación ética, hoy en el destierro, y mañana en nuestra tierra libre.

La liberación de Cuba empieza con la liberación de los corazones cubanos, necesitamos corazones libres de odios, libres de egoísmos, libres de ambiciones desmedidas. No hay pueblos libres, sin hombres verdaderamente libres.

La reconstrucción de Cuba comienza con la reconstrucción del alma nacional cubana. Con la promoción real, predicada y vivida, del lema que los municipios han proclamado siempre y que resume todo lo que la patria necesita: Dios, Patria y Familia.

Que en cada corazón cubano, ahora y después, brille primero Dios. Que en cada corazón cubano, ahora y después, se mire a la patria como quería Martí: como altar, no como pedestal. Que en cada corazón cubano, ahora y después, la familia recupere su lugar principal y así toda la patria será una familia.

Yo los invito a todos a esta tarea, porque yo sé que los municipios pueden llevarla a cabo y les doy las gracias, muchas gracias, por esta ocasión de estar juntos de nuevo. Para todos ustedes y para el nuevo Ejecutivo Nacional de los Municipios, mi bendición.

+Mons. Agustín A. Román
Obispo Auxiliar de Miami

Discurso en la Toma de Posesión del Ejecutivo Nacional de los Municipios de Cuba en el Exilio, 22 de mayo de 1990.

SOBRE LA VIOLENCIA EN MIAMI

(Comunicado de prensa)

A mis hermanos cubanos:

Nadie puede negar que en una situación como la que ha estado atravesando por años la nación cubana, es imposible evitar que personas bien intencionadas tengan diferentes opiniones, radicalmente diferentes, acerca de cómo se debe actuar para llegar, en el futuro, a un régimen en que se respeten a plenitud todos los derechos humanos.

Desgraciadamente, el legítimo debate sobre estos temas se ha visto en más de una ocasión oscurecido por reacciones, incluso de las valiosas y respetadas organizaciones del exilio, en que se condena acerbamente a todos los individuos que intenten proponer caminos que pueden ser peligrosos o erróneos, pero cuya sugerencia no constituye necesariamente un grave delito.

A la violencia verbal ha seguido la física contra una determinada institución de esta ciudad. Semejantes reacciones, a diferencia de la serena expresión de discrepancia de pensamientos, sólo consigue crear abismos de odios entre los cubanos y atrasar , en vez de adelantar, la deseada hora de la liberación.

No olvidemos que debemos ofrecer siempre la verdad en la caridad. Como nos dice Juan XXIII en la encíclica *Pacem in Terris,* es imprescindible *«establecer un nuevo sistema de relaciones sociales humanas bajo el magisterio y la égida de la verdad, la justicia, la caridad y la libertad»*. Pidamos al Señor que estos altos ideales orienten en todo momento la conducta de los cubanos que sinceramente aman a su patria, tanto en la isla, como en el exilio.

+Mons. Agustín A. Román

14 de junio de 1990.

PLEGARIA POR CUBA

Señor y Dios nuestro, Padre de todos los hombres: a Ti se elevan hoy miles de corazones en el mundo, para bendecirte, para darte gracias y para implorar tu bondad sobre Cuba. Permite que desde este rincón de la tierra donde sufrimos el exilio, nosotros unamos nuestras voces a las de esos hermanos, y que lo hagamos llenos de fe, llenos de esperanza y llenos de amor.

Y, ¿cómo no hacerlo, Señor, si te tenemos a Ti por padre? A Ti, que eres *«clemente y misericordioso, lento a la cólera, rico en piedad y leal»*.

Cuando quisiste aunar en un sitio las bellezas de tu Creación, hiciste a Cuba, la patria que nos diste, depositaria de tus prodigios, bendiciéndola con toda suerte de hermosuras. Y has querido, Señor, que la brillantez de su sol y el azul de su cielo; que el verdor de sus cañaverales y el vaivén de sus palmas, que sus flores y sus frutos, sus valles y sus montañas; la feracidad de su suelo y el arrullo de sus aguas; todo, Señor, todo su lindo paisaje, sea un himno a tu gloria.

Si florece Soroa, florece para Ti. Si canta a su paso el Mayabeque, es a Ti que canta. Si se llena de luz Varadero, se ilumina por Ti. Si salta airoso el Hanabanilla, es por Ti que exulta. Si es blanca la Laguna de la Leche, es porque anhela tu paz. Si se empina a los cielos el Turquino, Señor, es porque, al igual que todo nuestro pueblo, quiere encontrarte a Ti.

Pero, no contento con tanta belleza física, quisiste también, Rey y Creador nuestro, darle al espíritu cubano el toque de tu generosidad y así, de la rica confluencia de razas y culturas de donde arrancan nuestras raíces, hiciste un pueblo noble y alegre, valiente y trabajador, hospitalario y optimista, abierto a los demás y abierto a Ti.

Llegado el momento de nuestra identificación como pueblo, nos diste, ¡oh Dios!, pensadores y maestros, artistas y poetas, que moldearon nuestro espíritu bajo el influjo de tu palabra. Hombres como el padre Félix Varela y como José Martí, que forjaron nuestra nacionalidad; mujeres como Mariana Grajales y Marta Abreu, que acunaron en tu amor el alma cubana; paladines de la fe, desde el padre Las Casas hasta el cardenal Arteaga que, en el paso de las generaciones, nos señalaron siempre la práctica de la virtud como único camino de la felicidad.

Y más aún, Señor. Para coronar tu obra con un desborde de amor, quisiste también un día, enviarnos la imagen de tu Hijo en los brazos de María, la Madre de la Caridad, la Virgen Mambisa. Quisiste, en su presencia entre nosotros, darnos *«camino, verdad y vida»,* como una renovación de tu antigua alianza, como si de nuevo dijeras: *«ustedes serán pueblo mío, yo seré vuestro Dios».*

¿Permitirás ahora que el fruto de nuestros errores manche para siempre la obra de tus manos? ¿Dejarás que tanta hermosura de materia y de espíritu permanezca doblegada por las fuerzas del mal?

¡Escúchanos, Señor, como siempre lo has hecho! ¡Ven, como vienes siempre, a calmar las tormentas, a disipar las tinieblas! ¡Ten piedad de nosotros!

Haz que entendamos, Señor, que sólo Tú salvas, que sólo Tú puedes hacernos libres, que únicamente buscando una profunda liberación interior podemos aspirar a la libertad exterior, a la total y definitiva libertad de tus hijos. Libéranos del egoísmo y del odio. Libéranos de toda pasión desordenada, de toda ambición injusta, de todo lo que no venga de Ti. Abre nuestros corazones a tu amor y al amor hacia los hermanos, que es la única manera de ser, verdaderamente, un pueblo, una nación.

Danos el gozo de saber perdonar y el de saber pedir perdón. Haznos fuertes en la humildad y perseverantes en la virtud. Haz que trabajemos por la justicia, por la dignidad plena del hombre, para encontrar, al fin, la alegría en tu paz.

Haz, Señor, que amanezca ya también en nuestra patria el día en que caigan los paredones, se rompan las cadenas, se abran las cárceles, terminen los destierros y las divisiones y que, en un ambiente de fraternal concordia, podamos los cubanos restañar las heridas de tantos años de opresión y dolor y darnos a la tarea de restituir nuestros valores fundamentales, que emanan de Ti, para que, cimentados en ellos, alcancemos metas de progreso en todos los órdenes de la vida.

Tú, Señor, que te anuncias como «dios liberador»; Tú, que al hacer al hombre a tu imagen y semejanza quisiste hacerlo libre; Tú, que nos amas y sabes lo que nos hace falta, danos ya la libertad.

Escucha todas las plegarias que suben hoy hasta Ti y derrama tus bendiciones sobre Cuba, renueva a su pueblo en la fe, y, en el nombre de tu hijo Jesucristo, haznos libres, ¡haznos libres, Señor!

+Mons. Agustín A. Román

15 de julio de 1990
Día Mundial de Oración por Cuba.

PARA UNA CUBA NUEVA

1. UN ANIVERSARIO.

Hace apenas unos días, el pasado 5 de julio, se cumplían 31 años de mi ordenación como sacerdote, en la iglesia de Colón, provincia de Matanzas. Y mientras daba gracias al Señor por haberme llamado a este ministerio y haberme dado la oportunidad de servirle a Él y a los hermanos durante este tiempo, no pude menos que contemplar retrospectivamente el paso de los años y los acontecimientos que han marcado este período de la historia, hasta llegar al minuto presente.

Siendo, como soy, parte del pueblo cubano, esa contemplación tenía que centrarse principalmente en la situación de Cuba. Casi paralelamente se han desarrollado dos hechos fundamentales en mi vida personal y en mi condición de cubano: al tiempo que he vivido el júbilo inmenso de mi sacerdocio en estos 31 años, la patria ha vivido su crisis más profunda en ese mismo tiempo. Mi ciudadanía del cielo ha sido la más gozosa, a la vez, mi ciudadanía de la tierra ha cargado toda la tristeza de la gran tragedia de nuestro pueblo.

Meditando en ello, he creído oportuno compartir con ustedes, como pastor de esta diáspora, algunas reflexiones sobre este minuto, lleno de peligros y esperanzas, que todos los cubanos vivimos.

2. UNA ETAPA HISTÓRICA.

Creo que casi todos los habitantes del planeta estamos de acuerdo en que asistimos a una etapa excepcional de la historia. Pudiera decirse que no hay rincón del orbe que no esté experimentando cambios profundos y de gran importancia, que cautivan la atención de todos.

América Latina ve desaparecer los regímenes militares y abrirse paso la democracia ofreciendo mayores posibilidades para el fin de conflictos políticos y sociales, causa y efecto a la vez de situaciones de injusticia que prevalecen aún, en muchos casos, pero que parecen encontrar una renovada voluntad de necesarias rectificaciones.

Asimismo, Asia y África hacen progresos en ese mismo sentido, como lo evidencia, por ejemplo, los avances apuntados en el empeño de la reunificación coreana, la independencia de Namibia, y lo que parece ser una mayor decisión en el desmantelamiento del «apartheid» en Sudáfrica. El llamado tercer mundo, en general, va abandonando los modelos marxistas y parece querer marchar por vías de mayor sensatez política y económica.

Europa Occidental emerge cada día más definidamente como una unidad transnacional, con características de identificación en todos los órdenes, que le van restituyendo su antigua importancia en la escena mundial.

Todo esto, como es fácil ver, resulta tremendamente importante y alentador. Sin embargo, han sido los acontecimientos de los últimos meses en Europa Oriental, los que han dado características de conmoción histórica a esta etapa de los finales del segundo milenio.

Pueblos que durante varias décadas vivieron sometidos a la dictadura del marxismo-leninismo, han hallado los caminos de la libertad y, poco a poco, implementan reformas democratizadoras que parecen alcanzar hasta la propia Rusia, la antigua metrópolis del comunismo. Acaso el símbolo más palpable y conmovedor de este florecer de libertades fue el derrumbe del Muro de Berlín que todos vimos con inolvidable emoción.

Los valores más auténticos de la familia humana parecen querer resurgir y es particularmente reconfortante ver el importante papel que la fe religiosa y la actuación de la Iglesia —Pueblo de Dios— han desempeñado en todos estos positivos cambios.

Como resultado de todo ello, se respira en todo el mundo una renovada esperanza de paz y cooperación, que ya ha propiciado progresos notables en los acuerdos de reducción y control de armamentos y en el respeto de muchos a los derechos humanos. Los signos que acompañan los cambios invitan, ciertamente, a esa esperanza, e invitan también a la acción de gracias al Todopoderoso, sin cuyo amoroso cuidado no hubieran llegado nunca estas buenas nuevas, ni tendrían sustentación alguna las hermosas perspectivas que la humanidad contempla hoy.

3. LOS CUBANOS ANTE ESTOS HECHOS.

Todo esto nos llega a los cubanos con matices de expectación y efervescencia, tanto dentro como fuera de la Isla. La recta razón indica que no puede Cuba escapar a los renovados vientos que soplan en el mundo y que no está lejano el día en que también nuestro pueblo encuentre verdaderas oportunidades de hallar su propia realización en la libertad.

Dentro de Cuba los cubanos esperan, dando muestras de inconformidad frente a su situación, mientras que todas las esferas del país parecen impregnarse del convencimiento de que el actual estado de cosas no puede permanecer inmutable por mucho tiempo más.

En el exilio, mientras tanto, hay un renovado interés y un gran incremento en las actividades relacionadas con Cuba. Muchos se aprestan y elaboran planes para la cooperación con los hermanos de la Isla en el período de la construcción de una Cuba nueva, mientras que otros estudian las maneras de aclarar el proceso que debe conducir a los cambios que se desean.

Estos planes tocan todas las realidades que forman el tejido de la sociedad; política, economía, cultura, servicios sociales, etc.

Mi deber pastoral y mi preocupación de cubano, me hacen sentir el imperativo de indicar un aspecto fundamental de toda construcción o reconstrucción, sea de la nación, de los grupos o partidos, o de la vida personal: este es la dimensión moral de toda empresa humana.

4. ¿QUÉ ESTÁ OCURRIENDO EN EL MUNDO?

Los recientes acontecimientos en el este de Europa no pueden ser vistos exclusivamente como el fracaso de las sociedades de economía centralizada y colectivista en competencia con otras de economía de mercado.

El fracaso de ese mundo debe entenderse como el desplome de las ideologías que han tenido en este siglo una manifestación agresiva. Así como en el siglo pasado se dio de modo dramático una verdadera ruptura entre la razón y la fe, y las ideologías fueron sustituyendo a ésta y al sistema de valores que de ella brota; en este siglo hemos visto el fracaso, no sin antes dejar una triste estela de dolor y lágrimas, de filosofías como el fascismo, el nazismo y el comunismo, así como del racismo como sistema. Y la razón es bien clara:

Al faltar ese sistema de valores que viene de la fe, se pierde la dimensión trascendente de la vida y se derrumban, por tanto, todos los derechos humanos. La propia experiencia de Europa del este nos demuestra, como lo estamos viendo ahora, que sólo una gran reserva de valores morales, hasta ahora forzosamente congelado en los corazones que guardaron la fe, puede ofrecer respuestas valederas en el azaroso empeño de re-humanizar a la sociedad.

Ahora bien, sería un craso error si al hablar de re-humanizar la sociedad no miráramos también al mundo occidental, que precisa igualmente una urgente revalorización.

El mundo desarrollado y rico presenta grandes problemas aún no resueltos: la subversión de los valores, el vaciamiento de la conciencia moral, la crisis de ideales, tanto a nivel religioso como humano; el individualismo que se torna en un egoísmo ramplón y desconsiderado, el hedonismo que busca desenfrenadamente el placer; la desnaturalización de la ciencia y la técnica utilizadas muchas veces no para enriquecer la vida, sino para atentar contra la misma, bien sea en la eliminación de vidas «no programadas» a través del aborto, como de otras llamadas «vidas inútiles» mediante la eutanasia; y el desmembramiento de la familia —célula fundamental de la sociedad— con su secuela de males que hoy nos horrorizan: drogas, alcohol, abusos y suicidios; en fin, el culto al tener más que al ser, nos está diciendo a las claras que daña tanto al hombre el materialismo sin Dios, como aquel que sustituye al Señor por el dinero, el poder o el placer, porque tanto en un sistema como en el otro, el alejamiento de la fe produce una gran derrota para el ser humano: su degradación moral y su miseria espiritual.

Solamente la fe puede dar un alma a la sociedad humana, dar un sentido a la historia y descubrir su verdadero destino; dar una significación integral al concepto de desarrollo, que es algo más que riqueza económica. ¡Cuántos proyectos de desarrollo han fracasado porque se han reducido al aspecto económico y no han tomado en cuenta el factor humano!

Al pensar en nuestra patria y en su futuro, hemos de cuidarnos, pues, de no sustituir un materialismo ateo, por un materialismo con falsos dioses, que no se cambie un sistema deshumanizado y deshumanizante, por otro que, en diferente ambiente, produzca en el cubano iguales frutos de angustia y frustración.

5. HACIA UNA CUBA NUEVA.

La aspiración de una Cuba nueva vive en los corazones y en los labios de todos los cubanos, como expresión de su deseo más profundo, y es de simple justicia no sólo el desearla, sino el poner todo el empuje de nuestra sinceridad en el esfuerzo al que estamos llamados para lograrla.

Sin embargo, no es posible ni sería realista el plantearnos la construcción de una Cuba nueva, si no hacemos una profunda reflexión sobre nuestro ser y nuestro quehacer nacionales.

Decir Cuba es referirnos a algo más que una realidad geográfica. La nación no es una multitud o un conglomerado de personas, sino que es fusión de personas libres que se asocian en un proyecto de convivencia, colaboración, participación y responsabilidad, para que cada cual realice su vocación personal. La nación vale tanto cuanto vale cada una de las personas que la integran; la dignidad nacional se identifica con la dignidad de cada uno de sus hijos.

La reverencia hacia esa dignidad de la nación como un todo y de cada uno de sus hijos como individuo, independiente de toda consideración discriminatoria, ha de ser la base para todo proyecto de renovación cubana. La sinceridad al emprender la necesaria reflexión sobre la patria es requisito indispensable para poder servirla bien.

Por eso hemos de preguntarnos, ¿qué nos planteamos al pensar en Cuba? ¿Miramos al pasado con nostalgia, para idealizar un período histórico y tratar de revivirlo? ¿Olvidamos que el pasado es una mezcla de luces y sombras que han estado presentes en la realidad nacional? ¿Miramos al presente con angustia, para desesperarnos, o solamente para levantar un dedo acusador contra quienes reconocemos como culpables del desastre nacional? ¿Miramos al futuro con esperanza y nos comprometemos en alguna tarea positiva de reconstrucción, o nada más que esperamos por ese futuro sin darnos cuenta de que tenemos que forjarlo entre todos?

Una Cuba nueva no parte de cero. Desconocer lo conquistado dentro y fuera de la Isla en todas las etapas de nuestra historia, sería olvidar algo esencial a la identidad nacional. Cuba alcanzó en el pasado un nivel y un marco jurídico e institucional que nos deben servir de punto de referencia. Para llegar a los legítimos logros del pasado cubano, se sumó y conjugó el esfuerzo de varias generaciones. Esos logros indican hoy un punto de partida.

Sin embargo, hemos de estar conscientes también de que los males del presente están enraizados en los errores del pasado. Que las injusticias de entonces pavimentaron la vía para las injusticias de ahora. Que ni la corrupción pública, ni los privilegios de los menos en detrimento de los derechos de todos, ni la doblez moral son aceptables, no importa el marco político o ideológico en que algo de esto ocurra.

Una Cuba nueva no puede partir tampoco de los modelos del presente, porque sería partir de bases falsas. El actual sistema de gobierno en Cuba no sólo ha mostrado su total incapacidad para satisfacer, siquiera mínimamente, las necesidades elementales de la nación, en lo material tanto como en lo espiritual; sino que, además, ha provocado, con su ejecutoria agresiva y despiadada, una situación de intolerable opresión.

Esta situación se manifiesta no sólo en una acentuada represión política, sino en todos los órdenes de la vida del ciudadano común y corriente, que se ve obligado a subsistir en un ambiente de constante simulación, producto del terror, un ambiente de odios y discriminaciones, de miseria y promiscuidad, de acaparamiento de su voluntad e invasión de su vida privada, todo lo cual equivale a decir que, lejos del debido respeto a los derechos humanos, existe un total desprecio por los mismos.

El Santo Padre Juan Pablo II, aún sin referirse específicamente a Cuba, describió muy gráficamente esa situación al hablar sobre la función del Estado durante su primera visita a los Estados Unidos. *«El Estado* —dijo el Papa— *se realiza plenamente sólo cuando todos los ciudadanos están seguros de sus derechos. Sin esto se llega a la destrucción de la sociedad, a la oposición de los ciudadanos a la autoridad, o también a una situación de presión, de intimidación, de violencia, de terrorismo».* Una Cuba nueva no puede significar, pues, ni un retorno a lo negativo del pasado, ni una perpetuación o copia de lo negativo del presente bajo fórmulas comprometidas de aparente democratización.

Una Cuba nueva será el fruto de corazones nuevos. Emprender la tarea de la construcción de esa patria nueva es, en primer lugar, la búsqueda de hombres con corazones nuevos. No el falso «hombre nuevo» que propone el marxismo, privado de su dimensión trascendente, fracasado interna y externamente, vacío, más que hambriento en medio de la frustración de una utopía social, ofrecida como pobre alternativa a la real esperanza humana que supera tiempo y espacio. Tampoco el hombre falsamente autosuficiente de las sociedades de consumo, que ignora las necesidades del espíritu y se reduce a instrumento o usufructuario ciego del placer o del poder como única dimensión de la existencia, hombre también vacío e insatisfecho, cuyo triste fracaso contemplamos a diario en una falsedad de vida que hace una meta angustiosa del poseerlo todo, y en realidad no da nada, porque lo que da no satisface al hombre, que se sentirá incompleto siempre que desconozca a Dios.

Esos hombres con corazones nuevos que Cuba necesita se realizan con la apertura a la trascendencia que es donde el hombre descubre la fuente y raíz de su dignidad de persona. Por la fe, Dios se descubre como Padre, el hombre descubre la grandeza de ser imagen de Dios, capaz de amar y crear como Dios. El hombre se descubre como centro y culmen de todo el universo creado, único ser capaz de la comunicación interpersonal, desde la cual se da cuenta de que sólo el Trascendente puede llenar el anhelo de vida y comunión que hay en cada uno. Así el hombre descubre la dignidad del otro, única fuente capaz de dar fundamento a la igualdad, la justicia y la paz necesarias para la autorrealización de cada uno.

Ese acatamiento de Dios y ese respeto a la dignidad de nuestros semejantes se llama de mil formas diferentes, pero se llama, sobre todo, amor. Una Cuba nueva, si se le quiere feliz, ha de partir del amor.

6. ¿QUÉ QUEREMOS PARA CUBA?

La justa aspiración de una Cuba nueva merece que se defina, al menos en sus aspectos primordiales, para darle una verdadera oportunidad de concretización. La configuración de esa patria futura que tantos sacrificios ha costado a todas las generaciones de cubanos no puede dejarse a fuerzas incontrolables ni a intereses de grupo, sino que debe ser producto de una seria, profunda y altruista meditación, que tome la justicia como medio y la justicia como fin.

Yo no conozco tratado mejor de justicia que el Evangelio de Aquél que llamó bienaventurados a los que tienen hambre y sed de ella. Partiendo, pues, de esa hambre y esa sed que son, en su esencia, comunes a todo el pueblo cubano, creo que valdría la pena considerar desde ahora algunos tópicos cuya importancia reclama cuidadosa atención:

Familia. Sea la familia cubana objeto de especial y prioritario cuidado. La patria no será nunca fuerte, ni estable, ni sana, si no lo son las familias que la componen. Imprescindible para el bienestar de la sociedad que, así como los individuos, la familia tenga también garantizados sus derechos como tal.

Nuestras familias han sufrido un duro proceso de desintegración: la desunión por causas ideológicas y políticas, el dolor por la pérdida de miembros de la misma condenados a muerte o desaparecidos; la separación física por la prisión y el exilio; males todos resultantes de la imposición de un sistema totalitario. En este orden de cosas se pudiera agregar también la separación temprana de los hijos por razones de estudio o trabajo, el traslado a naciones extranjeras como soldados o mano de obra, la promiscuidad por falta de viviendas, así como la aplicación velada de una cruel política demográfica que se vale de inmorales métodos de control de la natalidad, sin contar con las exigencias de la conciencia ni la libre determinación de las personas.

Es urgente sanar a la familia cubana y esto sólo se logrará restituyendo a la misma su categoría de célula principal de la sociedad. Póngase especial empeño en curar las heridas que el odio ha producido y en eliminar los ánimos de venganza. Protéjase a la familia de los males que conspiran contra ella, como el amor libre, la prostitución, el divorcio, el aborto, la promiscuidad y todos los males que degradan a las personas.

En suma, sea la familia el cuerpo privilegiado de los cubanos, el primero en ser sostenido por la sociedad y désele los medios y garantías para que sea ella, la familia, protagonista de su propia vida y destino y de la vida y destino de la nación.

Educación. La educación cubana en los últimos años ha buscado más la formación ideológica y política que la verdadera capacitación para la vida. No sólo en sus objetivos, sino también en sus métodos, la educación actual mutila al joven de una buena parte de su existencia, al deformar y contradecir los valores tradicionales de nuestra cultura y al alejar deliberadamente a los escolares de sus hogares y medio habitual.

La educación ha de ser un verdadero trabajo pedagógico, donde la familia debe ser la primera e insustituible educadora, auxiliada por la sociedad. Respétese el derecho de cada familia a elegir la educación de sus hijos y a trasmitirles a estos la visión de la vida y los valores que los padres sostienen.

Asimismo, el sistema educativo debe responder al alma nacional, a su cultura e idiosincrasia, arrancando de la base de la tradición cristiana de nuestro pueblo, con su sistema de valores.

Instituciones. Respétese siempre una real división de poderes que garantice el más equitativo funcionamiento del Estado. Haya en la Cuba nueva espacio para todos los grupos intermedios que una sociedad moderna reclama: partidos políticos, agrupaciones sindicales, asociaciones profesionales y toda asociación de ciudadanos mediante las cuales se viabilice el objetivo de realización personal, así como del bien común.

Respondan las instituciones a las exigencias humanas en concordancia con los deberes y derechos que compensan las relaciones del individuo y la sociedad. Respondan también las instituciones cubanas al espíritu nacional, a la historia y la cultura del pueblo que las conforma, así como a sus legítimas aspiraciones. Foméntense y manténganse las instituciones más con espíritu de servicio, que con metas de ganancia exclusivista.

Y en la vida institucional de la nación, húyase del caudillismo, del providencialismo y del fanatismo, sea político, religioso, o de otra índole. Seamos nación y no tribu; pueblo y no manada.

Fuerzas Armadas. Las actuales fuerzas armadas y policiales constituyen cargas demasiado pesadas para el pueblo cubano. En esta etapa de urgencia pueden, sin embargo, desempeñar un papel honroso, permitiendo el tránsito a la democracia y a la reconstrucción. El carácter ideológico y político que actualmente poseen no les permite cumplir el rol para el cual son normalmente creadas por las sociedades libres. Hipertrofiadas como están, representan una carga económica insostenible para una nación pequeña y depauperada como Cuba. La incorporación a ellas por medio del servicio militar obligatorio, sustrae a los jóvenes de la vida familiar y social, de la vida pacífica y de construcción.

Por otra parte, la utilización de esas fuerzas armadas como instrumento de conquista, ocupación o subversión en el extranjero, las ha convertido en un peligro para la paz internacional, a la vez que, al ser empleadas internamente como instrumento de represión y control, se les ha convertido en parte sustancial del estado totalitario.

Debe iniciarse un proceso prudente de desarme y desmantelamiento de estas fuerzas con prontitud y justicia, teniendo como objetivo la desmilitarización de la sociedad cubana. Reintégrese a la vida civil a tantos hijos de la nación, e inviértanse los recursos que se emplean hoy en el aparato militar en las reales necesidades de nuestro empobrecido país.

Súmese Cuba a las naciones que han firmado el tratado de no proliferación de armas nucleares y apártese de bloques militares. Abandonen el territorio nacional todas las fuerzas extranjeras.

La paz social. Promuévase la paz social en todos los aspectos de la vida de la nación. La doctrina social de la Iglesia puede ser en esto una rica fuente de iluminadora enseñanza, resumida, si se quiere, en la frase de Paulo VI, *«Si quieres paz, lucha por la justicia»*. Cuídese de esa justicia evitando todo tipo de discriminación y abuso, apoyando las relaciones armoniosas y de mutuo respeto entre obreros y patronos, enfatizando la función social de la empresa privada y protegiendo siempre al pobre, al desvalido y a las minorías.

Sin dejar de recalcar la responsabilidad de cada uno de su propio destino, hágase accesible a todos la satisfacción de las necesidades básicas, promoviendo, más que un estado paternalista, una sociedad donde cada ciudadano cuente con las oportunidades y medios reales de realizarse a si mismo, sin diferencia de raza, sexo, color, credo u origen nacional.

En suma, practíquese con especial devoción un acendrado respeto por los derechos humanos, según fueron consagrados por la Declaración Universal de las Naciones Unidas de 10 de diciembre de 1948, derechos que emanan de la condición del hombre como hijo de Dios y tienen su antecedente en la antigua regla bíblica: *«no hagas a otro lo que no quisieras que te hicieran a ti»*. (Tb. 4, 16).

7. LA CUBA NUEVA: ¿CÓMO LLEGAR?

Al forjarnos esta visión de la patria que anhelamos, lógicamente hay que preguntarse cómo alcanzarla, cómo pasar del presente caos moral, político y social a la paz, la libertad y el progreso.

No es misión pastoral el ofrecer fórmulas políticas, sino el tratar de iluminar, con la luz de la fe, los senderos que el hombre tiene necesariamente que transitar en su paso por la vida.

En la búsqueda e implementación de esas fórmulas lo que no podemos olvidar son los principios éticos que la misma fe nos indica, ni la sensatez que la experiencia ciudadana, en el marco de nuestras vivencias como pueblo, nos hace ver.

Cuba ha vivido, por más de tres décadas ya, en un perenne estado de guerra, que no es el de la propaganda oficial, sino el que el mismo estado totalitario ha desatado contra la población, para la obtención y el mantenimiento de sus metas políticas.

La represión sangrienta y la violencia indiscriminada han sido y son la marca triste de este período de nuestra historia. Por ello es que hay que rechazar la violencia como solución y tratar siempre de hallar dicha solución por medios pacíficos. ¿Sería la violencia remedio a los mismos males que ella ha engendrado en nuestro pueblo, o sería fuente de nuevas calamidades?

No se confunda, sin embargo, la propuesta o la práctica de la violencia como medio elegido, con el legítimo derecho de los pueblos a resistir la agresión y defender la vida, muchas veces en circunstancias no escogidas ni deseadas por los que sufren, sino impuestas sobre ellos por las mismas fuerzas que les oprimen.

Claro que la solución ideal sería un gran acuerdo cubano, un acuerdo de todas las partes involucradas en el gran conflicto nacional, que estableciera la concordia y el respeto a la voluntad popular, evitando los enfrentamientos que pudieran acarrear todavía más sufrimientos a la nación.

En su auténtica connotación, la palabra diálogo, tan tergiversada en ocasiones, señalaría el camino adecuado y sería la vía más deseable para arribar a esas soluciones por las que Cuba clama.

Pero, no debe olvidarse que el profundo drama de nuestra patria es algo más que un juego de palabras y que no basta con hablar, sino que, además, hay que sustanciar lo que se dice, sin dejarnos asustar, pero tampoco deslumbrar, por las mismas palabras.

Para que un proceso de diálogo fuese válido y tuviese oportunidades reales de efectividad, tendrían que existir condiciones de naturaleza y de ambiente, sin las cuales dicho proceso se invalidaría de antemano.

El Santo Padre Juan Pablo II, al hablar sobre el diálogo en las Filipinas, dijo que éste *«reconstruye sobre la confianza, y la confianza presupone no sólo la justicia, sino también la misericordia».*

En el caso cubano, esas condiciones de confianza, justicia y misericordia tendrían que traducirse en medidas específicas que indicasen una verdadera voluntad de entendimiento, lejos de toda manipulación.

Habría que comenzar por una amnistía general para todos los prisioneros políticos y de conciencia, incluyendo a los no clasificados como tales, pero cuyo encarcelamiento sólo se explica por la situación política actual.

Habría que garantizar el libre acceso de todos a los medios de prensa e información, la libertad de movimiento, asociación, y manifestación, de manera que los criterios puedan ser debidamente escuchados y debatidos; en fin, que habría que propiciar un grado de credibilidad que diese a todos los participantes una real medida de igualdad y fuese evidencia, por parte de los que hasta hoy mantienen la presente situación en Cuba, de una cierta voluntad de cambio y rectificación orientada hacia el respeto por la libre escogencia del pueblo, debidamente manifestada.

Estas condiciones no se dan en el presente y es triste comprobar que no hay tampoco indicios de un posible acatamiento de las mismas en un futuro próximo. Por el contrario, un marcado aferramiento a viejos patrones de absolutismo parece ser la política que se propugna.

¿Se puede entonces pretender dialogar en un ambiente de intimidación, con ventajas en una de las partes y sin el indispensable elemento del respeto mutuo?

Habría que tener el corazón siempre dispuesto a la esperanza de que estas circunstancias pudieran cambiar y fuera posible entonces un legítimo intercambio entre todos los cubanos para resolver los graves problemas del presente, pero no existiendo, al parecer, esa posibilidad, por ahora, es necesario continuar en forma coherente la denuncia del mal y el llamamiento a la conciencia mundial para que un sentimiento de solidaridad con el pueblo de Cuba abra las oportunidades de reivindicación que no deben continuar cerradas.

Habría que hacer notar a las grandes potencias, en cuyos conflictos ha sido participante involuntario y poco beneficiado el pueblo cubano, que el ejercicio de su influencia a favor de ese mismo pueblo, ayudando a que se le permita escoger libremente su destino, sería un gesto acorde, no sólo con el nuevo espíritu que parece animar ahora las relaciones internacionales, sino, sobre todo, con la conciencia moral de la humanidad.

Al hacerlo, sin embargo, habría que tener presente que no se curan males autóctonos con recetas foráneas, y que, sin desconocer las implicaciones internacionales que la situación cubana comporta, es necesario, en razón de la eficacia y del derecho, que la opinión y el consentimiento del pueblo cubano se manifiesten en cuanto concierne a sus intereses y que sea ese mismo pueblo protagonista y no espectador de su propio quehacer.

En esta legítima aspiración cubana de hallar caminos de liberación y oportunidades para el mejoramiento del país, contamos no sólo con el derecho que nos asiste, sino también con la gran reserva de valores y la tremenda capacidad de superación de nuestro pueblo, un pueblo cordial y laborioso, celoso de sus tradiciones y costumbres, y amante de la paz, dado más al abrazo que a la hostilidad.

Estos valores, sin embargo, debemos mantenerlos y cuidarlos entre nosotros mismos, fomentando lo que nos hermana, no lo que nos distancia. Es triste ver la persistencia de divisiones y enfrentamientos entre cubanos de buena voluntad. Ensayemos el respeto mutuo. Dentro de los parámetros del ejercicio democrático, recibamos la discrepancia con objetividad y discutamos con razonamientos, no con insultos. Admitamos la riqueza de la diversidad de opiniones en la búsqueda común de los que queremos el bien de nuestros hermanos y no permitamos que nuestros personalismos o afanes de grupo debiliten o dañen el espíritu nacional.

Practiquemos lo que proclamamos, dando muestra vivencial de los valores y las virtudes que atesora nuestro pueblo. Valores tales como la amistad, la solidaridad, el espíritu de sacrificio, el ingenio y la austeridad, unidos a un sano sentido del humor, sólo requieren de un clima propicio para que crezcan y den fruto.

Estos valores conformarán el futuro si los fomentamos en el presente. Hemos de confiar en esa capacidad de nuestro pueblo para sobreponerse a la adversidad y hacer florecer de nuevo el viejo tronco de la cubanía, que lleva en savia de amor la promesa cierta de abundantes retoños. Practiquemos ahora, entre nosotros, ese amor de hermanos.

Pero, sobre todo, contemos con el Señor. Hay que ser firmes en la fe y constantes en la oración, sabiendo que el bien solamente viene de Dios, y que únicamente de Él y con Él podemos esperar por las soluciones verdaderas, que van más allá de los planes de los hombres y de sus políticas y que habrá de concretar en Cuba toda la dicha que va implícita en la oración de la Iglesia: «Venga a nosotros tu Reino».

8. LA IGLESIA: MISIÓN Y OFRENDA.

No puede entenderse nuestra historia sin la presencia de la fe cristiana, sin referencia a lo que ha sido el alma que le ha ido dando forma. Somos parte de América, el continente que verá en pocos años el quinto centenario de su descubrimiento y evangelización. El componente cristiano no puede faltar en nuestro marco institucional.

La Iglesia, pueblo de Dios, no tiene límites visibles fáciles de delinear, la constituyen los creyentes bautizados. A ella se encaminan también todos los hombres de buena voluntad que, sin poner obstáculos personales, no han recibido el bautismo.

No podemos limitar la Iglesia solamente a los practicantes. En la Cuba de hoy existen numerosos obstáculos para la práctica habitual de la fe y los sacramentos: presiones, temores, terror, así como la falta de templos, sacerdotes y otros agentes de la pastoral. No podemos reducir la Iglesia al clero o a la jerarquía.

La Iglesia en Cuba, no siempre entendida, pero siempre animada de un hondo espíritu de amor y una genuina vocación de servicio, ha manifestado toda la riqueza y originalidad de la fe, inspirando actos y actitudes de amor, sacrificio, misericordia y perdón.

¡Cuántos jóvenes han muerto con el grito de ¡Viva Cristo Rey! en sus labios y un gesto de perdón en sus corazones, ante un pelotón de fusilamiento!

¡Cuántos han luchado contra la opresión inspirados por el amor! ¡Cuántos han sido fieles a su fe detrás de las rejas de una prisión!

¡Cuántos jóvenes han renunciado a su autorrealización personal o a privilegios sociales en el estado totalitario, por no renunciar a su fe!

¡Cuántos se sienten impedidos y discriminados y no ceden al odio, a causa de su fe!

Todos estos y muchos más, son gestos y acciones de una iglesia en la cual Dios manifiesta su fuerza en la debilidad, su fuerza creadora, salvadora y santificadora. Fuerza que, en el decursar de nuestra historia se ha visto patentemente en vidas formadas por esa iglesia, en esa fe; y que va desde Don José de la Luz y Caballero, en los albores de la nacionalidad, hasta alguien como Virgilio Campanería, en la convulsión del presente.

Ha sido la Iglesia dentro y fuera de Cuba, madre y compañera fiel del pueblo cubano. Desde el principio de su historia hasta el momento actual, la única institución que no ha estado bajo el control del estado totalitario. Esto, además de la fe y el amor, le da a la Iglesia un papel importante en el pueblo de Cuba.

Esta Iglesia, portadora de valores eternos, de los valores que le han dado alma y perfil a nuestro pueblo; valores que han hecho su personalidad y modo de ser, hoy como siempre no aspira a otra cosa que a poder difundir el Evangelio de Jesucristo y a ser instrumento de su paz en el servicio desinteresado a todos los hombres, en nuestro caso, a todos los cubanos.

9. CUBA EN LA FE, LA ESPERANZA Y EL AMOR.

Animado de ese espíritu de servicio, el mismo que he tratado de practicar en mi vida sacerdotal, es que he querido, en este aniversario de mi ordenación, invitarlos a todos a la reflexión sobre Cuba.

Pero hay más. Quiero invitarlos también a vivir las cosas de la patria en la fe, en la esperanza y en el amor, que sea sinónimo a la vez, de la más leal cubanía.

Que se nutra del espíritu cristiano que modeló la conciencia nacional, que la forjó en la labor de hombres como el Padre Varela y José Martí; que sustentada en la fe en Jesucristo, el único Salvador, trabaje para que los frutos de su redención libertadora lleguen a todos los estratos de la sociedad cubana; que viviendo esa esperanza que arranca del amor providente del Padre, pongamos un sano empeño en lograr las justas aspiraciones de nuestro pueblo, y que viviendo ese amor de Dios, el único que merece tal nombre, vayamos hacia un desarme de los corazones y abramos el camino a la fraternidad, al perdón y a la magnanimidad. Que todos los cubanos, en nuestros corazones, dictemos amnistía y logremos la paz.

Doy gracias al Señor, sin cuya gracia no hubieran sido posibles estos 31 años de trabajo en su viña. A Él la gloria y la alabanza por siempre. Y gracias a ustedes también por vuestra comprensión, ayuda y cariño.

Todas estas preocupaciones por Cuba, todos estos deseos de verla libre y feliz, convirtámoslos ahora en plegaria y pongámosla en las manos de María Santísima, la Caridad del Cobre, la Virgen Mambisa, madre y patrona de los cubanos, presente siempre en los gozos y en las penas de nuestro pueblo. Ella, que consiguió que el Señor transformara al agua en vino en las bodas de Caná, conseguirá también que Él cambie los corazones para que Cuba, ya pronto, lo reconozca como su Señor y viva, por fin, *«la libertad gloriosa de los hijos de Dios»*.

Mons. Agustín A. Román
Obispo Auxiliar
Arquidiócesis de Miami

21 de julio de 1990.

CARTA A LOS QUE LLEGAN

Mis queridos hermanos cubanos:

Al mismo tiempo que el mundo, y, muy particularmente las naciones de nuestro continente, se aprestan a celebrar el quinto centenario del histórico momento en que, surcando las aguas del Caribe y del Atlántico, las naves de Cristóbal Colón llegaban a estas tierras, esos mismos mares están siendo surcados nuevamente por personas ansiosas de encontrar un mundo nuevo, sólo que, esta vez, impulsados por la desesperación que marca sus vidas en la que el Gran Almirante llamara *«la tierra más hermosa que ojos humanos vieron».*

I: Plegaria y abrazo.

No cabe duda de que una honda tristeza nos cala hasta los huesos al contemplar esta amarga situación que padece nuestra patria, capaz de hacer que familias enteras prefieran desafiar los tremendos peligros del mar, montados en simples balsas o neumáticos, montados más en la esperanza que en la lógica, sin que podamos saber siquiera cuantos de ellos, presumiblemente un gran número, perecen en el intento, solos con el buen Dios en medio del océano.

Nuestro primer pensamiento y nuestras más fervientes oraciones se elevan al Señor pidiendo por ellos, tal como durantes tantos años hemos orado por todo el pueblo que sufre las terribles consecuencias de un sistema político totalitario y ateo, cuya trágica cosecha pudiera simbolizarse en los jóvenes cadáveres que el mar a veces nos trae.

Junto con esa oración va también el sincero abrazo a los que logran llegar, abrazo que les da la Iglesia con corazón de madre, con igual amor evangelizador con que esta misma Iglesia llegó también por el mar, junto a los descubridores; amor que se encarnó vivamente en la figura heroica del misionero que lo dejaba todo por traer la buena nueva de Jesucristo «a todos los hombres» y que tuvo sus más gloriosas expresiones en las vidas de los padres Las Casas y Vitoria que, adelantándose a su época, fueron precursores de los modernos conceptos sobre derechos humanos.

II: Ser libres y vivir en la libertad.

Este abrazo de la Iglesia, que abarca también a los muchos compatriotas que, aprovechando las visitas a familiares en el destierro deciden quedarse en los Estados Unidos, es símbolo de nuestra bienvenida a una vida libre y es, a la vez, una reiteración de la voluntad acogedora que hemos practicado desde los inicios del éxodo cubano.

Una vida libre, para serlo verdaderamente, ha de comenzar en un sincero encuentro con el Señor, el mismo Dios que se les ha tratado de negar en Cuba y que es, precisamente, el único capaz de hacer al hombre libre. No desprecien, pues, la oportunidad de comenzar esta nueva vida con paso firme y seguro, cimentados en la fe, lo cual será, al mismo tiempo, la preparación mejor para poder sacar frutos óptimos de las muchas oportunidades de crecimiento intelectual y económico que aquí podrán hallar.

Hace ya mucho tiempo que nuestro venerado hermano en el episcopado, Monseñor Eduardo Boza Masvidal, fijó las diferencias entre ser simplemente libre por fuera, y serlo por fuera y por dentro, completamente. Siguiendo las sabias pautas por él trazadas, hoy sería bueno recordar que no se es libre solamente por habitar en un país carente de persecuciones políticas, sino, además, por estar interiormente desasidos de otras esclavitudes, las peores, que son las que muchos, lamentablemente, cargan dentro de sus corazones.

La libertad entraña la responsabilidad de hacer buen uso de la misma y de atenerse a las reglas que conforman la fraternal convivencia humana. Viniendo de una cultura impregnada por los males del recelo y de la simulación, ha de hacerse un esfuerzo especial por liberar la mente de actitudes agresivas y egoístas, producto de haberse formado bajo el azote de la más primitiva necesidad de supervivencia. Sirva como modelo del ideal a alcanzar el reconfortante ejemplo de los creyentes católicos integrados a su Iglesia en Cuba, que dan allí testimonio vivo de virtud tal que refleja el cumplimiento renovado de aquella conducta que distinguió a las primeras comunidades cristianas, a tal punto que hacía exclamar a los demás *«¡miren cómo se aman!»*

Resumiendo esto, haríamos bien todos, tanto los recién llegados, como los que no lo son, si adoptáramos como regla de vida la antigua máxima bíblica de *«no hagas a otro lo que no te gustaría que te hicieran a ti»*.

Se esclaviza en la libertad quien se deja arrastrar por el uso del alcohol o de las drogas. Se esclaviza en la libertad quien se entrega al desorden sexual. Se esclaviza en la libertad quien se deja obsesionar por la fiebre materialista de poseer más y más y hacer del dinero el miserable dios de su vida. Se daña a si mismo y daña a quienes le rodean quien confunde el disfrute de la libertad con la desordenada satisfacción de apetitos y pasiones que desdeñan al buen Dios y al prójimo.

Tratar de estar bien con y servir a Dios y al prójimo, precisamente, es la clave de la felicidad en la libertad y todos estamos llamados a esa justa disciplina que es la mejor garantía de la paz entre los hombres.

Como disciplina, al fin y al cabo, no es fácil y hay que ejercitar la voluntad en su cumplimiento. Pero, para ayudarnos en este camino que conduce a la libertad verdadera, podemos contar con diferentes fuentes de ayuda y orientación a las que podemos acudir.

III: Familia, Municipio e Iglesia.

La familia es el medio ambiente natural del ser humano y viene del mismo Dios que la constituyó en el paraíso al crear al hombre y a la mujer. Nada que atente contra la familia, sea la separación, el divorcio, el aborto o la traición, es bueno para el hombre. La familia unida, aquella cuyos miembros se aman y se respetan entre sí, puede, no solamente enfrentar mejor las vicisitudes, sino disfrutar más abundantemente también de las bendiciones de una vida libre.

Fortalezcan, pues, a sus familias. Si han podido llegar a este país todos juntos, den gracias a Dios y crezcan en el amor. Si el matrimonio no ha sido bendecido por la Iglesia, comiencen por buscar esa bendición para darle a la unión la categoría santa que merece. Si han tenido que dejar atrás algún miembro de la familia inmediata, sea cónyuge, hijos, o padres, traten por todas las vías legales de reunirse prontamente, pues la separación en la familia sólo debe producirse por razones de fuerza mayor.

En todo caso, no olviden nunca a los que han quedado atrás, ya que la separación no es excusa para el desamor ni para la infidelidad. Asimismo, nada exime de la obligación de educar cristianamente a los hijos y, en la fe, ha de comenzarse por pedir el bautismo para aquellos que no lo han recibido antes.

En igual medida, los hermanos ya establecidos en este país que reciben familiares de Cuba, están en el deber de acogerlos con amor, de orientarlos con paciencia y respeto, y de brindarles la ayuda necesaria para encaminar sus primeros pasos en una sociedad nueva y distinta.

Cabe aquí destacar el alto grado de solidaridad mostrado a través de todas las épocas, de los exiliados hacia los recién llegados: esa virtud no debe disminuir en la práctica, sino incrementarse con la fuerza del amor a Cristo.

Acudir a la familia, fortalecer a la familia, es, pues, la primera fuente de apoyo y ayuda para los hermanos que llegan al exilio. Asimismo, es preciso destacar que ese deber de y para la familia, lleva implícito también el deber de no olvidar a la patria y al pueblo que allá sufre, lo que obliga a cada uno de nosotros, dentro de la esfera de las capacidades de cada quien, a ser parte del esfuerzo nacional por lograrle mejores días a nuestro país, a través de una auténtica liberación.

El grupo de familias y amigos que conformaron el barrio, el pueblo, o la ciudad de Cuba donde se desarrolló nuestra vida y donde hallamos los primeros afectos y amistades, es también un recurso válido en el camino de la adaptación a la libertad y a la nueva comunidad a la cual se llega.

La obra que durante tantos años han realizado los Municipios de Cuba en el Exilio en la conservación de esos lazos afectivos, así como de nuestras costumbres y tradiciones, puede ser ahora de tremendo valor como guía y refugio para los recién llegados. Los municipios han probado repetidamente su efectividad cívica en este sentido y es por ello que yo los animo a seguir sirviendo con ese alto espíritu patriótico y exhorto igualmente a los que llegan a ponerse en contacto con sus municipios respectivos, en la seguridad de que encontrarán en sus coterráneos comprensión, estímulo y ayuda.

Este esfuerzo por satisfacer la necesidad de reorientar la vida al cambiar tan dramáticamente las circunstancias existenciales, lo cual produce un comprensible choque psicológico, tanto en los que llegan, como en los que los rodean, nunca será realmente efectivo ni completo si no se busca en la fe la raíz vital que lo puede sustentar.

Es en el conocimiento y en la práctica de esa fe donde el alma crece y se nutre de los recursos espirituales necesarios para «vivir la vida» en el más rico sentido de la frase. Esto puede lograrse a través de una gradual integración en la parroquia, o sea, en la comunidad católica que les quede más cerca, en sus grupos de catecismo, de servicio y, en general, tomando conciencia de que todos somos Iglesia y todos estamos llamados a la dicha que conlleva el ser uno con Cristo, en la vivencia personal y en la comunidad donde vivimos.

Con el cariño de un padre preocupado por sus hijos, yo les hago estas sugerencias a todos los compatriotas que están arribando ahora al exilio, y comenzando sus vidas en la libertad. Más que vivir en la libertad, sean libres totalmente, según estas reflexiones que he querido compartir con ustedes.

Y, en el mismo sentido, va mi exhortación a los que ya llevamos algún tiempo desterrados, a seguir haciendo de nuestro destierro un medio de purificación en el amor actuante para con los que inician ahora el camino que ya nos tocó recorrer.

Así, todos seguiremos siendo una sola familia, un solo pueblo, bajo el manto amoroso de nuestra Madre, que lo es también del Señor, María Santísima de la Caridad del Cobre. Que ella nos ampare y nos conduzca a todos unidos al goce pleno de la libertad en el amor de su Hijo, Jesucristo, el único que nos salva, y que Él, en su misericordia, permita ya prontamente el imperio de la justicia y la misericordia en nuestra patria. Los bendice,

+Mons. Agustín A. Román
Obispo Auxiliar de Miami
8 de junio de 1991.

TREINTA AÑOS DE DESTIERRO

Este 17 de septiembre ha marcado el trigésimo aniversario de mi destierro. Fue en esa fecha, en 1961, en que, arbitrariamente, contra mi deseo expreso de permanecer en mi patria, fui puesto en un barco, sin más equipaje que mi fe, mi cubanía y lo que tenía puesto y, junto a 129 hermanos en el ministerio y un obispo, fui forzado al exilio por el solo y glorioso «delito» de haber proclamado la palabra de Dios.

Creo que para todos los que vivimos lejos de la tierra que nos vio nacer, el día que tuvimos que abandonarla es una fecha que no se nos borra del corazón, y que, al llegar, cada año, nos sume en los recuerdos y nos abre a serias consideraciones que, sin dejar de ser íntimas, son, al mismo tiempo, trascendentes, porque, en nuestro caso, no se circunscriben a la vida y entorno de una persona, sino que están indisolublemente ligadas a la historia y las vivencias de todo un pueblo.

Es por eso que hoy, sin más título que el de sacerdote de Jesucristo, y sin más motivación que la legítima preocupación que cada persona ha de sentir por su patria en la tierra, quiero compartir con todos mis hermanos cubanos, y con todos los hombres y mujeres de buena voluntad que leyeran estas líneas, algunas de esas consideraciones que han madurado a lo largo de estos 30 años y que hoy, en medio de la gran crisis que atraviesa la nación cubana, se me perfilan con ribetes de palpable urgencia.

¿Qué han significado estos treinta años en nuestras vidas? Para mí, y creo que para todos los que fuimos entonces expulsados de Cuba, han representado, junto con el dolor intrínseco que todo destierro conlleva, la oportunidad multiforme de seguir sirviendo al pueblo de Dios en el amor del Señor que nos llamó a ello y creo que, en la medida de nuestras posibilidades, hemos tratado de ser fieles a ese llamamiento.

Para Cuba, sin embargo, éste ha sido un tiempo caracterizado por el sufrimiento y por la pérdida absoluta, por parte de su pueblo, de todos los derechos consagrados, tanto por la ley natural, como por la Declaración Universal de los Derechos del Hombre, y, esencialmente, por el sentido cristiano de la convivencia humana, que fue, en tiempos anteriores, el fundamente perfectible de nuestra idiosincrasia y el ideal superior de nuestro quehacer individual y colectivo.

Se expulsó a un gran número de sacerdotes católicos de nuestro país, no por deshacerse de una banda de conspiradores contrarrevolucionarios, como falazmente se dijo, sino por tratar de erradicar aquella esencia cristiana de nuestro pueblo. Se expulsó a los sacerdotes, queriendo desterrar a Dios.

Claro que no lo lograron del todo. Fallaron donde mismo han fallado tantos imperios y tantas doctrinas que, en el curso de dos mil años, han querido ignorar el poder del desvalido Niño de Belén, del Crucificado de Jerusalén que llegase a Cuba un día en brazos de la Virgen que los mambises llamarían su capitana.

El sentimiento religioso, regalo del Señor, permaneció en el corazón de los cubanos, un notable sector de la ciudadanía integra hoy un heroico laicado; la Iglesia, con sus pastores que, en medio de persecuciones, dificultades y de sus propias limitaciones humanas, se ha mantenido fiel a su misión y, allí donde los cubanos no conocen a Dios, hay, sin embargo, una genuina hambre de Él que es promesa de bendiciones futuras.

Pero, no cabe duda que tantos años de ateísmo y materialismo, unidos a un sistema de ya más que probada ineficiencia y brutalidad en todos los aspectos de lo que debiera ser el arte de gobernar, han infligido profundas heridas, tanto en el alma nacional, como en el ser y en el actuar de cada cubano.

El resultado salta a la vista: una nación desesperada, debatiéndose en una atroz situación de miseria moral, espiritual y material. Tenemos un gobierno carente de justificaciones, que ha perdido hasta los asideros ideológicos de su existencia misma y cuya ejecutoria es su propia condena. Tenemos un pueblo herido y cansado, al cual se le sigue negando el derecho básico de decidir libremente su destino y al cual no se le ofrece otra cosa que un futuro peor que el presente, mientras que, a las puertas de la celebración del Cuarto Congreso de la única entidad política que tan largos años ha tenido el poder y todas las oportunidades, lo único que se advierte es una desconcertada búsqueda de paliativos que, más que un intento serio de hallar soluciones, parece un simple esfuerzo por asegurar la continuidad en el poder de lo mismo que ha causado el presente estado de cosas.

Eso no es respuesta a las necesidades del país, ni puede engendrar las soluciones que éste necesita y que ya no pueden esperar más tiempo. La solución, más que en fórmulas políticas o económicas, radica en volver a lo mismo que se quiso desterrar, en devolver a nuestro pueblo su esencia cristiana, que es lo mismo que decir que es necesario un cambio radical y definitivo de las presentes estructuras para que, por los caminos de la justicia y de la democracia, tan lúcidamente expuestos por el Santo Padre Juan Pablo II en su reciente encíclica *Centesimus Annus*, podamos los cubanos sanar nuestras heridas y vivir en paz y prosperidad, disfrutando merecidamente de las bendiciones que el Señor quiso derramar tan generosamente sobre nuestra patria.

Para lograr esto es necesario la buena voluntad y el esfuerzo de cada cubano, junto a una clara percepción de la realidad que enfrentamos. No obstante repetidas exhortaciones en ese sentido, los altos círculos gobernantes de Cuba siguen cerrados a toda flexibilidad y, lejos de ello, proclaman su obstinación en el error, mientras que, dolorosamente, se incrementa la represión política y se recrudece la ya grave situación de carestía de todo lo elementalmente necesario para la vida.

¿Qué puede pedirse, pues, sino el cambio total, que debe comenzar por el alejamiento definitivo del poder de aquellos que por más de tres décadas no solamente no han sabido usarlo bien, sino que, además, lo han detentado en detrimento de los legítimos intereses de la nación? Al arribar a esta conclusión, no lo hago como un simple planteamiento político, sino como el imprescindible primer paso para encontrar el justo remedio a una tragedia que toca todos los aspectos de la vida nacional y partiendo, agotados ya todos los caminos, de aquel radicalismo evangélico que hizo al mismo Jesucristo recomendarnos que *«si es tu brazo lo que te hace caer, córtatelo... si es tu ojo, arráncatelo»* (S. Marcos, 9).

Finalmente, ante tanto dolor, ante esta trágica encrucijada en la que se encuentra esa hermosa tierra de la cual fui expulsado hace treinta años, quiero reiterar encarecidamente un urgente llamamiento a la oración, tal como se ha practicado ininterrumpidamente en la Ermita de la Caridad con el continuo peregrinar de los municipios de Cuba en el exilio. Que nadie destierre a Dios de nuestros corazones, para poder, entre todos los cubanos, los de la isla y los de la diáspora, devolverlo al sitio que le corresponde en nuestra patria, allí donde, desde los brazos de la Virgen Santísima de la Caridad, Él debe reinar, para bien de todos.

Miami, 24 de septiembre de 1991.
(En el 76 aniversario de la petición de los veteranos de la Independencia al Papa Benedicto XV de que la Virgen de la Caridad fuera declarada Patrona de Cuba)

CUREMOS EL CORAZÓN CUBANO

Mis queridos hermanos:

Dentro de pocas horas, si Dios no dispone otra cosa, deberé ser sometido a una delicada operación del corazón y no quiero que llegue ese momento sin agradecerles muy profundamente las numerosas pruebas de afecto que he recibido de parte de todos: católicos y no católicos, cubanos y de otras nacionalidades, durante esta etapa de mi enfermedad. Agradezco muy especialmente la preocupación del Sr. Arzobispo y de mis hermanos sacerdotes y religiosos, así como las oraciones de tantos, que testifican una fuerte fe en el Señor. A Él va mi primera acción de gracias, por esos afectos con los que ha querido bendecir mi ministerio.

Son muchas las reflexiones que vienen a la mente de quien pone la vida en perspectiva ante la fragilidad de la misma. Sin embargo, nada puede disminuir la alegría de sabernos amados por el Señor y de saber que, en toda circunstancia, podemos confiar en su misericordia. ¡Dichoso el hombre que ha puesto su confianza en el Señor!, dice la Escritura.

Entre esas reflexiones que he ponderado en estos días de involuntaria reclusión, ocupan un lugar principal las cosas de Dios y las cosas de la patria, porque yo no sabría cómo separar en mí el amor a Dios y el amor a Cuba, y no quisiera bien mayor para mi pueblo que el saber que todo aquel que se preocupe de él, lo haga a la luz del amor de Dios, pues sería eso la mejor garantía de felicidad para todos.

Quiero compartir algunas de esas consideraciones con ustedes, el pueblo que el Señor me ha encomendado, porque, en cierto sentido, me parece que así como un corazón, en este caso el mío, puede necesitar ajustes y reparaciones de orden físico en un momento dado; todos, como individuos y como pueblo, necesitamos también, de vez en cuando, ajustar el corazón en el orden de los principios, las valoraciones y nuestra consecuente actuación. Viendo la triste situación que atraviesa nuestro pueblo, creo que es urgente que hagamos tales ajustes, porque los hechos nos están diciendo que no anda muy bien el corazón cubano, ni en Cuba, ni en la diáspora.

Es un corazón oprimido por muchos años de injusticias y abusos. Es un corazón herido por el odio y el recelo. Es un corazón que ha sufrido mucho y que, en no pocos casos, sufre aún más por el desconocimiento de Dios. Pero es, al mismo tiempo, un corazón que no se ha desprendido de las raíces que, en sus orígenes, le conformaron virtuoso y optimista, enamorado del bien y de la justicia, dado a la fraternidad, al perdón y a la risa fácil.

Creo que es deber de todos hacer que esas virtudes se impongan sobre los males circunstanciales y salven el corazón de la patria, ese noble corazón donde reinó y debe reinar María, la Virgen de la Caridad, que, como madre, llama a todos sus hijos a un sano y fecundo patriotismo.

Y, ¿qué es el patriotismo, se preguntarán algunos, más allá de un término abusado a veces por egoísmos e hipocresías? El patriotismo bien entendido, el único legítimo, parte del amor a Dios y hay que encuadrarlo, pues, dentro de la virtud cristiana de la caridad. Patria es porción geográfica y es también el pueblo que la llama suya y sólo podemos amar a una y al otro cuando descubrimos en la tierra la obra maravillosa del Creador y su propia imagen en los hombres y las mujeres que Dios nos dio como hermanos.

Del primer Amor, que es el amor de y a Dios, se derivan los demás amores y es por eso que queremos a la familia, a los amigos y a la patria. Siendo así, el patriotismo real se traduce en servicio a los demás y no en búsqueda de si mismo, pues viene de Aquel que aclaró que no vino a ser servido, sino a servir. Cuando esto se olvida, surgen las deformaciones y las falsificaciones del patriotismo, de cuyas consecuencias no es preciso hablar mucho porque, desgraciadamente, nuestro pueblo las ha padecido y aún las padece en demasía.

Quien quiera patria feliz, forme familias felices. Quien quiera una patria unida, forme familias unidas. Se hace patria fortaleciendo a la familia, porque patria no es más que la gran familia de familias. Hemos de rechazar todo cuanto atente contra la estabilidad familiar y hacer que el amor entre los cónyuges y entre padres e hijos sea la base de ese «amor de hermanos» sin el cual no se concibe la nación.

Ese es el primer paso del patriotismo. Patriotismo que, además, debe ser atemperado por la virtud de la prudencia que, en su concepción cristiana, no es freno que reduzca la creatividad, sino impulso que estimula la opción mejor dentro de una situación concreta; que no va nunca contra la dignidad humana, que dirige nuestros actos según la verdad; que nos lleva al justo medio entre el exceso y el defecto, que nos hace dóciles y no arrogantes para buscar el consejo de los demás y que, según Santo Tomás de Aquino, es la capacidad de examinar y prever si una acción será un medio válido para realizar el fin.

Esa prudencia es elemento indispensable para que las buenas intenciones se traduzcan en obras buenas, porque, ¿cuánto bien puede hacer un patriota imprudente? Esa prudencia da como fruto el equilibrio, sin el cual no existe la justicia, porque, contra el desequilibrio, hasta la sabiduría se estrella.

Creo que la gran tragedia que vive Cuba y la urgencia de estos tiempos que parecen ser cruciales para ella, nos están pidiendo que equilibremos el corazón para poder servir más limpia, mejor y más fructíferamente en ese deber de patriotismo que nos corresponde a todos.

Un corazón equilibrado nos permitirá visualizar mejor los caminos para alcanzar la patria justa y buena que anhelamos. Un corazón equilibrado nos hará rechazar la violencia como opción escogida, pero no nos permitirá olvidar que un pueblo al cual se le ha impuesto la violencia, tiene derecho a defenderse de la misma. No nos dejará confundir el patriotismo con el ansia de gloria personal, ni con intereses de grupo, ni con demagogias de ocasión.

No permitirá el juicio irreflexivo, no se gozará en la polémica constante, de por si destructiva, y será capaz de evitar que el odio nos cierre las puertas de la paz. Un corazón equilibrado podrá impedir que la cizaña de la división merme la cosecha de la concordia, sin la cual no alcanzaremos la libertad ahora, ni el sosiego después.

Llamo, pues, a la concordia. Llamo a todo el pueblo, y muy especialmente, a los dirigentes del exilio, a sus organizaciones y a todos los que, a través de la prensa radial, escrita y televisada, pueden dar la tónica de nuestro sentir.

Ahora que me preparo para reparar mi corazón, quiero que me acompañen: ¡Reparemos todos los corazones, curemos el corazón de la patria! Dejemos que el bisturí del amor elimine cuanto nos ata, y fortalezca cuanto nos libera, para que ese noble y buen corazón cubano sea trono del Señor Jesucristo y pueda, por Él, con Él y en Él, servir a la patria que su amor nos dio.

Los bendice,

+Agustín A. Román

Febrero de 1992

Nota del Editor: Mons. Román quiso escribir este artículo cuando se encontraba ingresado en el hospital Mercy, de Miami, en grave estado de salud por una crisis cardiaca, y preparándose para una cirugía de vida o muerte a la que debía ser sometido. Me dictó prácticamente todo su contenido desde su lecho de enfermo y lo terminó de revisar entrando casi al quirófano. Él pensaba que este sería su testamento cívico-religioso, algo que se repetiría diez años después, durante otra crisis y otro artículo. No quería ir para el «segundo piso» sin compartir sus últimos pensamientos con el pueblo cubano.

TRAS EL PASO DEL HURACÁN ANDREW

El sur de la Florida ha sufrido en estos días la fuerza de un gran huracán, que ha dejado a su paso dolor y destrucción. En sólo minutos cayó al suelo el fruto del esfuerzo de muchos durante muchos años, y lo que ayer era un tesoro, hoy es un simple montón de escombros que aguarda su turno para ir al basurero. Unos han quedado sin techo, desposeídos, mientras otros, menos afortunados, lloran la pérdida de algún ser querido.

La Iglesia sufre junto a todos los miembros de nuestra comunidad esta tragedia que, de una u otra forma, a todos nos afecta y a la vez que eleva sus oraciones al Altísimo pidiendo la sanación espiritual y material que necesitamos, tiende su mano maternal para dar consuelo y ayuda, cumpliendo el evangélico deber del que es, al mismo tiempo, pregonera y ejecutora.

Sin embargo, en medio de la calamidad que nos aflige, se reconforta el espíritu al advertir cómo lo positivo del ser humano se hace presente en la adversidad y, armado de la fe, es capaz de superarla. Así, nos hemos podido percatar mejor de nuestra interdependencia, de cómo cada uno de nosotros necesita a los demás, a veces hasta para cosas tan elementales y que damos por seguras, como tener agua para la sed, o luz para alumbrarnos.

El Santo Padre Juan Pablo II, al hablarnos de esa interdependencia, común al género humano, en su encíclica *Redemptoris Missio* («La Misión del Redentor») nos dice que, fruto de la misma es la solidaridad, a la que describe como *«la determinación firme y perseverante de empeñarse por el bien común; es decir, por el bien de todos y cada uno, para que todos seamos verdaderamente responsables de todos».* (Redemptoris Missio, 38)

Ese empeño por el bien común, lo hemos visto abundantemente en estos días. ¿Quién no se ha percatado, a raíz de estos acontecimientos, de que la fuerza del amor es más poderosa que la fuerza del huracán?

¿Quién no ha visto los corazones en fila, cumpliendo con hermosa espontaneidad el mandato cristiano de *«dar de comer al hambriento, dar de beber al sediento, dar consuelo al afligido»?* ¿Quién no se ha dado cuenta de que, en este ejercicio de solidaridad, dando y recibiendo ayuda, se han entrelazado manos de todas las razas, de todas las culturas, de todos los credos y de todas las procedencias étnicas que integran nuestra comunidad?

En varias oportunidades hemos escuchado juicios muy severos sobre Miami y sobre nuestro pueblo, que quizás se han fijado más en las manchas que en la luz. Hoy yo invito a todos a ver la luz, a ver las grandes virtudes de un conglomerado humano que, si no las poseyera, no pudiera ofrecer, como ofrece ahora, esta hermosa demostración de amor actuante.

Ese amor, esa solidaridad que nos ha hecho reconocernos como personas, más valiosas que cosa material alguna; que nos ha enseñado, al compartir, que los bienes de la Creación son para todos; que nos ha hermanado, es sinónimo de caridad. Y ahora que nos acercamos a la celebración de la fiesta de María, la Virgen de la Caridad, patrona de Cuba, les insto a que me acompañen en la acción de poner a sus plantas todo ese amor y ese espíritu solidario que el pueblo del sur de la Florida ha demostrado, como un ruego ferviente de que, así como el huracán deja, tras el dolor de su paso, más feraz la tierra y más sensibles las almas, así florezcan en nosotros todos, permanente y cotidianamente, esas virtudes que conforman realmente la esencia de nuestro pueblo.

Los felicita y los bendice,

+Mons. Agustín A. Román
Obispo Auxiliar

2 de septiembre de 1992.

EN EL 5º ANIVERSARIO DE LOS ACUERDOS SOBRE LOS PRISIONEROS DEL MARIEL

Cinco años atrás, el 4 de diciembre de 1987, se firmaron los acuerdos que pusieron fin a los disturbios en las prisiones de Atlanta y Oakdale, surgidos a raíz del Pacto Migratorio entre Cuba y Estados Unidos, que renovó las posibilidades de deportación de los prisioneros del Mariel.

Todavía están vivas en nuestros recuerdos las imágenes de aquellos dramáticos días y aún hoy podemos dar gracias a Dios por el pacífico final que tuvo lo que amenazaba ser una cruenta confrontación. Pero, más aún, podemos dar gracias a Dios también por la labor continuada y los logros obtenidos en estos cinco años.

Más de seis mil detenidos han sido puestos en libertad y han podido comenzar el proceso de rehacer sus vidas. Entre ellos el porcentaje de reincidencia ha sido mínimo y son incontables ya los que han logrado una efectiva integración en las comunidades donde viven. Muchas familias se han podido reunir, dejando detrás lo que hoy pueden mirar como una amarga experiencia que pertenece al pasado.

Se ha luchado arduamente contra las deportaciones a Cuba y gracias, en parte, a ello, no se han abierto nuevas listas de deportables. Esto, desde luego, no disminuye nuestro pesar y preocupación por los compatriotas que han sido devueltos a las cárceles castristas; pero nos anima a continuar insistiendo hasta lograr el justo objetivo de que nadie, contra su voluntad, sea puesto a merced de carceleros en un país condenado por las reiteradas violaciones a los derechos humanos que allí ocurren.

Durante estos cinco años, no obstante dificultades y escasez de recursos, se ha mantenido comunicación constante con todos los detenidos que escriben en busca de orientación, consuelo y ayuda, y, siempre que ha sido posible, se les ha proveído de asistencia legal, contando para ello con la inapreciable ayuda de Gary Leshaw y sus voluntarios en Atlanta, Georgia.

Nada de esto hubiera sido posible sin el espíritu de nación y la unidad mostradas por las organizaciones del exilio que, al responder a esta crisis, crearon el Equipo de Trabajo, o Task Force que, durante estos cinco años, ha trabajado perseverantemente en la humanitaria tarea a ellos encomendada, demostrando que no fue solamente la unidad de un momento, sino un verdadero sentimiento fraternal que nos ha juntado a todos en este empeño.

En este aniversario queremos apelar a ese espíritu, que debe prevalecer en nuestras organizaciones y en el destierro en general, para que nunca abandonemos a nuestros hermanos desamparados, y permanezcamos fieles a nuestra patria que, también desamparada, confía en nuestras oraciones y en nuestro esfuerzo para lograr que un día no muy lejano, la libertad, que es don de Dios, deje de ser el sueño de los cubanos para convertirse en su cotidiana realidad.

Que nuestra Madre del Cielo, María de la Caridad del Cobre, presente ante el Señor esta labor de cinco años como una humilde oración en ese sentido.

Mons. Agustín A. Román

1º de diciembre de 1992.

QUE LLEGUE LA HORA DE LA PAZ Y LA LIBERTAD

Este mes se cumplen 13 años de aquel gran movimiento que fue llamado «el éxodo del Mariel». Al mirar hacia atrás el desarrollo de las vidas de los que entonces vinieron a los Estados Unidos, creo que podemos sentirnos orgullosos de que, salvo algunas contadas y dolorosas excepciones, los miembros de aquel grupo se han desenvuelto con limpieza y con éxito en este país.

En este día quisiera escribir una vez más acerca de la tragedia de nuestra patria, sobre la cual se cierne hoy una miseria espantosa, pocas veces vista en América Latina.

Esta situación se ha debido, esencialmente, al sistema totalitario que la rige y a las arbitrariedades de los gobernantes; pero a ella han venido a añadirse la ausencia de la ayuda que antes se recibía de las naciones comunistas de Europa, y las inevitables limitaciones de las leyes de embargo aprobadas por los gobiernos de Estados Unidos como medio de forzar un cambio político.

En muchos casos ha habido cubanos que, sin violación de las exigencias legales, han logrado enviar allá alguna ayuda en alimentos y medicinas. Aunque así no piense la gran mayoría, no ha faltado, sin embargo, frente a ellos, quienes condenen esos envíos por pensar que están ayudando a prolongar la supervivencia del régimen.

A estos últimos desearía recordarles que, aún en la más justa de las guerras, siempre ha habido quienes, por razones humanitarias, han tratado de aliviar en algún modo los sufrimientos de las víctimas inocentes de los choques militares.

No parece, pues, justo, que se condene, en nombre del amor a la patria, a quienes desean aliviar los inmensos sufrimientos de un pueblo llevado a la miseria por la conducta de un dictador implacable y en espera de una liberación que puede estar muy cerca o puede tardar tiempo en llegar.

Pidámosle al Señor que se abrevien los días de la prueba y que llegue pronto la hora de la libertad y la paz.

23 de abril de 1993.

LA CELEBRACIÓN DE LA ESPERANZA

Cada ocho de septiembre, al traernos el calendario la fiesta gozosa de la Virgen de la Caridad del Cobre, Patrona de Cuba, nos presenta el misterio de su honda significación, de su verdad religiosa y de su simbolismo patriótico, que, siendo permanentes en nuestra historia, son, al mismo tiempo, manantial de inagotable renovación espiritual que, bien aprovechado, no podría menos que darnos riquísimos frutos para nuestro bien como hijos de Dios y como hijos también de la patria hermosa que Él quiso darnos en la Tierra.

La verdad religiosa es que celebramos a aquella a quien el mismo Espíritu Santo, por boca de Isabel, proclamó *«bendita entre las mujeres»* (Lucas 1; 41-42) y que la celebramos por ser ella la madre de Jesucristo, el único Salvador. Esa verdad reclama una fidelidad particularmente acendrada en estos tiempos en que se nos quiere imponer, bajo distintas filosofías, una misma cultura de muerte; porque la maternidad salvadora de María, siendo, como toda maternidad, fuente de vida, nos revela cuánto respeto merece toda vida, como don de Dios.

El simbolismo patriótico, por otra parte, se va haciendo más entrañable según se hace más lacerante el dolor de Cuba: la madre de Jesucristo, dejada por Él desde su cruz como madre de todos los hombres, quiso reafirmar esa característica de amor y vida al llegar a nuestras playas, precisamente como madre, con su Hijo en los brazos.

A esa madre, unificadora de nuestra nacionalidad, se volvían en la manigua, a finales del siglo pasado (S. XIX) los ojos de los mambises, implorando el final de la cruel tragedia que entonces azotaba a la patria. A ella misma hoy, a finales de este siglo, se vuelven los ojos de todo un pueblo que, en las calles y en los templos desafía las amenazas y los hostigamientos, para implorar también el final de las presentes calamidades. En el pasado y en el presente, es el mismo pueblo oprimido que busca la libertad y ora por ella.

A ese efecto creemos oportuno reiterar el llamamiento que la Fraternidad del Clero y Religiosos de Cuba en la Diáspora emitiera al clausurar su XIX Encuentro, en Washington, DC, el pasado 30 de julio.

En ese llamamiento se nos insta a todos a constituir *«una comunidad de oración unida en el dolor y el amor»* y, para ello, se hace una invitación *«a unirnos en la oración por Cuba, de manera que, diariamente, si es posible a las doce del día, que es la hora en que desaparecen las sombras, nos unamos en una oración sin sombra de intereses personales y elevemos a Dios nuestras mentes y nuestros corazones para pedirle por Cuba».*

Vendrá la libertad por los caminos de la oración y, para que sea duradera y justa, debemos fundamentarla también en los caminos de la caridad.

Caridad que no hay que confundir con la simple limosna que, dada en espíritu cristiano, es una de sus expresiones; sino que hay que entender en el más amplio concepto de la convivencia humana y que, según la describe bellamente el Sr. Arzobispo de La Habana, Mons. Jaime Ortega, en su boletín arquidiocesano de febrero de 1993, *«es amor y servicio desinteresado al ser humano sin distinción alguna»* y que implica un compromiso, según sus palabras, *«no con una ideología, ni con un sistema, ni con un gobierno, ni con una confesión religiosa, sino con cada hombre y con todos los hombres».*

Solamente en ese espíritu fraternal puede un pueblo concebirse como nación y solamente así será vivible la libertad por la cual oramos. Ejemplo de ello tenemos actualmente los cubanos en la esforzada labor de asistencia y ayuda a nuestro pueblo que, en medio de penosas limitaciones, realiza en Cuba Cáritas, la organización internacional de la Iglesia que trata de hacer realidad el mandato evangélico de *«dar de comer al hambriento, dar de beber al sediento»,* etc.

Y ejemplo tenemos también en nuestra historia, en uno de los nuestros, en un humilde hijo de nuestro pueblo que ya está camino a los altares, el Siervo de Dios José Olallo Valdés, conocido por todos los camagüeyanos de su tiempo como el Padre Olallo. Hijo de la Casa Cuna, ingresó en la Orden de los Hermanos de San Juan de Dios y consagró su vida al servicio de los enfermos, de los marginados, los pobres, los esclavos y las víctimas de la Guerra de los Diez Años.

Fue él quien recibió el cadáver de Ignacio Agramonte y recitó en sus oídos las oraciones postreras antes de que se lo arrebataran para quemarlo. Vivió la caridad, se fortaleció en la oración y era la suya la presencia de la paz. Pasó haciendo el bien y por eso su vida es una invitación para cada cubano de hoy, porque hoy, más que nunca antes, Cuba sufre los efectos del mal mayor, que es el olvido de Dios.

Por lo tanto, el permanente y renovado mensaje de este ocho de septiembre puede resumirse en esa invitación a volver a Dios, a crecer en la fe por los que se niegan a la fe, a vivir en el amor, por los que viven en el odio; a trabajar por la libertad, por los que quieren perpetuar la esclavitud; a construir la paz, por los que insisten en el terror; a proclamar la vida, por los que exaltan la muerte.

Celebremos así este ocho de septiembre y será la celebración de la esperanza, la misma esperanza que inundó la barca de los tres Juanes en la bahía de Nipe, cuando, en el bello simbolismo de su imagen, llegó María, como Madre de la Caridad, para darnos a Jesús, el Salvador, el Dios liberador.

A los pies de ella, nuestra Virgen Mambisa, ponemos a todo el pueblo cubano en esta hora tormentosa, confiando en que, por su intercesión, el Señor no tardará en darnos ese amanecer de libertad y sosiego que le pedimos en la simple y sentida plegaria que aprendimos de nuestras madres: *«...después de este destierro, muéstranos a Jesús, fruto bendito de tu vientre».*

Que Él nos bendiga a todos. Que Él bendiga nuestra patria.

+Mons. Agustín A. Román
Obispo Auxiliar

8 de septiembre de 1993.

¡AY DE MÍ SI NO EVANGELIZARA!

Mi Señor Jesús:

Esta mañana pensaba dirigir mi carta de décimo quinto aniversario a mis hermanos y hermanas, pero pensé que sería mejor dirigírtela a ti. Si la hubiera dirigido a mis hermanos, seguramente la hubiera enviado a los que conozco y sabes que por mi limitación humana desconozco a la gran mayoría. Al dirigirla a ti, Tú la pasarás a todos, pues Tú eres la verdadera vid, nosotros, los sarmientos.

Ante todo, Jesús, quiero comenzar dándote gracias por haberme llamado con el obispo Nevins a servirte en tu Reino. Tuve miedo al comienzo, pero he podido comprobar que tu yugo es suave y tu carga, leve.

Gracias ante todo porque durante estos quince años he podido subir a tu altar cada día y celebrar la Eucaristía uniendo mi corazón al tuyo y ofreciendo *«el gozo y la esperanza, la angustia y la tristeza de todos los hombres»* (*Gaidum et Spes, 1*) por la salvación del mundo.

En aquel 24 de marzo de 1979 te pedí que hicieras de mí un auténtico evangelizador. Escogí como ideal la frase de San Pablo a los corintios: «¡Ay de mí si no evangelizara!» Al examinar mi conciencia, parece que he tratado de hacerlo, a pesar de las grandes limitaciones personales que me acompañan, aunque veo que estoy muy lejos de vivirlo como Tú lo quieres.

Hoy, en este décimo quinto aniversario quiero presentarme ante ti con todos mis hermanos y hermanas, que son los tuyos, como la luna en la oscuridad de la noche para que con el espíritu de la nueva evangelización nos ilumines, como verdadero sol de justicia que eres, y así podamos reflejar tu luz a todos los que te buscan y con toda la humanidad crecer en justicia como la linda palmera de la sufrida tierra en que nací.

Bendice en este día a todo lo que hemos caminado contigo que eres el verdadero Camino que conduce al Padre.

20 de marzo de 1994.

LLAMAMIENTO A LA UNIÓN, AL AMOR, Y AL RESPETO ENTRE TODOS

El comienzo del mes de mayo abre ante nosotros un rico tesoro de símbolos que tal parece que hablan a nuestros corazones. Es el mes de las flores y, como cristianos, nuestra tradición católica lo dedica a honrar de un modo especial a María, la Virgen Madre de Dios y de todos los hombres, recordándonos que somos hijos de Aquel a quien llamamos «Padre nuestro» y de ahí que todos podamos llamarnos hermanos.

Como cubanos, vemos al mes de mayo como uno de profunda significación patriótica. Es el mes en el que conmemoramos la muerte de José Martí y la de Pedro Luis Boitel, ambas con inmolación generosa por amor a Cuba y es también el mes en el que celebramos la fiesta de la independencia, como si, al juntar en el mismo período de tiempo las fechas de sacrificio con el día de júbilo, se nos estuviera recordando que no hay logro para la patria, que no vaya rodeado de entrega desinteresada.

Este mes de mayo, en particular, nos llega en medio de circunstancias muy penosas, que debemos considerar con la seriedad y limpieza que merece nuestra nación. Vemos con dolor y preocupación como allá, en la Isla, los sufrimientos de nuestro pueblo parecen acrecentarse por días y la simple supervivencia requiere ya un esfuerzo sobrehumano, a lo cual se suma la opresión política y un estado de perenne violación de los derechos humanos que, igualmente, parece que se acrecienta cada vez más.

Vemos, con tristeza, como los más obligados a propiciar soluciones se convierten en obstáculo para las mismas y como se burla al pueblo, cuando se transforma lo que debiera ser una búsqueda del bien en el respeto mutuo, en actos de sumisión y aplauso al mal. Y vemos, con no menos tristeza, como, ante tanta tragedia, muchas de nuestras organizaciones en el destierro se fraccionan, se dividen y caen incesantemente en luchas de grupos y personalidades, malgastando las energías que debieran emplearse en lograr esa patria libre, justa, veraz y amorosa que nuestro pueblo pide y merece.

Todos hemos escuchado, en las últimas semanas, como el mal de la desunión produce sus malos frutos entre nosotros, y así la maledicencia, el juicio temerario y la falta de caridad al tratar de la honra y el buen nombre del hermano, tratan con ligereza a la verdad y hieren el alma misma de este pueblo exiliado, ofreciendo, al mismo tiempo, una decepcionante imagen a los que allá en la patria, en medio de su dolor, cifran no pocas esperanzas en lo que nosotros podamos hacer por el bienestar de la patria.

Nosotros, como nación sufriente, somos llamados a la verdad y a la unión en la caridad. A la verdad, porque solamente ella hace libre al hombre. A la unión, porque *«todo reino dividido, perecerá»* (S. Lucas; 11, 17) y nuestro país tal parece ya que está pereciendo. Y a la caridad, o sea, al amor, porque todos somos hermanos en Cristo, el Señor, y a todos nos quiere amparar la misma madre protectora, María de la Caridad del Cobre. Nadie está en la tierra para juez de su hermano, sino para todos juntos ayudarnos mutuamente a hallar la salvación, tanto en el orden espiritual, para la patria del cielo; como en el orden secular, para la patria en la tierra.

Como pastor de esta porción de la diáspora cubana y como simple cubano desterrado, me creo en el deber de hacer un fraternal llamamiento a la cordura, a la unión, al amor y al respeto entre todos. Que cesen ya las expresiones del odio, para dar paso a la fraternidad. Que nos unamos todos, sino en una única estructura, al menos en una diversidad respetuosa y servicial, respetando la multiplicidad de opiniones y estrategias que existen dentro de los principios morales, que no busquemos glorias individuales, sino el bien de todos en el trabajo sincero por lograr la auténtica liberación y el justo progreso de todos nuestro pueblo.

Nada de esto lo lograremos, si no lo centramos en Jesucristo, nuestro único Maestro, cuyo ruego encarecido fue, precisamente, que todos fuéramos uno. Y, ¿qué manera mejor de centrarnos en Él, que buscarlo con su Madre Santísima?

Por eso, como un acto público de fe y de unión, es que quiero invitar a todos a ofrecer a la Virgen del Cobre nuestras oraciones por la libertad de Cuba y la fraternidad de todos sus hijos, en la celebración de la Santa Misa el próximo miércoles, 4 de mayo, a las ocho de la noche en la Ermita de la Caridad.

Hago esta invitación a todo el pueblo, pero muy en particular la dirijo a los dirigentes de todas las organizaciones del exilio, a los directores de periódicos y emisoras de radio y televisión y a los conductores de programas de opinión pública. Unidos en la oración por la patria, alcanzaremos para ella el don de la paz fundada sobre la verdad, la justicia, el amor y la libertad que tanto necesita, y daremos a toda nuestra nación un ejemplo de fraternidad, sin el cual la nación no es posible.

A todos los invita, a todos los espera y a todos los bendice,

Mons. Agustín A. Román
Obispo Auxiliar de Miami

30 de abril de 1994.

Nota del Editor: Lastimaban mucho a Mons. Román las pugnas y divisiones entre los opositores a la dictadura castrista, en la isla o en el exilio, y estuvo siempre tratando discretamente de unir, de limar asperezas y de propiciar el trabajo en común a favor de la causa de la libertad de Cuba. De ahí lo reiterativo del tema de la unidad de los cubanos en este y en otros escritos.

SALVEMOS LA NACIÓN CUBANA

Acabo de realizar mi segunda visita pastoral al Centro de Detención de la Avenida Krome, aquí, en el sur de la Florida, donde ha sido instalado un campamento para refugiados cubanos, un limbo para balseros, infinitamente más seguro, pero no menos incierto que el traicionero mar que éstos, a diferencia de muchos otros, tuvieron la suerte de vencer.

He tratado de llevar a todos los que allí se encuentran el consuelo y la solidaridad humanas que necesitan en estos momentos tan desconcertantes de sus vidas y, al mismo tiempo, la buena nueva del amor del Padre de todos que, sin duda, tiene un propósito de bondad fructificadora en medio de tanto sufrimiento.

Como sacerdote y como cubano, he querido estar junto a ellos que, siendo pobres, se hicieron los más pobres de todos, se desprendieron absolutamente de todo, para darnos a los que tenemos tanto la medida exacta del valor de las cosas superiores, las que no se ven ni se tocan, pero sin las cuales la vida se convierte en una dolorosa muerte existencial.

Creo, sin embargo, que no estaría completo mi trabajo de pastor si, al mismo tiempo que comparto con ellos el tiempo que se me permite, no fuera testigo ante el mundo de este dolor de mi pueblo, de esta tragedia viva y profunda que conmueve a todo el que se asoma a ella, pero que, además, es una llaga abierta que desafía a todas las naciones del mundo civilizado ahora que, ya en las postrimerías del siglo XX, el hombre se enorgullece de sus supuestos avances científicos y tecnológicos y se confía en una aparente paz mundial, que no será segura mientras, como en este caso, la corroa la injusticia.

Mucho se discute si nos encontramos en presencia de un éxodo económico o si se trata de una fuga hacia la libertad; si la actual crisis es un episodio circunstancial dentro de la problemática cubana o si es una manifestación de la esencia misma de esos males. Yo no soy un político ni un sociólogo, mucho menos un teórico del dolor humano, ni, en este caso, del dolor de mi pueblo. Hablo de lo que he vivido y de lo que puedo atestiguar; de lo que yo sufrí y del sufrimiento que veo hoy en los ojos y escucho en las palabras de los miles de hombres, mujeres y niños, de toda raza y edad, de toda profesión y oficio, cristianos y ex comunistas que, recién llegados de Cuba, se hacinan hoy en los precarios centros de detención, o han venido, en el correr de los años, ante el altar de la Madre de Dios, Patrona de Cuba, a traer su acción de gracias, su oración y su esperanza.

El 17 de septiembre de 1961, yo también fui obligado, junto con 130 compañeros en el sacerdocio, entre ellos un obispo, a abandonar Cuba. A mí también se me catalogó como «antisocial», «esbirro con sotana» y «enemigo del pueblo» y se me mandó echarme al mar solamente con lo puesto. Mis compañeros y yo tuvimos suerte que, a punta de pistola, se nos puso a bordo de un trasatlántico. A mis compatriotas de hoy, menos afortunados, mas sutil, pero no menos ominosamente, a seguir el mismo camino, pero a bordo de rudimentarias balsas, sarcófagos flotantes donde se calcula que han hallado la muerte al menos tantos como los que han completado la travesía. En lo que va de este año 1994, han llegado más de treinta mil, por lo que no es exagerado pensar que un número igual yace en el fondo del mar o en el vientre de los tiburones.

Después, en 1965, supe del masivo éxodo que partía hacia Miami desde las playas de Camarioca y que, seguidamente, hubo de transformarse en el puente aéreo de los Vuelos de la Libertad. Miles y miles de cubanos dejaban así su tierra, tras la inhumana imposición de trabajo forzado en el campo como precio a su derecho a emigrar.

Más tarde, en 1980, junto con el resto de los habitantes del sur de la Florida, me tocó recibir a más de ciento veinte y cinco mil hermanos que, en otro éxodo masivo, el del Mariel, escapaban de Cuba, después que casi once mil se hubiesen apiñado todos, increíblemente, en la sede de la Embajada de Perú en La Habana ante la oportunidad que se les abría de poder salir de su propio país.

Si bien las condiciones de vida en Cuba se fueron deteriorando progresivamente desde el momento mismo en que se impuso al país el sistema económico marxista, la situación en 1965 y en 1980 pudiera considerarse paradisíaca si se le compara con el presente. Eran los tiempos aquellos en que el gobierno cubano se vanagloriaba de enormes zafras azucareras y, en muchas ocasiones, con altos precios para el azúcar en el mercado mundial. Eran los tiempos en que se nos decía que cada cubano tenía su empleo garantizado y disfrutaba de los mejores sistemas de educación y atención médica gratuitos; cuando era la revolución tan potente que se permitía tener miles de soldados en misiones internacionalistas, cuando no se escatimaba petróleo y año tras año llegaban a la isla jugosos subsidios de miles de millones de dólares provenientes de la entonces «invencible» Unión Soviética... ¿Por qué huían los cubanos entonces, igual que huyen hoy?

La respuesta que encuentro hoy en los refugiados de Krome, es la misma que encontré antes en la ciudad de las carpas del 80, o en los relatos de los padres de los más de catorce mil niños cubanos que fueron enviados solos al exilio a principios de los años 60. Se huye por hambre espiritual y por hambre material. Por hambre de Dios y hambre de derechos. Por hambre de libertad y por hambre física.

Hoy como ayer se huye, simplemente, porque existe en Cuba un sistema de gobierno ateo, policíaco y totalitario que deshumaniza al hombre, que aniquila a la persona, que asfixia el alma. Factores económicos internos o externos pudieran incidir en la situación, pero sería solamente una incidencia superficial en un estado de cosas ya de por sí determinante, porque lleva la raíz del mal en su propia naturaleza.

No habrá solución para la presente crisis si no se va a esa raíz, origen de la misma como expresión de la gran crisis que envuelve no solamente a los balseros, sino a toda la nación cubana. Para que haya solución es imprescindible que haya cambio: un cambio profundo en el corazón de cada cubano y un cambio radical de sistema de gobierno en Cuba.

Hay que dejar atrás los odios que han destruido nuestra nación para dar paso al amor de Dios y al amor entre los hermanos, que es lo único que nos puede salvar. Y hay que dejar atrás las presentes estructuras opresoras y caudillísticas, para dar paso a un régimen democrático sustentado en el respeto pleno a los derechos fundamentales del hombre.

Humildemente llamo a todos los hombres de buena voluntad a ayudar al pueblo cubano a alcanzar esos derechos que sus actuales gobernantes le han negado por más de 35 años, a detener este prolongado genocidio en forma definitiva, pues no se llega al bien pactando con el mal, ni se logra la justicia cediendo ante la injusticia.

Y al hacer este llamamiento, lo dirijo en primer lugar a mis propios compatriotas. Urge una limpia concertación de voluntades, libre de personalismos, ante el reto que se nos presenta, que no es otro que salvar la nación, la patria que Dios nos dio. Como pastor de la Iglesia y como simple cubano apelo a todos, dentro y fuera de Cuba, confiando en que nuestra Madre Celestial, María de la Caridad, la Virgen Mambisa, sabrá presentar ante su hijo Jesucristo, nuestro único Señor, este ruego desesperado de todo un pueblo que, como el salmista, clama al cielo: *«Yo soy pobre y desgraciado, Dios mío, socórreme que Tú eres mi auxilio y mi liberación. ¡Señor, no tardes!* (Salmo 69)

+Mons. Agustín A. Román
Obispo Auxiliar de Miami

5 de septiembre de 1994

Nota del Editor: La lucha de Mons. Román por los presos del Mariel se repitió, en gran medida, en sus esfuerzos a favor de los «balseros» detenidos en la Base Naval de Guatánamo y en otros lugares durante el éxodo de 1994.

EL POSTRER ESFUERZO DEL AMOR

Reflexión sobre el llamamiento de los obispos cubanos a todos los fieles cristianos y a todo nuestro pueblo cubano del 24 de agosto de 1994.

El llamamiento de los obispos cubanos pone en evidencia la magnitud y la gravedad de la catástrofe que se vive en Cuba. Nadie dentro del país ha calificado como ellos la verdadera naturaleza de este éxodo que llaman... una *tragedia,* una *desgracia,* un *escándalo* y que *«junto a la carga de agresividad y de odio que anida en la gente»* producen en el pueblo *«dolorosas preocupaciones... incertidumbre en las familias... demasiadas lágrimas en los ojos de las madres, padres, hijos, hermanos y amigos».*

Esta ha sido la única descripción de la actual crisis cubana que, viniendo de Cuba, ha tenido en cuenta el costo humano de la misma y que, según los obispos, *«favorece el deterioro económico, moral y humano del país».*

También resulta de mucho interés que los obispos, en un estilo indirecto, pero evidente, desvelen uno de los factores de la crisis al cual el gobierno cubano no quiere hacer alusión: los cubanos abandonan *la tierra más hermosa que ojos humanos han visto* y lo hacen *«bajo una especie de estado de desesperación»* que los lleva a actuar *«irreflexivamente».* Con tal de irse de su país *«se lanzan al mar en embarcaciones rudimentarias»* aceptando *«cualquier destino».*

Si la tierra es bella y benigna, ¿qué produce esa desesperación que impide toda reflexión y lleva a aceptar cualquier sitio para vivir, o aún para morir, con tal de que no sea su misma patria? La respuesta aflora enseguida: todos buscan algo que no sea el régimen totalitario en que viven. Ponen en evidencia los obispos cubanos el horror de esta estampida... *«naufragios, padres que contemplan la muerte de sus hijos y viceversa, familias rotas»...*

Ante esta situación extrema es normal que, investidos de la *«misión de reconciliar»* y sembrar la paz y la concordia, que es su papel en la Iglesia de cara al mundo, convoquen a todos a una mesa de negociaciones, precedido por un verdadero diálogo, como en su mensaje del pasado año «El amor todo lo espera»*...»diálogo con interlocutores responsables y libres y no con quienes, antes de hablar ya sabemos lo que van a decir y, antes de que uno termine, ya tienen elaborada la respuesta...»*

Pero, aquí debe destacarse una peculiaridad que diferencia sustancialmente la invitación de los obispos y del Papa Juan Pablo II, a quien citan, de las perspectivas oficiales del gobierno cubano. Este último quiere responsabilizar de la crisis sólo a Estados Unidos, y desea forzar a un diálogo sólo con ellos.

Los obispos de Cuba, siguiendo la misma trayectoria del pasado año en su mensaje «El amor todo lo espera», cada vez que hablan de conciliación o diálogo se refieren a *«conflictos internos o con otros países... dentro de la sociedad cubana, o en las relaciones con Estados Unidos»...* búsqueda de *«caminos que lleven a la concordia y a la paz por encima de todas las situaciones conflictivas internas y externas que puedan presentarse».*

Rechazan de este modo el unilateralismo gubernamental que intenta ignorar todos los factores internos del problema: fracaso del sistema, falta elemental de respeto a los derechos humanos, asfixia de la iniciativa individual, etc., acusando de todos los males a Estados Unidos, poniendo allí la raíz de todos los fracasos y negando que en Cuba haya problemas internos o maneras distintas de pensar en cuanto a la gestión política.

Igual y fundamental referencia a los factores intrínsecos del éxodo hallamos cuando piden que se analicen *«las causas últimas»* de esta crisis, que consideran a justa razón que *«no son simples».* Sigue un deseo de que ese análisis pudiera ser hecho *«también»* por los gobiernos de Cuba y Estados Unidos *«juntos».* Primero, el gobierno de Cuba, y sólo después, *«también»* a ambos gobiernos, *«juntos».* En esto sigue el llamamiento el mensaje de Juan Pablo II en la audiencia general del 17 de agosto, en el cual se refirió a Cuba: *«hago votos porque prevalezca siempre el diálogo, también en el ámbito internacional»*.

Sabemos que resulta poco menos que imposible negociar o dialogar en serio con el régimen cubano y cuanto usan esa palabra para encubrir estrategias. Pero, una vez más, los obispos cubanos dejan muy en claro que el *«diálogo»* no es el diálogo del que habla Fidel, sino otro tan costoso y difícil como el de Cristo con Pilato, con un interlocutor que no sabe qué es la verdad, y con el fondo amenazador del paisaje rocoso del Calvario.

Se trata del postrer esfuerzo del amor antes de que se desencadene el odio, del cual los obispos cubanos ya ven un *«presagio preocupante»* en los actos de violencia que se han producido en la isla. Quizás por eso terminan el llamamiento episcopal con una desgarradora oración a la Patrona de Cuba:

«¡Virgen de la Caridad, abre a tu pueblo cubano caminos de esperanza!».

23 de septiembre de 1994

LA PATRONA DE LA DIÁSPORA CUBANA

En la cárcel del condado hay un hombre que no conoce a Dios. En realidad, las cárceles se nutren de hombres y mujeres que, en su gran mayoría, o no han oído de Dios, o se han hecho sordos a su existencia y es triste ver que nosotros, los que estamos afuera, nos preocupamos más de construir prisiones que de dar a conocer al Señor, como si quisiéramos impedir el mal sin arrancar su raíz.

Este hombre en particular se llama Steven Phillips y es el que trató de robar la imagen de María, la Madre de Dios, que bajo el título de Nuestra Señora de la Caridad del Cobre veneramos los católicos en su santuario de Miami, la Ermita de la Caridad. He visitado a este hermano, he estado con él en su prisión para llevarle el perdón y el amor que nuestro Padre no escatima a ninguno de sus hijos y he tratado de llevarle también un poco de luz, para animarle a encontrarse con esa hermosa realidad de Dios que él no ha tenido la suerte de conocer, porque estoy seguro de que, de haberla conocido, no hubiera intentado siquiera el sacrilegio que cometió.

Este incidente, a pesar de la tristeza que nos ha producido, nos ha brindado también la oportunidad de comprobar una vez más lo grande y profundo del amor de nuestro pueblo por Jesucristo, por su Santa Madre, por su Iglesia y los símbolos de su fe. Eso es la imagen de la Virgen de la Caridad, eso es toda imagen religiosa, un símbolo concreto de la verdad impalpable y únicamente así podemos verlo los cristianos.

Toda imagen es un signo que nos invita a pensar en lo que representa. La bandera no es la patria, pero nos habla de la patria y por ello merece respeto y suscita nuestro amor; no hacia el pedazo de tela que, en su limitada realidad no es más que eso, un pedazo de tela, sino a lo que simboliza, que es mucho más. Una fotografía de un ser querido, ciertamente no es la persona cuya figura ha captado el lente. Sin embargo, la llevamos junto a nosotros porque es un lazo de amor que nos une a la persona retratada en la imagen fotográfica.

De ahí el respeto y el cariño de los católicos por la imágenes que nos recuerdan al Señor o a los hombres y mujeres que estuvieron cerca de Él en el ámbito de la fe, y a veces, también físicamente, durante su paso por la Tierra, como es el caso de María.

Esta imagen de la Virgen tiene, además, connotaciones muy entrañables para el pueblo cubano en la diáspora. Ella no solamente nos recuerda a su Hijo, a quien trae en los brazos como regalo del Padre, sino también nos recuerda a Cuba y a su tragedia presente.

Es exiliada como nosotros. En Cuba, en 1961, fue entregada al embajador de Italia para que la hiciese llegar a Miami, a fin de que los desterrados del comunismo pudiesen celebrar su fiesta, el 8 de septiembre de aquel año. El embajador italiano encomendó la misión a la Encargada de Negocios de Panamá en La Habana, Elvira Jované de Zayas, en cuya embajada había cubanos asilados. Dos días antes de la fecha de la Patrona se concedieron dos salvoconductos a la embajada panameña, uno de ellos para el asilado Luis Gutiérrez Areces, para que saliese de Cuba el 8 de septiembre.

Ese día, él y su compañero fueron los únicos asilados que viajaron directamente a Miami. Antes de partir, en la escalerilla del avión, la diplomática panameña le entregó el maletín que contenía la imagen de Nuestra Señora, que llegó a tiempo apenas para comenzar la celebración en el estadio que lleva hoy el nombre de Bobby Maduro. Allí la esperaban 30,000 exiliados entre lágrimas, oraciones y pañuelos blancos. Desde entonces ha acompañado a nuestro pueblo en destierro, presente en cada dolor, presente en cada alegría.

En 1966, el entonces Obispo de Miami, Coleman Carroll, lanzó la iniciativa de construirle un santuario en esta ciudad a la Patrona de Cuba y así comenzó en una pequeña capilla lo que es hoy la Ermita, un centro de peregrinación internacionalmente reconocido.

Desde el principio desfilan allí, en oración, los 126 municipios tradicionales de Cuba y, según ha ido creciendo el número de los desterrados, han ido postrándose a sus pies los de Camarioca, los de los Vuelos de la Libertad, los de terceros países, los del Mariel, los balseros de todas las épocas. Cuando en 1987 el Santo Padre Juan Pablo II visitó Miami, esta imagen cubana, exiliada, símbolo de fe y de esperanza, presidió su capilla privada. Hoy la devoción se extiende a otros pueblos y, particularmente en el mes de octubre de cada año, peregrinan todas las comunidades del Hemisferio Occidental que tienen asiento en Miami.

Yo estoy seguro de que si este desdichado joven que está hoy en prisión hubiese conocido a Dios, hubiese sabido de todo lo que simboliza la imagen que trató de hurtar, no lo hubiera hecho. Por eso he repetido para él las palabras de Cristo en la cruz: *«Perdónale, Padre, que no sabe lo que hace»*. Al mismo tiempo, quiero agradecer su valiente gesto a Eduardo Jaime, el devoto de la Virgen que impidió que se consumara totalmente la profanación y a las autoridades que se ocupan del caso. A esas autoridades pido que este hecho se investigue a profundidad. Debemos conocer cuáles son las manos ocultas detrás de esta reprobable acción y los propósitos que la motivaron, a fin de evitar que pueda repetirse en el futuro.

Agradezco a todos la solidaridad demostrada. Quiero, además, encarecer las oraciones de todos para que llegue a Cuba, real y vivo, ese amante Jesús que María Santísima, la Virgen de la Caridad, nos trae en sus brazos y que llegue también a nuestros corazones con potencia tal, que nos haga verdaderos evangelizadores y así lo podamos mostrar con nuestra palabra y nuestra vida a todos los hombres que no tienen la dicha de conocerle. Que Él nos bendiga a todos.

29 de noviembre de 1994.

NAVIDAD Y ALAMBRADAS

La celebración de la Navidad nos llega otra vez con su renovado mensaje de amor, amor que se manifiesta como compasión actuante, como misericordia encarnada. Este es, quizás, el más consolador mensaje de todo lo que puede decirnos el tierno Niño de Belén: Él no es solamente la Palabra del Padre hecha carne, sino, también, su propia misericordia presente entre los hombres, ya que su venida al mundo no fue un acto de justicia, pues nunca viésemos merecido al mismo Hijo de Dios como salvador, sino que fue un desborde de la misericordia del Padre, conmovido por el desamparo de la humanidad. Cristo es la misericordia personificada para salvación de todos.

Navidad es, pues, la fiesta de la Misericordia y es por ello que suscita en nosotros el ímpetu generoso de dar algo a los demás. No se vive realmente la Navidad si no nos acordamos en estos días, de forma especial, de los más desamparados entre nosotros, para hacer que los toque nuestra generosidad, así como en la primera Navidad recibimos todos el toque maravilloso de la generosidad de Dios, de su tremenda misericordia.

Siendo, como soy, exiliado, al llegar esta época llama fuertemente mi atención el pasaje bíblico de la huída a Egipto de la Sagrada Familia... José, María y el niño Jesús llegando como refugiados a un país extranjero, huyendo de la amenaza que les representaba vivir en su propia tierra. Y me pregunto: si fuese éste el momento histórico de la presencia corporal del Señor en la Tierra, ¿cómo sería hoy la escena de su destierro? ¿Serían Jesús, José y María una familia de Ruanda, andando fatigados los polvorientos caminos de África, buscando fronteras seguras? ¿Serían haitianos, pudiendo, al fin, retornar a una patria libre? ¿Serían bosnios tocando a la puerta de vecinos que debieran ser hermanos? O, ¿serían balseros cubanos que, huyendo del alambre de púas, encontraran, de nuevo, el alambre de púas?... Creo que serían un poco de todos ellos.

Como cubano, como uno más de los miles que nos vimos forzados a cruzar los mares en busca de libertad, y como alguien que está vivo y libre hoy gracias al refugio que me brindaron, primeramente España, después Chile, y desde hace muchos años, los Estados Unidos, me creo obligado, en este tiempo de Navidad, a hablar nuevamente de la pesadilla que viven mis hermanos detenidos en los campamentos de refugiados. Como pastor, veo en ellos a las ovejas más necesitadas, las que es necesario salir a buscar, precisamente por hallarse separadas del rebaño.

He podido visitarlos en los lugares donde se encuentran albergados, en Guantánamo y Panamá, en Krome y en Port Isabel, así como en Nassau. Espero estar pronto en Caimán Grande. He tratado de llevarles consuelo, ayuda y esperanza y, al mismo tiempo, he recogido experiencias riquísimas. Se trata de hombres, mujeres y niños que, a semejanza de la Sagrada Familia, han tenido que huir de la opresión que se cernía sobre ellos, que se han visto forzados a dejarlo todo ante la imposibilidad de continuar viviendo dentro de un sistema totalitario y deshumanizador; que, animados por la esperanza de una vida libre y con posibilidades de desarrollo, se lanzaron temerariamente, a bordo de simples balsas de increíble precariedad, para cruzar noventa millas de profundo y traicionero mar, tal y como hace veinte siglos cruzó el Divino Niño la inmensidad del desierto a lomo de asno.

He visto en los campamentos personas provenientes de toda Cuba y me he preguntado cómo pudieron llegar a las costas a pesar de las grandes dificultades de transporte dentro de Cuba. Me he sorprendido por el gran número de profesionales y gente capacitada, tanto técnica como intelectualmente, y he ponderado por qué, siendo los de mayores oportunidades en cualquier sociedad, lo han dejado todo a tan alto riesgo. He hablado con familias enteras, con jóvenes y ancianos, con niños y con mujeres embarazadas y ha ido creciendo mi espanto según he podido medir la hondura de su desesperación, la que vivieron antes en nuestra desgraciada patria, y la que viven hoy, cuando se les niega hasta la esperanza mínima de encontrar un destino para sus vidas, de hallar un sitio humanamente aceptable bajo ese sol que Dios hace brillar sobre todos sus hijos, sin distingos de nacionalidad, ni de raza o creencia.

Se ha dicho, y se ha dicho bien, que subsisten en los sitios donde están en condiciones infrahumanas, tal como nadie quisiera ver a su propia familia. Es cierto que viven en corrales, vigilados, exentos de privacidad y sujetos a condiciones de extrema penuria para el cumplimiento de las más elementales funciones del diario vivir. Es cierto que las condiciones materiales de su forzado encierro ronda el límite de lo soportable y es entendible, pues, la justa reclamación de que esas condiciones sean elevadas siquiera a un nivel de decencia fundamental.

Mucho se ha hablado, mucho se ha prometido ese mejoramiento que no hemos podido ver en forma apreciable. Mucho se ha dicho, y es poco cuanto se diga, de la necesidad urgente de atención a estos problemas de simple subsistencia, especialmente los de orden médico que, en su persistencia, crean situaciones generales de tipo psicológico que son fáciles de imaginar.

Mucho se ha anunciado también que los enfermos, ancianos y niños, junto a sus familiares inmediatos, serán admitidos en Estados Unidos por razones humanitarias. Esto hay que agradecerlo, y no es la gratitud un sentimiento extraño al cubano exiliado, que ha sabido mostrarla abundantemente en todos los puntos de su destierro, al largo de tan extenso extrañamiento. Sin embargo, las prolongadas demoras, tanto en el mejoramiento del nivel de vida en los campamentos, como en la salida de los mismos de aquellos a quienes se les ha anunciado su eventual admisión en este país, han servido sólo como agravantes a una situación ya grave de por sí y, a tal punto, que no parece descabellada la sospecha de que se utilizan estos aparentes contratiempos como medida de presión encaminadas a hacer que parezca deseable a algunos lo que sería un degradante, y en toda circunstancia extremadamente peligroso retorno al antro de horrores del cual escaparon, la Cuba del castrismo.

Hay que recordar que es una situación ésta que se viene desarrollando desde el pasado mes de agosto, cuyo origen ha sido el mismo que ha forzado a casi dos millones de cubanos a convertirse en refugiados a partir de 1959, y no es otro que la imposición en Cuba, por el engaño y la fuerza, de un régimen ateo e inescrupuloso, condenado internacionalmente en forma repetida por su más que probada irreverencia ante la Declaración Universal de los Derechos del Hombre.

El lento genocidio a que es sometido el pueblo de Cuba se ha venido consumando día tras día, y ya por 36 años, ante la casi total indiferencia del mundo civilizado, que no ha querido reparar en que se trata de la agresión despiadada contra un pueblo absolutamente indefenso, por parte de un régimen absolutista, que acapara todos los recursos y que se niega rotundamente a toda solución razonable en el largo conflicto que sostiene, no contra una nación extranjera como se ha querido hacer ver, sino contra su propio pueblo.

Esa indiferencia ante la tragedia del otro se hace dolorosamente ostensible cuando los jefes de gobierno de las naciones más cercanas a ese pueblo sufriente pueden reunirse, sin aparente sonrojo, a hablar de temas comunes de política y desarrollo económico, e ignorar al mismo tiempo, inexcusablemente, el profundo drama humano que ante sus ojos, que debieran ser fraternos, está teniendo lugar. ¿Puede alguien extrañarse entonces de que se busque la libertad, la supervivencia, huyendo del mal y del desamparo ante el mismo? ¿Puede juzgarse mal la escapada de los que, sometidos brutalmente a la impotencia, son al mismo tiempo abandonados por aquellos a los que la solidaridad obliga moralmente?

Yo he estado entre ellos y he visto su sed de Dios en la vehemencia con que se apegan a los símbolos de nuestra fe católica. Yo les he podido llevar muestras del apoyo de sus hermanos exiliados, que ha sido desbordante, cosa por la cual doy gracias al Señor. Yo he encontrado respuesta a todas mis preguntas sobre esta dolorosa situación y la respuesta es siempre la misma: queremos libertad.

¿Se desdecirá a sí mismo Estados Unidos, negándoles esa libertad? Yo confío que no y es por ello que el ruego de este mensaje, humilde y encarecido, es por la libertad de esos hermanos, porque se les permita asentar sus vidas que serán productivas, según muestra la experiencia de anteriores etapas del éxodo cubano en este país, donde quien no es extranjero, es hijo o nieto de extranjeros; en este país fundado y engrandecido por refugiados de todas las opresiones.

Esa libertad que pido en forma particular para mis hermanos refugiados, la encarezco también, en sentido más amplio, para toda la nación cubana cuyos sufrimientos presentes pueden remitirse todos al ilegítimo y brutal gobierno que por la fuerza se le impone al pueblo. Hora es ya de que los pueblos y gobiernos libres del mundo ayuden en forma eficaz al pueblo de Cuba a lograr la recuperación de sus derechos y la expresión libre de su voluntad política.

Con esta temporada navideña termina 1994, designado como Año de la Familia. La familia cubana clama por la paz, la libertad y la justicia. Las familias refugiadas piden la oportunidad de poder alcanzar esos dones. En esta fiesta de la Misericordia, ¿no la habrá para estos hermanos sufrientes, de parte de quienes pueden ejercerla en su favor?

Yo espero que sí, porque mi esperanza está en el Niño Todopoderoso, el Divino Infante Refugiado, que es el único que puede mover los corazones de los hombres. Mientras tanto, pido a los refugiados en todos los campamentos la mayor serenidad y la ecuanimidad más decidida, que no se dejen arrastrar por la desesperación ni por provocaciones de tipo alguno, para que no se repitan los lamentables disturbios de días recientes en Panamá.

Y a todos los cubanos pido que, con limpieza de corazón, sin odios ni vacilaciones, hagamos cuanto esfuerzo sea necesario por lograr la liberación integral de Cuba, para que, al llegar ese día, podamos fundar una República donde no se rechace a ningún extranjero, a ningún perseguido, donde a nadie se le cierren las puertas.

Lleguemos todos, con humildad y mansedumbre, ante el portal de Belén y dejemos que, en medio de nuestras tristezas, nos ilumine el gozo profundo de saber que tenemos un salvador. Veámoslo, la omnipotencia vuelta niño, en el refugio seguro de los brazos de María, su Madre Santísima y, por regalo suyo, Madre nuestra, y depositemos allí nuestra oración confiada y contrita, de que , sobre las alambradas del odio dentro de los corazones, y sobre las alambradas físicas del terror en la patria y la incomprensión en el extranjero, habrá de posarse pronto la blanca paloma donde se conjuga el símbolo consolador de la paz y el potente símbolo de la liberación que sólo puede dar el Espíritu del Señor.

Una vez más, ¡libertad para Cuba! ¡libertad para los balseros! Que el Señor Jesús, misericordia encarnada, nos bendiga a todos.

+Mons. Agustín A. Román
Obispo Auxiliar de Miami

13 de diciembre de 1994

UNÁMONOS POR CUBA Y PARA DIOS

Los más recientes acontecimientos que afectan a la nación cubana han acrecentado en nuestro pueblo en la diáspora, y, estoy seguro, también en nuestra patria, una justificada preocupación por los destinos nacionales y un comprensible sentimiento de indignación ante veleidades políticas que parecen indicar que, una vez más, intereses mal entendidos se ponen por encima de preceptos morales y la fuerza de los poderosos de este mundo se confabula contra los más indefensos, olvidando que son estos, precisamente, los predilectos de Dios.

En estos momentos nuestras reservas espirituales tienen que tomar precedencia para confirmarnos en la fe que nos une, la que nos asegura que el Señor es, en todo sentido, un dios liberador; que ante Él no prevalece el mal y que, a su lado, no hay razón para la desesperanza. Llenos de esa fe, me parece que debemos tener en cuenta las siguientes consideraciones:

1 – No podemos, como nación en destierro, hacer frente a la presente situación con nuestras filas debilitadas por la desunión. *«Todo reino dividido, perecerá»,* dice el Señor (S. Mateo; 12, 25) y hemos visto cumplirse su palabra al largo de nuestra historia. Si antes he llamado a la unión y al trabajo común por el bien de Cuba, hoy quiero hacerlo con mayor urgencia, recabando de nuestras organizaciones y de los dirigentes de las mismas, así como de nuestros medios de prensa, el olvido de querellas infecundas y la fusión de todos en el abrazo fraterno que, si antes era necesario, hoy lo es mucho más.

2 – En este momento en que nuestro pueblo parece abandonado de todos, como nunca antes, hemos de ser nosotros, los exiliados, quienes con mayor sinceridad y amor fraterno, hagamos llegar a los que sufren en la patria nuestra solidaridad, expresada en la ratificación del com-

promiso, común a ellos y nosotros, de no cejar en el empeño noble de lograr para Cuba una paz genuina, que sólo puede serlo cambiando radicalmente las presentes estructuras de poder en el país y construyendo esa paz que queremos sobre los pilares de la justicia, la verdad, la libertad y el amor.

3 – Todo gobierno tiene la obligación de dictar leyes justas que cuiden los intereses legítimos de la nación que representa y ello incluye la determinación de aceptar o no, en determinado momento, la entrada a su territorio de personas de otras nacionalidades. Pero nunca esa obligación puede tomar prioridad sobre la otra, moralmente ineludible, de amparar al que huye de la opresión. Estados Unidos ha sido, en este sentido, una nación en extremo generosa con todos y, de forma especial, con el pueblo cubano. De ahí la gratitud que sentimos y manifestamos sin reservas hacia este país que nos acoge. De ahí también nuestro rechazo a un cambio de política que rompe con la más altruista tradición de esta tierra de emigrantes, en forma por demás ominosa, al poner a los soldados de la democracia a colaborar con las fuerzas de la opresión, en abierta contradicción con los postulados de la Declaración Universal de los Derechos del Hombre y de la más elemental ética cristiana.

4 – La expresión de nuestro compromiso con la libertad de Cuba, de nuestra solidaridad con los hermanos en la Isla, y de nuestro justo desacuerdo con las nuevas medidas dictadas por el gobierno de los Estados Unidos contra los compatriotas que tratan de escapar de allá, deben estar marcadas, al mismo tiempo, por la firmeza y la ecuanimidad; la firmeza de los que saben que defienden una causa justa y la ecuanimidad de los que saben que solamente las acciones serenas y responsables producen frutos buenos. Así como rechazamos todo lo que vaya en detrimento de los derechos de nuestro pueblo, tenemos que rechazar aquí toda manifestación de violencia que, en última instancia, siempre se revertirá contra nuestros propios propósitos.

Quiero reiterar el llamamiento a la unión fraternal con que comencé esta apelación y confío en que todos: dirigentes, medios de prensa y pueblo en general, sabremos unirnos en oración y en acción responsable en estos momentos en que tanto lo necesita nuestra patria. Armados de la noble herencia del padre Félix Varela, de José Martí, y de tantos que nos han dado ejemplo de virtud, pongamos hoy nuestras dificultades a los pies de María, la Madre de la Caridad, confiados en que, hoy como ayer, sabrá Ella guiar la nave de los cubanos hacia el seguro puerto del corazón de Jesús, *«camino, verdad y vida»* donde nos aguarda, esplendorosa y segura, la verdadera libertad, la de los hijos de Dios.

7 de mayo de 1995.

PLEGARIA EN EL ACTO DEL ORANGE BOWL EN PROTESTA POR EL DERRIBAMIENTO DE LAS AVIONETAS DE HERMANOS AL RESCATE

Dios de nuestros padres y Señor de las bondades: Trinidad Santísima que, como Padre, nos has creado; como Hijo, nos has redimido y como Santo Espíritu enciendes en nuestras vidas el fuego del amor divino: Desde el comienzo de los siglos eres Tú refugio del hombre y baluarte de su esperanza, porque, generación tras generación, acoges a cada uno de tus hijos, a todas tus criaturas, con entrañas de misericordia. Aquel que te conoce, sabe que a ti solamente podemos volver los ojos, porque solamente Tú eres camino, sólo Tú eres verdad, sólo Tú eres vida.

Por eso hoy, con más razón, con mayor angustia, vuelvo los ojos a ti, Señor, porque los hombres parece que no escuchan. Confiadamente te invoco, porque sé que quien pone en ti su confianza, no quedará defraudado: ¿no fuiste acaso Tú, Señor Jesucristo, quien *se hizo obediente hasta la muerte, y una muerte de cruz,* para salvarnos a nosotros, los pecadores?... ¿No fuiste Tú acaso, quien, en particular gesto de predilección, envió como regalo a mi pueblo, porción de tu rebaño, el símbolo bendito de la llena de gracia, Madre del Redentor, como Señora de la Caridad, para llevarnos a ti por el amor?... ¿Cómo no confiar en ti, si confió ella al pie de la cruz, cuando todo parecía consumado?

Faltaba, sin embargo, la resurrección. Y es precisamente por la resurrección de ese pueblo al que quisiste bendecir con la belleza de su tierra y la nobleza de su espíritu, por lo que hoy clamo a ti: ¡ten misericordia, Señor!... Como los discípulos en la barca zarandeada por la tempestad, los cubanos también te decimos: «*¡sálvanos, Señor, que perecemos!*»

El dolor toma nombre hoy en el recuerdo de Armando, Carlos, Mario y Pablo, los cuatro heroicos muchachos de Hermanos al Rescate martirizados sobre el Estrecho de la Florida donde tantas veces, por salvar otras vidas, arriesgaron la propia. Por ellos y por sus familiares es que te pido que, como el fresco aroma de nuestros campos cuando la lluvia los bendice o el sol los besa, se eleve hasta ti nuestra plegaria.

Es mucha la pena, Señor, porque junto a estos cuatro que hoy dan nombre a la tragedia de Cuba, hay otros nombres, miles y miles de ellos, los de los hombres y las mujeres que a lo largo de tantos años de opresión han entregado sus vidas tratando de recuperar el don sagrado de la libertad, que recibiera Adán en el paraíso como herencia sagrada para todos los hombres. Están presentes también los nombres de los niños hundidos cruelmente en el remolcador Trece de Marzo, los de los adolescentes asesinados por tratar de buscar alimento, los de aquellos cuyos restos han convertido los mares que rodean nuestra isla en un enorme camposanto.

Pero hay más aún, Dios mío. ¿Cómo no traer ante ti los nombres de cada hermano y de cada hermana arbitrariamente encarcelados por un sistema injusto y avasallador; todos los que han marcado de dignidad y sacrificio la lista enorme de los prisioneros políticos de Cuba, los que fueron y los que son?

¿Cómo no mencionarte hoy a los que en este mismo momento, en medio de persecución y hostigamiento, luchan por la libertad y por los derechos humanos, regalo tuyo a los hombres que nadie puede arrebatarles porque, según la Escritura, Tú los coronaste de gloria y dignidad? Ten en tu corazón a los que hoy luchan en Cuba, agrupados en Concilio Cubano, individualmente, o en otros grupos y bendice su reclamo por el orden que pertenece a toda sociedad civilizada.

¿Cómo no poner ante tu presencia hoy, Dios clemente y leal, todo el desgarramiento del destierro y la separación; todo el llanto que, al igual que Tú por Jerusalén, han vertido nuestros ojos por la patria que nos diste?... Tú, que mandaste a Lázaro salir de su tumba, ¿permitirás que la cultura de la muerte siga devorando a los hijos de Cuba?

Tú, que te presentaste a Israel como aquel que venía para liberar a los cautivos y perdonar a los pecadores, ¿no harás buena tu promesa para esta generación de cubanos?... Tú, que sufriste ensañamiento y exilio, ¿no querrás fijar ya el día de nuestro regreso?

¡Apresura, Señor, ese día de liberación y haz que sea auténtica, genuina liberación, en ti y para ti. Apresúrala, Señor, porque la soberbia de un hombre y la ceguera de los que le siguen, hacen que nuestro pueblo agonice en la carencia de lo que no niegas Tú siquiera a las aves del cielo, ni a las flores del campo!

Así, frente a la mesa abundante y suculenta del turista y del alto funcionario, está el hambre, hambre verdadera, física y espiritual, del pueblo; y los frutos de nuestra rica tierra, bloqueados por la sed de poder de los que mandan, no llegan siquiera a las manos de los que los cultivan. Frente a los hospitales que atienden esmeradamente a los extranjeros ricos, están los enfermos del pueblo, sin medicamentos ni atención adecuada; frente a los lujosos hoteles donde capitalistas y comunistas se juntan como burla a la miseria circundante, está una nación desprovista de viviendas decentes, al tiempo que tanta necesidad alienta la degeneración moral y se le impone a nuestra juventud el tener que vender sus cuerpos por el pan que Tú quisiste que fuera para todos.

¡Mueve Tú los corazones de los hombres, Señor! Que entiendan unos y otros que no es tarea de los gobiernos vivir vigilando a un pueblo para impedir que se eche al mar, sino crear las condiciones de libertad y satisfacción de sus necesidades, que le permitan ser feliz en su propia tierra.

¡Mueve los corazones de los que se vanaglorian de sus crímenes, para que encuentren el arrepentimiento, y por él, el perdón. Que no haya más cubanos así, que no haya más hombres así, capaces de gozarse en el mal de sus hermanos! Les arrancaron tu ley del corazón, les quitaron tu nombre de su credo, y esto es, Señor, lo que hemos cosechado.

Infunde en cada uno de nosotros, en cada corazón cubano, la decisión de la libertad, de la justicia, del amor y de la verdad; para que alcancemos la bienaventuranza de los que trabajan por la paz, los que serán llamados hijos de Dios.

No permitas que tanto dolor nos conduzca al odio. Que busquemos tu justicia, que distingue misericordiosamente entre el bien y el mal; pero nunca la venganza que nos haría semejantes a los que no te conocen y solamente traería más pesares a nuestra patria. Bendice a la nación que nos acoge y a todos los que se solidarizan con la Cuba que sufre.

«Señor, si Tú quieres, puedes curarme», clamó un día un leproso en tu camino. Señor, si Tú quieres, puedes curarnos; clama hoy un pueblo entero. Tú no nos dejarás en esta *soledad poblada de aullidos,* ni esconderás tu rostro a los que te buscan con sincero corazón. Si nos equivocamos antes, confiando en los hombres, mira que ahora solamente confiamos en ti. ¡Deja oír ya tu voz y así como al hijo de la viuda de Naím, di ya a nuestro pueblo: «Cuba, yo te lo ordeno, ¡levántate!». Tú que vives y reinas por los siglos de los siglos.

2 de marzo de 1996.

MADRE DE CUBA

El segundo domingo de mayo es el día que, tanto en Cuba como en los Estados Unidos, se celebra la fiesta humana que mayores características divinas tiene. Al dedicar un día del año a honrar de forma especial a las madres, se honra al amor aquel que, sin duda, está más cerca del amor de Dios, se proclama el milagro cotidiano de la maternidad y hay en cada beso que un hijo da en ese día a su progenitora, o en la oración que se eleva por las que ya partieron a la gloria eterna, una implícita acción de gracias al Padre generoso que quiso que el hombre, obra de sus manos, viniese al mundo amparado por el amor maternal.

En los tiempos que corren, vemos con alarma lo que parece ser una perniciosa actitud de sabotaje de parte de la sociedad materialista hacia la maternidad. La complacencia ante el aborto, el divorcio, la actividad sexual extramatrimonial; la relativización de la moral y la ridiculización del primordial papel de la mujer como madre, son males actuales que merecen el rechazo y la contraofensiva espiritual de los cristianos y aún de las propias instituciones seculares que no parecen darse cuenta del alto precio que todos estamos pagando por la promoción de tales conceptos.

Nuestro Santo Padre, el Papa Juan Pablo II, ha ejercido ampliamente su magisterio sobre estos importantes temas y de manera especial en su gran encíclica «El Evangelio de la Vida». El tema del derecho a la vida y del valor de la maternidad no ha dejado de ser presentado por el Sumo Pontífice antes y después de la encíclica. Ya en su visita pastoral a Francia en 1980 lo expresó con estas palabras:

«La primera medida de la dignidad del hombre —dijo el Papa— *la primera condición del respeto a los derechos inviolables de la persona humana, es el honor debido a la madre, es el culto a la maternidad»*

Partiendo, pues, de la importancia que la Iglesia reconoce en la maternidad, quiero aprovechar la ocasión de este Día de las Madres, para volver los ojos a María, la madre de Jesucristo, y poner a la luz de su mirada y bajo el manto de su intercesión, al pueblo del cual soy hijo y que fuese a ella confiado por el Señor bajo el más maternal de los títulos: el de la caridad, el del amor, que es la esencia misma de la maternidad.

Madre de Cuba

La Madre de Dios en Cristo, reconocida como tal por la Iglesia desde los primeros tiempos de nuestra fe, la madre de todos los hombres, entregada así al discípulo amado por el propio Señor Jesús desde su cruz redentora, (*«Ahí tienes a tu madre»,* S. Juan 19, 27) ha tenido una marcada presencia maternal en Cuba, desde la emergencia misma de nuestro país ante el resto de la humanidad. Desembarcada en la Isla con la fe con que España llegaba al Nuevo Mundo, llegó como madre y como tal la recibieron los indios de Cueiba de las manos de Alonso de Ojeda.

Tempranamente, en los albores del siglo XVII, la aparición de su imagen en la bahía de Nipe venía a ratificar el carácter maternal de la presencia de María en Cuba: traía en sus manos la pequeña estatua del Niño Jesús, llegaba en misión protectora hasta tres humildes cubanos y su advocación era la del más definitorio sentimiento materno: el amor, la caridad. ¿Quién como una madre para, a imitación de Cristo, donarse en caridad?

Más tarde, en el decursar de nuestra historia, la maternidad de María, la Virgen de la Caridad, se fue haciendo sinónimo del propio ser nacional. La progresiva devoción de nuestro pueblo a la Señora del Cobre, pronto identificó a la naciente criollada que, poco a poco, bajo la influencia del Padre Varela, en la Iglesia, iba tomando conciencia de su cubanidad.

Así, en su exilio en España, un joven, José Martí, que se calificaba a sí mismo como «peregrino» llama a María, en versos cuajados de amor a Cuba, *«Madre mía de mi vida y de mi alma».* Así también, como retrato de madre, cuelga sobre el pecho de Antonio Maceo la medalla de la Virgen de la Caridad, así se gana el apelativo de «Virgen Mambisa» y llega así, nada menos que a petición de los veteranos de las guerras independentistas, a ser declarada, bajo el título de la Caridad del Cobre, Patrona de Cuba, en 1916, por el papa Benedicto XV.

Presidió su imagen, junto a la del Corazón de Jesús, la mayor parte de los hogares cubanos, como nos lo recuerdan nuestros obispos de Cuba en 1993; nuestros poetas más inspirados, como Hilarión Cabrisas y Andrés de Piedra Bueno, entre otros, le dedicaron versos memorables; los músicos de más arraigo popular, como Miguel Matamoros, le ofrecían la magia de sus canciones, y el pueblo en general: blancos, negros y mestizos; ricos y pobres, se acurrucaba en su regazo y la chiqueaba en expresión de confiado cariño que no era irreverente cuando, simplemente la llamaba «Cachita». Tanta era la identificación del cubano como hijo de María, que el 24 de febrero de 1946, otro papa de feliz memoria, Pío XII, proclamaba a Cuba como *«tierra de la Madre de Dios»*.

El celo maternal de María le ha sido patente al cubano siempre, pero, más acentuadamente cada vez que las turbulencias políticas han sajado a la nación. La tradición de la manigua continuó en la República y no hubo dolor ni crisis donde su nombre no fuese invocado. Al cumplirse cincuenta años de la independencia, la imagen visitó todos los municipios de la Isla en peregrinación de acción de gracias.

Así llegó a nuestros días la imagen de la Patrona traída desde su trono de El Cobre por los obispos de nuestra Iglesia. Habría que recordar aquí, que ya desde noviembre de 1959, mientras que algunos que hoy se erigen en jueces de la Iglesia callaban ante el avance del comunismo en Cuba, o, peor aún, aplaudían y apoyaban al régimen que lo propiciaba, la imagen presidía en La Habana la multitudinaria concentración de católicos y las sesiones ardientes del Congreso Católico Nacional, donde, frente a todos los peligros, se denunciaban ya las injusticias de la revolución y se advertía la tragedia que esperaba a nuestro pueblo de seguir el tortuoso camino por donde se empezaba entonces a transitar.

Imposible será relacionar todas las manifestaciones de esa presencia maternal de María en los ya largos años del presente drama. Desde los testimonios de fe de los primeros mártires frente al paredón, hasta la oración de los náufragos en el Estrecho de la Florida; desde lo profundo de las cárceles hasta las arenas de Playa Girón; desde la heroicidad callada de los que nunca negaron su fe, hasta el regreso a la misma de los que un día cambiaron la cruz por la hoz y el martillo; desde la plegaria oculta frente al Comité de Defensa, hasta la procesiones desafiantes de tiempos recientes, la Madre de Cristo ha querido ratificar de mil modos que es también, en las buenas y en las malas, para nuestra suerte, Madre de Cuba.

Sea, pues, el primer fruto de esta reflexión, un canto agradecido, lleno de gozo y humildad, para María, la Madre de la Caridad, regalo inestimable que el Señor ha querido hacer a nuestro pueblo. A Él la gloria y la alabanza de todos sus hijos.

Madre del Exilio

Como madre espiritual de su pueblo, María está dondequiera que late un corazón filial. Por eso no hay contradicción en señalar que, al mismo tiempo que Nuestra Señora de la Caridad ha estado y está en la isla de Cuba, acompañando y sustentando en la fe a los que allí sufren, luchan y esperan, ha querido estar y de hecho está también, junto a esta porción del pueblo cubano que, en casi todas las latitudes del planeta, da muestras repetidas de que se puede salir de la patria sin dejar que la patria se salga de uno.

Tiene que ser así, además, porque en su vivencia terrenal, María, la joven madre judía, experimentó también los sinsabores del exilio, cuando, al igual que tantas madres a lo largo de la historia, tuvo que buscar protección en otras tierras para salvar a su Hijo. La imagen de la Sagrada Familia en Egipto, desterrados allí por un tirano, tiene que ser para nosotros fuente constante de consuelo y fortaleza.

Tan pronto comenzaron a llegar a Miami los primeros exiliados de la presente dictadura, comenzó la invocación a la Santísima Virgen a mezclarse con los sonidos típicos del sur de la Florida. El *«¡Virgen de la Caridad, salva a Cuba!»* es quizás la jaculatoria que con más frecuencia ha subido de Miami al cielo, y ya, desde el propio año 1959, la fecha del 8 de septiembre, día de la Patrona de Cuba, ha sido de especial significación para los exiliados. No olvidemos que la primera manifestación pública del pueblo cubano exiliado fue en la festividad del 8 de septiembre de 1961, en que treinta mil cubanos adoraron al Señor en la Misa pidiendo por la libertad de la patria.

En 1961, en Centroamérica, en los campamentos donde se preparaban los que irían a combatir por la libertad, muchos de ellos se agrupaban frente a la imagen de la que volvía a ser mambisa, para el rezo del rosario. Fracasado el intento heroico de Bahía de Cochinos, desde su celda de prisionero en Cuba, el Dr. Manuel Artime, Jefe Civil de la Brigada, escribía a la Virgen del Cobre versos llenos de patriotismo, en las cuales le confiaba, en sus propias palabras, *«esa flor de mi amor y mi agonía»* para preguntarle seguidamente, *«¿Sabes cuál es, mi Madrecita buena?»...* y responder él mismo: *«una Cuba cristiana y sin cadenas».* Al mismo tiempo, en Miami, las madres de los brigadistas donaban una modesta imagen, símbolo de digna pobreza, para su veneración en la iglesia de Gesú.

Ese mismo año, 1961, en forma que no es exagerado calificar de milagrosa, llega desde Cuba a la que era ya la Capital del Exilio, la imagen bendita de la Madre que quería concretar así, en la materialidad del símbolo, la realidad de su espiritual compañía.

Es esa imagen, que comenzara su destierro peregrinando por los diferentes campamentos de niños que venían sin sus padres y que la Arquidiócesis de Miami tomara bajo su cuidado entonces, la que ha sido receptáculo del amor de ese pueblo en diáspora a su Dios y Señor desde el año de su llegada hasta el presente, en las magnas celebraciones eucarísticas de cada 8 de septiembre, y desde 1967, en la modesta capilla junto al mar que se convertiría después en nuestra querida Ermita de la Caridad. Allí donde todos podemos leer nuestra historia de una mirada en el mural que nos dejara Teok Carrasco.

Desde allí ha palpitado con cada emoción de nuestro pueblo, compartiendo lágrimas y esperanzas en cada acontecimiento. Como madre ha acogido allí, en su casa, a todos sus hijos: dirigentes cívicos y políticos, artistas y poetas, famosos y desconocidos, municipios y movimientos apostólicos; el balsero que llega escapado del terror y de

las aguas, y los hijos que a sus hijos les nacen en estas tierras generosas y buenas que nos han acogido.
Por ella, por su andar entre nosotros, nuestro destierro ha sido menos árido y, en gran medida, es por ella que se han conservado, en mucho, las esencias de nuestra identidad.

Madre de la unión

No puede entenderse el papel de María en la historia de la redención, si no se le mira como lazo de unión entre Dios y los hombres. La vemos desde el principio, unida al Padre en la fe de Israel. La vemos unida al Espíritu Santo en el misterio de la encarnación del Hijo de Dios. Unida a Cristo al llevarle en su vientre, unida a Él en su nacimiento y en su infancia, en su ministerio y en su primer milagro, en su muerte y resurrección. Unida a la Iglesia siempre, antes, en y después de Pentecostés; unida a la humanidad en la diversidad de advocaciones con que los diferentes pueblos de la tierra la veneran, la identifican con sus culturas respectivas y, madre al fin, la sienten como propia.

Unida a Cuba, lo hemos visto ya, desde el minuto mismo del descubrimiento, en todo su devenir histórico en la Isla y en la diáspora, como lo descubrimos en el proceso evangelizador de las Comunidades de Reflexión Eclesial Cubana (CRECED) en la preparación del V Centenario de la Evangelización de América.

María, porque es madre, quiere la unión de sus hijos. ¿No es acaso la madre quien procura siempre que haya armonía entre los hermanos? ¿No es la madre quien sufre más cuando sus hijos no se llevan bien? ¿No es la madre la que puede imponer la paz cuando la familia está en desorden? ¿No es ella la que logra siempre la sonrisa de la reconciliación?

María del Cobre, como Madre de Cuba, es la que nos recuerda hoy las palabras de su divino Hijo: *«todo reino dividido, perecerá»* (S. Mateo, 12-25). Es ella la que nos indicaría hoy a los cubanos, como en su tiempo a los israelitas en Caná de Galilea: *«Hagan lo que Él les dice»* (S. Juan, 2-5) y, ¿qué nos dice el Señor Jesús?... *«Que sean uno»* (S. Juan, 17-21).

¿No es eso lo mismo que nos pedía Máximo Gómez, hombre de fe y patriota curtido, cuando decía, al final de la guerra, en la Proclama de Yaguajay: *«Yo aconsejo para Cuba, puesto que se alcanzó el sublime ideal, un abrazo fraternal que apriete y una para siempre el augusto principio de la nacionalidad cubana»...* ¿Por qué somos sordos, pues, al reclamo de Dios, de la Madre y de la Patria?

Yo veo con tristeza honda y gran preocupación como, al mismo tiempo que en Cuba la represión y el abuso se ejercen contra el pueblo con mayor ferocidad y en el exilio se siente el zarpazo cruel de los opresores, aún sobre aguas internacionales; el espíritu de unión, que debiera ser nuestro patrimonio, parece hacerse presente únicamente al primer impacto de cada dolor renovado para esfumarse tan pronto las lágrimas se secan.

Si bien es cierto que nos une el difuso deseo del bien para la patria, nos separan los rencores que consumen a algunos y las ambiciones personales que desmienten, en no pocos casos, un patriotismo más cacareado que sentido, pues, patriotismo que se supedita al egoísmo, sencillamente, no lo es. Patriotismo es amor, amor a la patria y sabido es que el amor y el egoísmo con mutuamente excluyentes. Donde está uno, no puede estar el otro.

Mientras nos empeñemos en mantener vivo permanentemente el recuerdo de las ofensas recibidas, no alcanzaremos la unión que la Madre quiere para sus hijos. Mientras se sigan erigiendo muros de desconfianza y recelo entre los que claman por la libertad en Cuba y los que por ella claman en el destierro; mientras sigamos actuando como si ignorásemos que en más de tres décadas se ha formado en Cuba más de una generación de hombres y mujeres en un sistema ateo y totalitario, dentro de un estado policíaco en extremo despiadado; mientras se continúe negando la posibilidad del arrepentimiento y de la rectificación; mientras tenga la patria más fiscales que enfermeros, no lograremos la libertad verdadera, mucho menos la paz que es imprescindible para la conservación de la misma.

No tendremos la unión necesaria para la recuperación de los derechos de nuestro pueblo mientras, en medio de tan grave situación, se nos induzca a vivir entre sofismas dañinos, como el de querer confundir la reconciliación que la Madre desea y que la Iglesia pide, con la ausencia de justicia que rechaza todo corazón sensato.

La reconciliación precisa del perdón, pero el perdón no es posible sin el arrepentimiento sincero, sin la enmienda de la conducta, sin la reparación equitativa del daño inferido. Eso es, en otras palabras, la justicia, que, cuando carece de misericordia, se desnaturaliza y da paso a la venganza, hija del odio. Y fue José Martí, el mismo que pedía a la Madre Santísima *«que la patria no gima»* quien nos advirtió a los cubanos que *«no se puede vivir como el chacal en su jaula, dándole vueltas al odio»*.

La Madre de la Caridad nos está urgiendo a esa unión, que debe serlo más de los corazones que de las estructuras, y que se hace más apremiante cuanto más arrecia el ataque de los hombres sin Dios contra el alma nacional cubana, aquella que se fundamenta, precisamente, en el amor.

Madre de la esperanza

¿Es posible la unión de los cubanos? ¿Son posibles la libertad, la justicia y la paz para Cuba? Lo serán tan pronto como las pongamos en las manos del Señor. Para el hombre, y por ende, para Cuba, no hay esperanza cierta, más que la que se asiente en Jesús, el Salvador.

¡Tantas veces hemos puesto nuestra confianza en los hombres, en los gobiernos, en los organismos internacionales, en las armas, o en los falsos profetas; y tantas otras hemos acabado recalando en la decepción! ¡Hora es ya de poner nuestra confianza en el Todopoderoso que, desde Jericó hasta Berlín, ha derribado murallas para dar paso a su pueblo! ¡Hora es ya de poner a Cuba en las manos del único que puede salvarla!

Pero, ¿cómo lo haremos —preguntarán algunos— si hemos estado tanto tiempo lejos de Dios? Primero, limpiemos el corazón. Pensemos en Cuba y en nuestros hermanos con un corazón lleno de amor y, purificados así, busquemos a Jesús, que es nuestra esperanza, en los brazos de su Santísima Madre: María, Madre de la Caridad, Madre de la Esperanza, para decirle, con confianza de hijos, con ternura de niños, en este Día de las Madres:

¡Te damos gracias, Señor, Dios y Salvador nuestro, por todas las madres del mundo, por todas las madres cubanas y, muy especialmente, por María, Santísima Madre tuya y nuestra! Permite Tú, Señor, que su maternal presencia entre nosotros se extienda como un manto protector sobre toda Cuba, para que, encontrándote a ti en sus brazos, encontremos ya la libertad, la justicia, el amor y la verdad, sin los cuales no existe la paz.

Haz que, en lo que llega la liberación, el cubano noble, cordial y reidor, se imponga sobre el ser huraño y odiador en que las fuerzas del mal quieren convertirlo. Que los malos se vuelvan buenos y que los buenos conozcan el sosiego. Que tanto sacrificio, tanta sangre derramada, tanta injusta separación, produzcan frutos de concordia, y que no veamos más, Señor, a las madres enlutadas esperando tu misericordia.

Permite Tú, que pasaste haciendo el bien, que ya muy pronto, Cuba, como madre, pueda exultar junto con María, la Madre de la Caridad, la Madre de la Unión, la Madre de la Esperanza: *«el Señor ha hecho en mí maravillas, ¡gloria al Señor!»*

12 de mayo de 1996.

Nota del Editor: Monseñor quiso reunir de alguna manera su dispersa «mariología cubana» y ese fue el origen de este artículo.

EN EL DÍA DE REAFIRMACIÓN MUNICIPALISTA, 5º ANIVERSARIO DE LA MUERTE DE SANTIAGO BLANCO

Monseñor Emilio Vallina.
Sra. Enma Dorta, Presidenta del Ejecutivo Nacional de los Municipios de Cuba en el Exilio.
Familiares de Santiago Blanco.
Amigos municipalistas:

Muchas gracias a los organizadores de este acto, por haber tenido la bondad de invitarme al mismo y por darme la oportunidad de dirigirles estas breves consideraciones que me sugiere el recuerdo de Santiago Blanco y, también, mi participación de tantos años en las actividades de los Municipios. Además de mi trabajo como pastor de esta parte de la Iglesia, ustedes conocen mi predilección de cubano por las labores de los distintos términos municipales y las de los distintos organismos nacionales y provinciales que tanto han contribuido a conservar el espíritu de la patria en tantos años de destierro. Por eso, sin separarme nunca de mi ministerio religioso, porque no sabría hacerlo, quiero, en el orden cívico, como cubano exiliado igual que ustedes, darles las gracias por la labor que realizan con tanta entrega, a todos los municipalistas, de cualquier denominación religiosa, porque en el abrazo del pastor, en la casa de la Madre y en el dolor de Cuba, cabemos bien todos los cubanos si sabemos respetarnos mutuamente.

Gracias a nuestro querido Monseñor Emilio Vallina, el decano de los párrocos cubanos en el destierro, por su sentida oración, y gracias a la Sra. Presidenta de los Municipios por su cálida bienvenida. Yo tuve la suerte de conocer a Santiago Blanco, de llegar a ser su amigo y de ser testigo del reencuentro de su vida con la vida abundante que regala el Señor Jesús y, porque le conocí así, es que quiero felicitarlos por haber escogido el día de su partida a la gloria del Padre como día de reafirmación del municipalismo, día de profesión de la fe en Dios, del deber patriótico y del compromiso con los hermanos, que anima a los Municipios de Cuba en el Exilio.

Es muy bueno que lo hayan determinado así, porque yo me atrevería a decirles que si algún municipalista, que si algún cubano, pierde un día el camino y no sabe cómo actuar, le bastará simplemente con mirar a la vida de Santiago Blanco, en todo lo que tuvo de virtud, para reencontrar el camino y para actuar con seguridad en las cosas de la patria.

Muy brevemente, quisiera destacar algunos de los valores de esa vida que más me impresionaron a mí, porque me parece que son como aquellas estrellas relucientes del cielo cubano, que servían para indicar el camino cuando la oscuridad reinaba en nuestros campos:

Santiago Blanco fue un trabajador incansable. No se quejaba de que las cosas no anduvieran bien, trabajaba para hacer que funcionaran bien. Se imponía metas, y las cumplía trabajando. A cualquier hora que uno llamara a los Municipios, él estaba aquí, trabajando. Y fue por eso, por su constancia en el trabajo por los Municipios, que logró tantas cosas importantes para esta institución. Fíjense que Santiago nació el 1° de mayo, que es la fiesta de San José, el obrero, el Día de los Trabajadores, y falleció un 29 de julio, que es la fiesta de Santa Marta, la mujer que la Biblia nos presenta como ejemplo de servicio a los demás. Si queremos, pues, resolver los problemas de la patria, trabajemos por la patria como lo hizo Santiago Blanco.

Santiago Blanco practicó el amor. Amor a su familia, amor a su pueblo, amor a su patria y todo ello es un reflejo del amor a Dios. Él hubiera podido hacer fortuna si hubiese aplicado esa gran capacidad de trabajo de que les hablaba antes a su economía personal; pero prefirió dedicarla al bien de sus hermanos. Por eso se equivocó poco, porque el que trabaja por amor y en el amor, recibe la iluminación de Dios.

Santiago buscó la unidad. Buscó siempre sumar municipios a la organización nacional, limar las asperezas cuando éstas surgían, no participó nunca en las querellas que tantas veces, desgraciadamente, han dividido al destierro y olvidó todos los partidismos para ayudar a fundar la Junta Patriótica Cubana. Cultivó afectos, porque unía, y así sirvió a Cristo y a Cuba, porque fue el Señor quien nos advirtió que *«todo reino dividido, perecerá»*.

Santiago ejerció el perdón y la misericordia. Cuando yo averiguaba algunos detalles de su vida, en la niñez y en la juventud, para las reflexiones de este día, me sorprendió saber que él había sido, durante la Segunda Guerra Mundial, jefe del campo de concentración que se estableció en Isla de Pinos para alemanes, japoneses y simpatizantes nazis. Sin descuidar sus deberes, Santiago Blanco supo llevar a cabo su difícil tarea con tan alto espíritu cristiano que, según me cuentan, al terminar el conflicto, los prisioneros salieron de allí como sus amigos, sin que por ello Santiago traicionara nunca su firmeza de principios democráticos. En esto tenemos una lección muy especial todos los cubanos, aprovechable para los duros momentos que vive nuestra nación.

Santiago Blanco vivió la humildad. No era presuntoso ni arrogante. Vivía en una digna pobreza y no ponía su corazón en los bienes materiales. Nunca lo vi tratando de sobresalir, ni ocupando los primeros puestos. Lo que hacía, lo hacía calladamente, sin buscar reconocimientos, ni dejar que se le hinchara la vanidad.

Y, por último, pero, sin duda, lo más importante: Santiago Blanco se entregó al Señor, puso su confianza en Dios, y trató de vivir conforme a la fe. De niño, había sido monaguillo en su parroquia pinera; después se alejó de la práctica religiosa, pero, sin olvidar totalmente la doctrina que se había sembrado en su corazón. Al final, buscó a Cristo con sincero corazón. Yo fui su confesor, yo vi su limpieza de corazón, yo pude darle la comunión varias veces y pude ayudarlo en la hora definitiva, en su paso a la presencia de Dios. Por eso soportó con mansedumbre su dolorosa enfermedad y por eso murió en verdadera paz.

Fíjense ustedes los elementos que hemos mencionado en la vida de Santiago Blanco: fe, misericordia, humildad, unidad, amor y trabajo. Si alguno de ustedes algún día se extravía y no sabe cómo actuar en los municipios o en la vida, mire a la vida de Santiago Blanco y actúe así. Con ese ejemplo, ni un municipalista, ni los municipios, dejarán de rendir el fruto abundante que Dios espera de todos, ese fruto de amor y libertad que el Padre Félix Varela y que José Martí cultivaron en el alma de cubanos como Santiago Blanco, cubanos como cualquiera de ustedes, para que un día, ya muy pronto, la patria recoja la cosecha de la paz y la reconciliación entre todos sus hijos.

Ese es mi ruego en esta noche, que deposito a los pies de la Madre del Cobre, para que ella, a su vez, lo presente al Señor.

Muchas gracias, y que Dios los bendiga.

29 de julio de 1996.

Nota del Editor: Monseñor Román sentía una predilección especial por los Municipios de Cuba en el Exilio, pues los consideraba una estructura cívica donde la fraternidad entre las familias hacía más factible la unidad necesaria para las actividades a favor de la liberación de Cuba. Apenas lanzada la idea de la construcción de la Ermita de la Caridad en 1967, se dio a la tarea de organizar las peregrinaciones anuales de los municipios, e invitaba a cada uno cada año, mostrando siempre el mayor respeto hacia los municipalistas no católicos, a los cuales invitaba también a orar por Cuba. Era un miembro activo y propulsor de su propio municipio, San Antonio de los Baños y participaba en muchas actividades municipalistas, como las elecciones que los municipios celebran conjuntamente en el mes de enero de cada año. En justa correspondencia, muchos municipios en el exilio lo honraron a él proclamándolo como su «hijo adoptivo».

EL HURACÁN DEL AMOR

Vivimos los cubanos, en Cuba y en el destierro, días de angustia y preocupación, motivados allá por el prolongado vivir bajo una tiranía inhumana y deshumanizante, y, temporalmente, por el paso devastador de un huracán: y motivados acá por el insistente demonio de la discordia, que como hierba mala, se niega a ser exterminado.

Sin embargo, cuando se observa en su totalidad el acontecer de estos días, y examinamos todo lo que ha sucedido y está sucediendo, el sentimiento que se impone es uno de honda gratitud, que nos obliga, primero que todo, a postrarnos ante el Señor, Padre de todos, y dejar que la acción de gracias fluya gozosa desde nuestros corazones.

¡Demos gracias a Dios porque aunque ha sido grande y grave el daño material que la furia de la naturaleza ha causado en Cuba, consuela saber que, al parecer, no se han perdido vidas humanas! ¡Demos gracias a Dios también, porque la desgracia ocurrida, ha suscitado un florecimiento de hermandad y de amor, capaz de por sí de confirmar nuestra esperanza de un futuro feliz para la patria!

Ha sido hermoso el espectáculo de solidaridad. Ha sido hermosa la solicitud por el necesitado, el desborde de amor al prójimo, la confirmación cristiana de que, a la pregunta de Caín hay que responder que sí: cada hombre debe velar por su hermano. Lo ha hecho nuestra comunidad, quiere seguir haciéndolo y esto lo demuestra la masiva y rápida abundancia de donaciones.

¡Demos nuevamente gracias a Dios y permítanme a mí, particularmente, agradecer a cada uno de los miles y miles de personas que han puesto su corazón en el esfuerzo a favor de los damnificados, esta extraordinaria demostración de cariño y la prontitud con que responde nuestro pueblo cada vez que llama la Patria, cada vez que convoca la Iglesia!

Gracias, pues, a todos los donantes, no importa el monto de la donación, porque todos han dado con el mismo amor que la viuda de la parábola. Gracias a cada uno de los voluntarios que han ofrecido al Señor y a los hermanos el cansancio de sus cuerpos y la buena voluntad de sus corazones. Gracias a todos los medios de prensa y a todas las voces que nos han prestado apoyo y estímulo. Gracias a la Arquidiócesis de Miami, a los Servicios Católicos de Ayuda (C.R.S.), al padre Thomas Wenski, Director de Caridades Católicas, a los sacerdotes y a las religiosas que tanto auxilio nos han brindado. Gracias a los hermanos de otras confesiones cristianas, ministros y laicos, que han dado su calor a esta obra humanitaria. Gracias a tantos amigos que, no siendo cubanos, nos han extendido la mano fraterna en estos momentos de prueba.

Gracias, muy especialmente, a nuestro Arzobispo, Mons. John Clement Favalora, por su apoyo y su preocupación pastoral. Gracias a las autoridades de Estados Unidos que han hecho posible rápidamente los permisos necesarios en esta ocasión.

Hemos cumplido con nuestro deber de cristianos y con nuestro deber patriótico y, al mismo tiempo, hemos podido comenzar el envío a nuestros compatriotas que sufren en la Isla de un sincero mensaje de cariño fraternal que vigoriza las quebrantadas bases de la nacionalidad y que tiene, al mismo tiempo, la demoledora fuerza de la verdad, frente a las falacias de los que, por casi cuatro décadas, nos han querido presentar a nosotros, los exiliados, como enemigos de nuestro propio pueblo. Con este gesto le hemos dicho a nuestros hermanos que no deben temer al cambio hacia la democracia que Cuba necesita y que todos queremos, porque tal cambio abriría las posibilidades a *«la república cordial, con todos y para el bien de todos»* por la que luchó José Martí, aquella nación sin fanatismos que quería el padre Varela, y no al imperio de la supuesta rapacidad revanchista de nuestra parte, con la que constantemente los ha amenazado el actual régimen.

Hemos trabajado por Jesucristo quien se nos ha presentado necesitado, pero queremos que la ayuda recolectada llegue a manos de quienes las enviamos sin trampas ni interferencias y así lo pedimos al Señor. En ese sentido debemos confiar en la experiencia, la dedicación y la pericia de Cáritas, la agencia de caridades de nuestra Iglesia, de acreditada ejecutoria en los cinco años de su presencia en Cuba. No obstante, es cierto que nos asaltan dudas y preocupaciones, porque estamos conscientes de que confrontamos la ominosa inescrupulosidad de un estado totalitario y despótico. Sin embargo, esas legítimas preocupaciones no deben impedir el cumplimiento de la obligación moral de socorrer a los más desafortunados entre los nuestros en estos momentos de extrema necesidad.

Tan importante como el hecho de que puedan ellos recibir estos bienes que han sido recolectados, es el otro, que ya ellos conocen, de esta bendita explosión de amor y cubanía que estamos viviendo. Eso ya constituye una victoria del amor que nos tiene que identificar, frente al odio en que se sustentan los servidores del mal. Quede esto bien claro: a los cubanos nos identifica el amor y no hay en ello nada que pueda avergonzarnos. Los que prefieran identificarse por el odio, deben saber en que bando se alistan.

Es cierto que, como la cizaña en medio del trigo, ha habido sombras que han querido opacar la luz que Miami irradia ahora. Eso no debe desanimarnos. Así como en las finas arenas de nuestras bellas playas puede ocultarse algún pedrusco que nos lastime los pies, sin que deje por ello de ser hermoso el paisaje, ni refrescante la playa; así las voces de la confusión no pueden restar mérito ni belleza a la obra realizada aquí por tantos corazones buenos. Es triste, sin embargo, ver que algunos que, por temores, no están de acuerdo con nuestros esfuerzos a favor de los damnificados, no han logrado mantenerse en los límites justos de la auténtica discrepancia y han pasado al síndrome pernicioso de la difamación y el divisionismo. Es triste también escuchar los venenosos e ingratos ataques de unos pocos contra la Iglesia y aún contra el Santo Padre. Es doloroso que haya habido incluso amenazas contra nuestra Ermita de la Caridad y contra algunos de nosotros, al calor de irresponsables incitaciones. Pero, todo ello es tan pequeño comparado con la grandeza de la generosidad, que no debe perturbarnos.

Muy por el contrario, al tiempo que saludamos respetuosamente la civilizada divergencia de opiniones, y a quienes así la sostienen, tenemos que orar por los confundidos, por los desinformados y, muy especialmente, por los que siguen prisioneros del odio, que sirve lo mismo para mantener tiranías, que para provocar divisiones.

Tanto el padre Francisco Santana, nuestro querido hermano en el servicio del Señor, como yo, perdonamos cualquier expresión que en nuestra contra haya sido vertida y llamamos a nuestra comunidad a la sanación y la fraternidad en Cristo Jesús. Todo pastor sabe que alguna oveja extraviada puede embestir y, hoy como siempre, oramos porque sea el amor la común herencia de nuestro pueblo y la base sólida de su futuro en libertad.

Una vez más, gracias a todos los que han contribuido a la hermosa experiencia de estos días. Pongamos todo nuestro ardor en trabajar porque el Reino de Dios toque pronto las puertas de la patria, porque el manto protector de nuestra Madre, la Santísima Virgen de la Caridad, acoja a todos los que sufren y porque al fin alcance la nación cubana la liberación integral para todos sus hijos; que caigan las cadenas de la opresión política y caigan también las cadenas del odio dondequiera que lata un corazón cubano.

Todo esto lo pedimos en el nombre del Señor Jesucristo, el que vino para sanar a los enfermos, perdonar a los pecadores y liberar a los cautivos, y, en su nombre también y con la mayor gratitud, es que les doy ahora a todos, a los que comprenden y a los que no comprenden, mi pastoral bendición.

+Mons. Agustín A. Román
Obispo Auxiliar de Miami

27 de octubre de 1996
Aniversario del descubrimiento de Cuba.

Nota del Editor: La recolección de ayuda en Miami para los damnificados por el paso del huracán Lily por Cuba, en octubre de 1996, provocó una vitriólica reacción de parte de algunos sectores del exilio cubano, probablemente alentados en parte por agentes castristas. Algunos voceros de esa corriente de opinión levantaron fuertes acusaciones, no exentas de epítetos calumniosos e irreverentes, contra Monseñor Román, el padre Francisco Santana y las organizaciones y periodistas que respaldaron la iniciativa. Monseñor se sintió dolido, sin duda, por los insultos recibidos y por la división suscitada, pero ni esto, ni las amenazas vertidas en su contra lograron amedrentarlo, ni lo hicieron desistir de aquel propósito humanitario que, a la vez, implicaba tanto como desmentida a la propaganda castrista sobre el exilio cubano. Perfiló este artículo mientras escuchaba un ríspido comentario en su contra y en contra de la Iglesia y, mientras redactaba, suspiraba de cuando en cuando y exclamaba: «¡Qué favor le están haciendo a Fidel Castro... qué favor le están haciendo a Fidel Castro!».

27 de octubre de 1996

NAVIDAD 1996

La Navidad es tiempo de alegría, es tiempo de familia, debe ser tiempo de unidad y debe ser tiempo, sobre todo, de contemplar la verdad de las verdades: la presencia redentora de Dios entre nosotros, no solamente en el tiempo y en la historia, sino en nuestro agitado presente, en el aquí y ahora de cada uno de nuestros días. Cada vez que reconocemos al Señor Jesús en un hermano, sea el hambriento o el desconsolado, el damnificado o el preso, el enfermo o el despreciado, y nos acercamos a él con actitud fraterna, es igual que si nos asomáramos a la cueva de Belén para ser testigos de la noticia más importante de todos los tiempos: el nacimiento, como hombre, del Dios redentor.

No habría, pues, otra forma de celebrar la Navidad, que revestirnos de esa actitud fraterna para con todos los que sufren, porque es eso, no el consumismo que distorsiona la celebración, lo único que puede comunicarnos la genuina alegría navideña. Recordemos que los verdaderos regalos de los acontecimientos que recordamos, son la gloria para Dios y la paz para los hombres de buena voluntad. Hemos, pues, de ser hombres y mujeres de buena voluntad para dar gloria a Dios y para alcanzar la paz.

Donde no hay buena voluntad, hay injusticia. Y donde hay injusticia, no puede haber paz. Lo resumió maravillosamente el papa Paulo VI, de feliz memoria, cuando expresó con sencillez, *«Si quieres paz, trabaja por la justicia»*. Por eso se duele nuestro corazón cuando contemplamos la injusticia en cualquiera de sus manifestaciones. Por todos los que la sufren, oramos al Señor.

Naturalmente, al hacer referencia a la injusticia, y a la buena voluntad con que debemos luchar contra ella, se nos hace patente, con fuerza y dolor, la triste situación del pueblo cubano, sometido, allá en la Isla, a un régimen despótico y cruel, y sometido, en el destierro, a las zozobras de la separación y a la manipulación de sus sentimientos. Acercándonos a nuestro pueblo, a nuestro propio dolor, con esa buena voluntad que es otro de los nombres del amor, estaremos asomándonos también al establo de Belén.

Nuestro regalo al Recién Nacido debe ser una limpia lucha por la justicia. Por el retorno de ella a la patria y por su enaltecimiento en nuestro exilio. De ahí que, en esta celebración, nuestro primer saludo tiene que ser uno de solidaridad con todos los que en Cuba luchan por dar a conocer a Cristo, por el respeto a los derechos humanos y el florecimiento de la buena voluntad entre los hermanos. En una palabra: los que luchan por la libertad integral del cubano, libertad de afuera y libertad de adentro.

Y, de igual manera, nuestro saludo navideño tiene que estar dirigido de una manera especial a todos los que en el destierro mantienen esos mismos ideales que se fundamentan en el Evangelio y viven según los mismos, esparciendo también semillas de buena voluntad y luchando por la justicia, porque esos son los que, en fin de cuentas, construyen la paz y dan gloria a Dios.

Quisiera que la vibrante fuerza de la esperanza, que concentra todo el sentido de la Navidad, llegara de una manera muy entrañable a los presos políticos que sufren, más que nadie quizás, el rigor de la opresión en Cuba. Y que llegara igualmente a todos los inmigrantes, refugiados o no, que tratan de hallar justicia en este país y tropiezan actualmente con muchas incomprensiones. El gobierno cubano ha sido siempre sordo a los llamados de la buena voluntad. Por eso, al pensar en los presos políticos, podemos recurrir solamente al poder de la oración para que el Todopoderoso mueva los corazones insensibles, fortalezca las rodillas endebles y haya libertad.

Al pensar en los refugiados, sin embargo, sin abandonar la oración, que es lo primero, podemos también tocar el corazón generoso de este país, para que no renuncie a su tradición de magnanimidad. Es por ello que quiero aprovechar este mensaje navideño para rogar a las autoridades de Estados Unidos su clemencia para los que, huyendo de la opresión, se ven hoy encarcelados también en los Centros de Detención del Servicio de Inmigración y Naturalización, en Krome, Manatee y otros lugares. A todos los que puedan hacer algo en su favor, pido hoy este lindo regalo de Navidad que nuestro pueblo agradecería eternamente: la liberación y aceptación en este país de los que ya han llegado al mismo. Que no se les deporte, que haya paz en esas familias.

Que el Divino Niño bendiga a todos los hombres y mujeres de buena voluntad y que les de su paz. Que proteja al pueblo de los Estados Unidos, al pueblo de Cuba y a todos los pueblos del mundo. Y que todos ustedes, los que Dios nos ha confiado, tengan una bendita Navidad, llena de la alegría de saber que recibimos a Jesús, el Señor, el Emmanuel: «Dios-con-nosotros».

+Mons. Agustín A. Román
Obispo Auxiliar de Miami

18 de diciembre de 1996

EL EXILIO CUBANO Y LA VISITA DEL PAPA A CUBA

Hemos recibido con profunda alegría las aclaraciones de Monseñor Carlos Manuel de Céspedes sobre informaciones que le fueron atribuidas por un periodista italiano, en que se refería al exilio cubano de Miami. Como ignoramos las intenciones de aquellos que produjeron la desinformación, me parece oportuno aclarar algunos conceptos sobre este tema porque, aunque las declaraciones fueron inexactas, la noticia ha corrido por todas partes.

Los católicos cubanos tenemos que buscar más lo que nos une que lo que nos separa, evitando palabras que puedan causar heridas innecesarias, tanto de adentro como de afuera, mucho más cuando no se ajustan totalmente a la verdad.

Los católicos exiliados, que son parte del destierro cubano, ven con esperanza la visita del Papa a Cuba: primeramente, porque saben que la finalidad es anunciar a Jesucristo, como nos lo dicen los obispos de Cuba en su carta del Domingo de Resurrección de este año. Estamos seguros de que esa visita evangelizadora traerá la luz que disipará tinieblas, y por tanto, a la larga traerá fuentes de auténtica liberación que es parte del mismo Evangelio.

Lejos de obstaculizar la visita del Santo Padre a la patria, oramos para que la misma se de en condiciones que permitan que su mensaje pueda llegar a un pueblo que ha sufrido tanto por su fe.

Como personas que viven en libertad, hay en el pueblo cubano exiliado diversidad de opiniones sobre cualquier tema que se trate. Pueden haber extremismos e intransigencias como en otros pueblos, pero no podemos generalizar, porque muchísimos también opinan de manera equilibrada buscando la verdad.

Hemos orado con la comunidad cubana diariamente desde que la visita fue anunciada, para que esta visita produzca frutos abundantes para todos los cubanos.

Ya durante la visita del Santo Padre a Miami en 1987, los católicos cubanos exiliados dieron muestras vivas de su fidelidad al Sucesor de Pedro, como a la patria que tuvieron que dejar un día buscando libertad. Muestra de esto son las fotografías de aquel acontecimiento en el cual la multitud de banderas cubanas habla por si misma.

No es justo acusar en forma generalizada a esta porción de la nación cubana que tiene sus raíces de la Iglesia en Cuba y que, a pesar de sus sombras, como humana al fin que es, sus luces las superan. Esta fe y este amor a Cuba y a la Iglesia que en ella peregrina, nos une íntimamente a los hermanos de la isla y es por eso que junto con ellos, queremos que Cuba cambie para la verdadera paz, que la Iglesia ha definido como fundamentada en la verdad, la justicia, el amor y la libertad.

Esa coincidencia de las aspiraciones en el verdadero cambio en Cuba, ha quedado palpable en el apoyo a la carta pastoral de 1993 de los obispos de Cuba titulada «El amor todo lo espera», así como en otros documentos que de Cuba nos llegan y, de manera especial, en el reciente documento «La patria es de todos», que habiéndose producido dentro de Cuba, expresa las mismas aspiraciones que los desterrados han manifestado durante casi cuatro décadas.

Con los obispos católicos de Cuba les invito a continuar orando para que la visita del mensajero de la verdad y la esperanza no haga crecer a todos, los de adentro y los de afuera, en la fe, esperanza y caridad.

+Mons. Agustín A. Román
Obispo Auxiliar de Miami

24 de julio de 1997.

Nota del Editor: Como hemos visto anteriormente, Monseñor era muy susceptible a las críticas, injustas y desproporcionadas casi siempre, contra el exilio cubano y sus posiciones con respecto a Cuba, pero, mucho más cuando esas críticas provenían de algún sector de la Iglesia, dondequiera que se produjesen. Manteniendo siempre un sagaz equilibrio entre su fidelidad a la Iglesia institucional, su compromiso con la verdad y su amor a Cuba, trataba siempre de poner las cosas en su lugar con caridad y con claridad. Este artículo es buena muestra de ello.

24 de julio de 1997

SIGAMOS LOS PASOS DEL PADRE VARELA

Tradicional mensaje de los obispos cubanos en la diáspora con motivo de la fiesta de la Virgen de la Caridad del Cobre

Como cada año, con motivo de la festividad de nuestra Santa Patrona, La Virgen de la Caridad, les enviamos un mensaje de fe y lo hacemos como sus hermanos cubanos que peregrinamos acompañándoles en el mismo exilio. Hay varios puntos sobre los que queremos reflexionar:

1º – Preparación al Tercer Milenio

Les escribimos en este año en que ha comenzado la preparación próxima al Tercer Milenio y en el que la Virgen debe estar presente de un modo, por así decir, «transversal» a lo largo de toda la fase preparatoria: ella será contemplada durante 1997 en el misterio de su maternidad divina. ¡En su seno el Verbo se hizo carne!

La afirmación de la centralidad de Cristo no puede ser, por tanto, separada del reconocimiento del papel desempeñado por su Santísima Madre. Su culto, aunque valioso, de ninguna manera menoscaba la dignidad y la eficacia de Cristo, único mediador, cuando nuestra devoción a la Madre del cielo sigue las orientaciones de la Santa Iglesia. María, dedicada constantemente a su Divino Hijo, se presenta a todos los cristianos como modelo de fe vivida. La Iglesia, meditando sobre ella con amor, y contemplándola a la luz del Verbo hecho hombre, penetra más íntimamente en el misterio supremo de la encarnación y se identifica cada vez más con su Divino Hijo que es Jesucristo. Por

María iremos a Jesús, que en su seno se hizo hombre y es nuestro salvador y evangelizador.

En este año debemos esforzarnos por conocer más a Jesús, y en su Santísima Madre tenemos el mejor modelo de fidelidad y de amor a Jesús. Para esto, el Santo Padre nos invita en su carta *Tertio Millenio Adveniente* a abrir la Sagrada Escritura y leerla para vivirla. Además, debemos repasar el Catecismo de la Iglesia Católica, para descubrir el bautismo, primer sacramento que constituye el fundamento de la comunión entre todos los cristianos e incluso con los que todavía no están en plena comunión con nuestra Iglesia Católica. Debemos esforzarnos en nuestro exilio por dirigir nuestros ojos al objetivo prioritario del Jubileo, que es el fortalecimiento de la fe y del testimonio cristiano en un pueblo que ha tenido que sufrir y sufre aún el huracán marxista por casi cuatro décadas.

2º– El Segundo Encuentro de CRECED

Dentro de esta tormenta nos llena de consuelo y esperanza el Segundo Encuentro de CRECED, celebrado del 31 de julio al 3 de agosto pasado en San Agustín de la Florida, con la presencia de nuestro cardenal cubano Jaime L. Ortega y Alamino, donde, con la participación de católicos cubanos de distintas partes de la Diáspora, reflexionamos sobre nuestra realidad de exiliados bajo el tema de *«Encuentro con Jesucristo vivo, camino de conversión, comunión y solidaridad»,* teniendo como inspiración el perfil pastoral del Padre Varela, creador de nuestra nacionalidad cubana y quien nos enseñara a pensar.

Junto a la tumba del Padre Varela terminamos nuestro Encuentro, donde pudimos crecer en entusiasmo patriótico y religioso en aquel lugar donde Martí visitara y orara, reconociendo al buen sacerdote exiliado como el Santo de Cuba, que viniera a morir lo más cerca que pudo de la Isla.

3º– El ejemplo del Padre Félix Varela

Nos ha inspirado al escribir este mensaje el librito del padre Felipe Estévez titulado *«El perfil pastoral de Félix Varela»* que recomendamos leer a todos los que quieran conocer mejor a aquel hombre de

Dios. El padre Estévez, quien ha escrito su tesis doctoral sobre el evangélico sacerdote, nos dice: *«En los escritos del padre Varela son particularmente notables los temas de la verdad y los pobres. Otros criterios en su vida espiritual fueron: su obediencia a los obispos, su amor a Cuba, sus convicciones acerca de la educación de la juventud»*.

Los contemporáneos del Padre, apreciaban su heroico desprendimiento personal, su celo apostólico a favor de los inmigrantes, su defensa valiente de la fe católica. *«A través de estos criterios aparece la inspiración básica de su vida apostólica, o sea, su fidelidad a la Iglesia, a la que sirvió con toda sinceridad como sacerdote. Como pastor, manifestó siempre una compasión excepcional para con los pobres. Como periodista, estaba constantemente preocupado por difundir a través de la prensa una visión católica de la vida»*.

Los pueblos necesitan modelos de vida evangélica. Estos modelos son luces que nos iluminan en las noches de la historia. Y como dijera el Santo Padre en agosto de 1988, dirigiéndose a los obispos de Cuba: *«Estos beneméritos hijos de la Iglesia son como una renovada manifestación de la providencia, que al cruzarse en nuestro camino nos invitan a que seamos fieles seguidores del buen pastor y abnegados servidores de nuestros hermanos»*.

Debemos alegrarnos de que el proceso de beatificación, comenzado el 15 de agosto del año pasado, esté muy adelantado.

También nos alegramos del reconocimiento público a Varela, el cual se vio expresado con la edición de un sello por parte del Servicio Postal de Estados Unidos, que saldrá a la venta el próximo 15 de septiembre. Gracias a esa iniciativa, millones de personas conocerán la efigie del sacerdote ejemplar que vivió con heroicidad las virtudes cristianas. A nosotros nos toca el hacer propaganda para que esa edición de sellos el próximo 15 de septiembre no sea la única, sino que se reproduzca muchas veces más y así su vida nos inspire a seguir el camino de la virtud.

Estas sencillas ideas que les hemos expuesto deben ayudarnos a celebrar con profundo fervor la fiesta de Nuestra Señora de la Caridad, y a sacar de ella un nuevo entusiasmo en nuestro compromiso evangelizador y en nuestro amor a Cristo y a Cuba. Les invitamos a intensificar la campaña de oración con el rezo diario del Angelus y del santo rosario, para que la Virgen de la Caridad nos alcance la paz fundada sobre la verdad, la justicia, el amor y la libertad. Con nuestra bendición,

+Mons. Eduardo Boza Masvidal

+Mons. Gilberto Fernández
+Mons. Agustín A. Román

8 de septiembre de 1997.

SOBRE LAS POSIBLES PEREGRINACIONES A CUBA CON MOTIVO DE LA VISITA A LA ISLA DE S.S. JUAN PABLO II

El papa Juan Pablo II, como pastor de la iglesia universal, desea visitar a Cuba para, según su misión, confirmar a los hermanos en la fe y dar muestras vivas de su pastoral cuidado por esa porción del rebaño del Señor a la que tanto sufrimiento ha tocado padecer por tan largo tiempo.

Su visita será un gesto de entrañable solidaridad con el pueblo cubano y con su Iglesia y solamente así debe verse. Los católicos cubanos desterrados debemos aprovechar esta oportunidad para renovar, en el mismo sentido que lo hace el Santo Padre, nuestra propia solidaridad con nuestros hermanos. Unos piensan hacerlo acompañando físicamente al Papa en su peregrinación. Otros lo haremos solamente en espíritu, uniéndonos en oración al sucesor de Pedro y a la Iglesia y pueblo de la Isla. Ambas opciones merecen respeto, porque parten de la fe y del deseo de procurar lo mejor para nuestra patria.

No hay derecho a confundir una peregrinación religiosa de tan alta y legítima motivación, con el frívolo turismo que practican algunos en Cuba, de espaldas a las tristes realidades que vive la nación, cosa que, si es condenable en los extranjeros que, en muchos casos, no conocen bien las peculiaridades de la situación cubana, lo es más en algunos de los nuestros que, sin una válida razón de índole familiar o humanitaria, van allí movidos por la sed de placeres o el afán de lucro. No hay comparación posible entre estos y los que viajan o quieren viajar a Cuba para ser testigos de la fe y proclamar a Jesucristo allí donde es más necesario que sea escuchado su nombre y divulgado su mensaje.

No hay, en el momento presente, planes definitivos en la Arquidiócesis de Miami para peregrinaciones a Cuba con motivo de la visita papal, ya que todo ello depende de las especiales circunstancias que rodean a la misma. Si esas peregrinaciones fuesen finalmente posibles, los detalles para los interesados serán dados a conocer oportunamente.

Aprovecho la ocasión para rogar encarecidamente a todos que tratemos este acontecimiento con la solemnidad que merece, poniéndolo en las manos del Señor, para que Él saque de todo esto abundantes bendiciones para el noble pueblo cubano.

+Mons. Agustín A. Román
Obispo Auxiliar
Arquidiócesis de Miami

20 de agosto de 1997

Nota del Editor: Una iniciativa de la Arquidiócesis de Miami de llevar peregrinos a Cuba para la visita de Juan Pablo II a la isla en enero de 1998, a bordo de un barco crucero, provocó división entre activistas católicos del exilio, unos preocupados por la festiva frivolidad que se asocia con la imagen de los cruceros, otros opuestos a la peregrinación como tal y algunos a favor de la iniciativa. Estas diferencias se manifestaron pública y respetuosamente. A esto se sumaron opiniones adversas de otros sectores del exilio, menos comprometidos con la Iglesia que, en ocasiones, expresaban su desacuerdo en forma ríspida y ofensiva. Esta situación provocó la anterior nota aclaratoria de Monseñor Román.

ORACIÓN ANTE LA VISITA A CUBA DE S.S. JUAN PABLO II

Señor Jesús, Rey y Salvador nuestro:

Postrado ante tu corazón sacratísimo, quiero traerte en esta oración el corazón de todos los míos. Estamos en días de gracia abundante que tu generosidad nos regala, y vengo a pedirte que el corazón cubano, herido y maltratado, reciba toda esa gracia que de ti procede para que sane por el amor lo que por el odio sufre.

Siempre nos acompaña el recuerdo de la patria hermosa que quisiste darnos, pero más que nunca ahora que esa tu gracia sanadora parece querer acercarse a ella de una forma especial, en la presencia ya próxima de tu Vicario, el Santo Padre Juan Pablo II. Por eso es que quiero, Señor, con la intensidad de los momentos cumbre, unir mi voz a la de los que, tanto en Cuba como en el exilio, te encomiendan con fervor esta peregrinación del sucesor de Pedro a la que uno de sus antecesores llamara *«la tierra de la Madre de Dios»:*

¡Bendice y guía al Pastor de tu pueblo para que su prédica y sus acciones estén iluminadas por el fuego vivo del Espíritu Santo, para que su palabra sea tu palabra y no caiga entre las piedras y las zarzas, sino en terreno fértil; fértil como la tierra dadivosa con que bendijiste a nuestra isla!

Que esa tierra y su pueblo le reciban con la hospitalidad que ha estado siempre entre sus primeras virtudes. Que, si bien físicamente el Papa no podrá estar en todos los rincones del país, su espíritu de pastor y poeta vea en él la magnificencia de la Creación y perciba desde la mansa quietud de las vegas pinareñas hasta el exuberante despliegue de las montañas orientales, desde el palpitar histórico de nuestra capital hasta la inmensidad de las sabanas camagüeyanas; desde el canto del mar en las playas matanceras, hasta el verdor infinito de los cañaverales villareños.

Que el Papa pueda percibir también, junto a tanta belleza, el dolor inmenso que impregna cada porción del territorio cubano, donde no hay ciudad sin mártires, ni paisaje sin cárceles, ni barrio sin tristeza, ni familia sin heridas; donde no hay hombre, mujer ni niño sin necesidad de ti: los que te conocen para crecer en su fe, heroicamente probada; los que no te conocen, para encontrar camino, verdad y vida allí donde los caminos han sido erróneos, donde la verdad está secuestrada y donde la vida depende del capricho de unos pocos.

Que su presencia en Cuba sea fuente de consuelo, solidaridad y estímulo para tu iglesia, que ha resistido el duro embate del huracán marxista con indoblegable fidelidad al Pastor Universal, que, entre luces y sombras, siempre se ha prendido a ti, Señor, única luz que puede alumbrar a los hombres. Que sus obispos y sus sacerdotes, sus diáconos, religiosos y religiosas, sus laicos comprometidos y todo tu pueblo, reciban el impulso arrollador de la fe y del compromiso de Juan Pablo II, probado él también en la persecución y en el dolor.

Que pueda volver la mirada también sobre los mares, a los hijos de este pueblo que hemos sido desterrados y estamos hoy esparcidos por la redondez de la Tierra. Nosotros también necesitamos sanación, Señor, pues el odio y la incomprensión también descargan sus zarpazos entre nosotros. Que entendamos todos que junto con la libertad y la justicia, tenemos que buscar la reconciliación como fundamento reconstituyente de la fraternidad que fue prenda definitoria de nuestro pueblo y sin la cual la palabra patria pierde su sentido.

Que el Mensajero de la Verdad y la Esperanza pueda cumplir su misión. Que pueda proclamar la verdad sobre ti, verdad única; la verdad sobre el ser humano, sobre su inviolable dignidad de criatura privilegiada del Padre, y la verdad sobre tu iglesia, instrumento de salvación. Que pueda comunicar la esperanza a nuestra nación, la esperanza real que tiene en ti su fuente, para que nunca más la pongamos en un hombre o en una ideología.

Bajo la especial protección de María, madre tuya y madre nuestra, Madre de la Caridad, quiero poner hoy al Santo Padre Juan Pablo II. Que así como ella, sobre las aguas tormentosas marcó ruta segura a la barca de los tres Juanes, marque también el rumbo a la barca de Pedro ante el pueblo de Cuba, para que también allí toda rodilla se doble y toda lengua proclame que Tú eres el Señor, el único y verdadero Liberador. Tú, que vives y reinas por los siglos de los siglos. Amén.

+Mons. Agustín A. Román
Obispo Auxiliar de Miami

15 de enero de 1998

I

Los que ~~sembraban entre~~ lágrimas cosecharán con alegría - Salmo 125 -

La visita del Santo Padre nos ha hecho meditar profundamente. Más allá de [illegible] Podemos ver que:

La fe de un pueblo no se apaga por la persecusión del enemigo

Hasta ~~En~~ 1961 el pueblo era servido por 670 sacerdotes para una población de 6 500,000 habitantes.

158 comunidades religiosas femeninas y 87 comunidades masculinas yen sus centros asistenciales, de enseñanza o conventos de clausura.

La Iglesia ~~tenía~~ servía a la juventud en 53 escuelas católicas para varones y 110 para niñas. En la enseñanza superior trabajaban ya la prestigiosa universidad católica Santo Tomas de Villanueva de los padres agustinos; ~~la~~ [illegible] de Belén regida por los Jesuitas y otra de los Hermanos de La Salle. La Iglesia no tenía el servicio para todos, pero se proyectaba ~~a hacerlo~~. Los sacerdotes que pudimos servir ~~a~~ nuestro pueblo en aquellos momentos nos sentíamos abrumados por el ministerio pastoral tan extenso. ~~[illegible]~~

Pasó en ese año 1961 el huracán Marxis-

REFLEXIONES TRAS LA VISITA A CUBA DE S.S. JUAN PABLO II

Los que sembraban con lágrimas, cosechan con alegría.
Salmo 125.

La reciente visita del Santo Padre Juan Pablo II a Cuba nos invita a la reflexión. Más allá de toda interpretación están las palabras que hemos escuchado, las expresiones que hemos visto y el Espíritu que se ha hecho palpable en la interacción entre el Pastor y su grey. Días benditos han sido, sin duda, estos de la presencia del Papa en nuestra patria y creo que, primero que todo, se impone la sincera acción de gracias a Dios nuestro Señor que ha permitido que sucediera lo que en algunos momentos pensamos que no se lograría. Una vez más comprobamos la sabiduría de la Escritura cuando nos afirma que *«para Dios no hay imposibles» (S. Lucas, 1-37).*

Cuando recordamos este histórico acontecimiento, la primera conclusión que viene a nuestra mente es que el poder de la fe es superior a toda fuerza humana, que la fe de un pueblo no puede ser apagada por la persecución del enemigo.

Hasta 1961, el pueblo cubano, de seis millones quinientas mil personas, era servido por 670 sacerdotes. Trabajaban en Cuba 158 comunidades religiosas femeninas y 87 comunidades masculinas entre centros asistenciales de enseñanza, o conventos de clausura.

La Iglesia servía a nuestra niñez y juventud en 53 escuelas católicas para varones y 110 para niñas. En la enseñanza superior, contábamos con la prestigiosa Universidad Católica Santo Tomás de Villanueva, de los padres agustinos; el Colegio de Belén, regido por los jesuitas y otros de diferentes congregaciones.

La Iglesia no tenía todavía servicios para todos, pero se trabajaba por llegar a esa meta. Los sacerdotes, religiosos y religiosas que pudimos servir a la nación en aquellos tiempos, nos sentíamos abrumados por un ministerio pastoral tan arduo y extenso, pero lo ejercíamos con fe en el Señor, alegría y gran amor al pueblo.

Llegó el terrible huracán del marxismo y en el año 1961 la Iglesia se quedó solamente con el altar, que fue lo único que le dejaron. El pueblo perdió todo lo que la Iglesia le daba en el servicio evangelizador y tal parecía que los católicos cubanos eran una comunidad en vías de extinción.

Han pasado casi cuatro décadas de aquel terremoto inicial que se transformó en una permanente calamidad, debido a la persecución, el hostigamiento y la incomprensión que, unas veces descarnada y otras solapadamente, se ha ejercido desde entonces contra la Iglesia en Cuba.

El número de sacerdotes se redujo y se ha mantenido alrededor de los doscientos, las comunidades religiosas femeninas bajaron de 158 a 43; las masculinas, de 87 a 17. A la Iglesia no se le permitió difundir su mensaje a través de los medios masivos de comunicación, ni siquiera proclamarlo fuera del templo. El gobierno, con todos los recursos en sus manos, divulgó el marxismo-leninismo e implantó un intenso adoctrinamiento materialista y ateo.

En los primeros tiempos no fueron pocos los católicos que sufrieron cárcel y algunos fueron ejecutados por tratar de llevar a la vida civil los postulados de la doctrina social de la Iglesia. Se ridiculizaba todo lo que viniese de la fe. Declararse creyente en Cuba era ingresar en las filas de los discriminados y caer bajo la permanente sombra de la sospecha oficial. Las promociones en los trabajos y el acceso a determinados estudios estaban vedados para los valientes que proclamaban su fe.

Mientras tanto, la población del país creció de seis y medio millones de habitantes a casi el doble, pero el personal sacerdotal no ha llegado en número ni siquiera a la mitad de lo que había sido antes de 1959.

La visita del Santo Padre, del 21 al 25 del pasado mes de enero, nos presentó el hermoso retrato de un pueblo que tiene fe. Solamente el que tiene fe puede hacer tantos sacrificios para participar en una misa celebrada por un ancianito cargado de padecimientos. No se trataba de un artista famoso, ni se repartía allí nada en el orden material. Se trataba de un simple hombre que a la luz de la fe católica, es el Vicario de Jesucristo y el Sucesor de Pedro, el primer servidor de la Iglesia, siervo de los siervos de Dios, que el mismo Cristo escogió.

En la respuesta del pueblo cubano al Santo Padre, en el gran número de personas que, venciendo todas las dificultades, se congregaron junto a él, en la forma de corresponderle, hemos visto la mano de Dios que, a través de todo esto, nos está diciendo que Él quiere reinar en Cuba y que los cubanos no tenemos más camino que buscar su Reino; pero, hemos visto también, sirviendo a ese Rey, el trabajo intenso de su Iglesia.

Lo sucedido no es obra de la curiosidad, ni de la casualidad, ni mucho menos concesión de poder alguno sobre la Tierra: es la obra del Sr. Cardenal y los de los obispos de Cuba. Es la obra de esos abnegados sacerdotes cubanos y misioneros de otros países de quienes siempre seremos deudores. Es la obra de los diáconos, los religiosos, las religiosas y de los heroicos laicos comprometidos que trabajan para el Señor y por nuestro pueblo.

Es también la obra de los que en los tiempos peores escogieron el camino estrecho y no desertaron cuando arreciaba la tormenta. De las viejecitas que, rosario en mano, mantuvieron los templos abiertos frente a todos los peligros. De los catequistas que, confiando en Dios, impartían la fe a uno o dos niños cuando hacerlo podía costarles ásperas represalias; de las familias que, como el resto de Israel, no cambiaron al Señor por nada de este mundo, de las abuelas que, a escondidas muchas veces, enseñaron a sus nietos a amar a María, la Santísima Virgen de la Caridad del Cobre, Madre, siempre, de todos los cubanos.

Para los que un día, forzados por el gobierno comunista, tuvimos que abandonar el servicio de la Iglesia en Cuba en contra de nuestros deseos y hemos subido al altar cada día teniendo a esa Iglesia en nuestro corazón, han sido estos días de gran emoción y de confirmación en nuestra fe, en nuestra esperanza y en nuestro amor.

No podemos menos que reconocer que el clero, los religiosos y los laicos de Cuba han realizado una labor titánica y que la ayuda de lo alto les ha acompañado. Las palabras del salmo 125, *«los que sembraban entre lágrimas, cosechan con alegría»,* se hacen realidad.

Ahora, tras las emociones vividas, se nos presenta el gran desafío de incrementar nuestra fraternal solidaridad con nuestra Iglesia en Cuba, en la oración, en la ayuda y en la disponibilidad, convencidos más que nunca de que solamente a través de la evangelización y el cambio de los corazones es que lograremos, todos juntos, la integral liberación de la patria.

Que también en nuestros oídos resuene la vibrante exhortación del Santo Padre y, guiados por ella, trabajemos incansablemente hacia ese fin: *«¡No tengan miedo!»*

Los bendice,

+Mons. Agustín A. Román
Obispo Auxiliar de Miami

2 de febrero de 1998

MI BANDERA Y MI FE

Los cristianos debemos ver todo a la luz de la fe. A la luz de la fe debemos ver la Creación y la vida y a la luz de la fe debemos interpretar los símbolos, pues de otra manera sería vano y superficial el mensaje que, a través de la Naturaleza, nos da la Creación y, mediante sus símbolos, nos ofrece la vida. No estamos llamados a ser vanos ni superficiales, y de ahí la importancia de tratar de ver en todo al Señor, que nos habla de mil maneras diferentes.

Al ver mi bandera cubana siempre me acuerdo, naturalmente, de la patria, pero, más que de su paisaje o de un período determinado de su historia, trato de ver en la enseña nacional, el alma de nuestra nación, los elementos que conforman y deben conformar su espíritu, es decir, el espíritu de todos nosotros como pueblo y de cada uno de nosotros como persona.

Así pues, al ver el triángulo de nuestra bandera —tres líneas iguales que forman una sola cosa— viene a mi mente la presencia permanente del buen Dios, uno y trino, la Santísima Trinidad.

El triángulo me recuerda al Padre que nos adoptó en el bautismo. Me recuerda al Hijo, que vino al mundo para salvarnos y por ello dio su vida y que se nos da totalmente en la comunión. Me recuerda al Espíritu Santo, Señor y Santificador nuestro, que nos capacita en la confirmación para compartir la fe con los hermanos.

El color rojo me recuerda el amor, porque San Juan nos dice *«Dios es amor»* y *«el amor procede de Dios»* (I Juan, 4, 7-8).

Las tres franjas azules, color del cielo cubano que tanto añoramos, me recuerdan las tres virtudes teologales: la fe, la esperanza y la caridad.

La fe es la firme seguridad en lo que esperamos y el conocimiento de lo que no podemos ver, pero que sabemos que existe por la revelación.

La esperanza es lo que me hace ver la vida como tierra de siembra para luego cosechar la eternidad, ya que no tenemos aquí ciudad permanente, sino que andamos en busca de la ciudad futura.

La caridad, que es paciente, hace el bien, no es envidiosa, no es jactanciosa, no se ensoberbece, no hace nada ignominioso, no busca su propio interés, no se irrita, no piensa mal, no se alegra de la injusticia, se complace en la verdad; todo lo excusa, todo lo cree, todo lo espera y lo soporta todo, según nos la describe San Pablo en su primera carta a los corintios.

Las dos franjas blancas me recuerdan las nubes que adornan nuestro cielo y me hablan del mandamiento del amor en su doble dimensión: amor a Dios, como Padre que es de todos, y amor a los hombres, nuestros hermanos.

El amor a Dios consiste en observar sus mandamientos y sus mandamientos no son pesados, pues el mismo Jesús nos dijo *«suave es mi yugo y liviana mi carga»* (S. Mateo, 11; 30). El amor al hombre consiste en acogernos mutuamente, como Cristo nos acogió para gloria de Dios y en ver en cada hombre o mujer nuestro hermano, independientemente de sus virtudes y sus defectos.

Por último, la estrella de nuestra enseña me recuerda a la Virgen María de la Caridad, estrella de la evangelización, que en las oscuras noches de nuestra historia nunca nos ha dejado de iluminar, para que no perdamos el camino que conduce a Cristo.

Durante demasiados años, en Cuba, los que se imponen por la fuerza sobre la voluntad de nuestro pueblo, han querido establecer una dicotomía entre la fe y el patriotismo que es totalmente ajena a nuestro sentir como nación, como si hubiera separación o hubiera que escoger entre ser creyente y ser cubano.

Últimamente, también en el destierro se han escuchado voces que parecen, a veces, ser eco de aquéllas, pues pretenden establecer la misma absurda separación. A unos y otros hay que decirles que es por creyentes que amamos a la patria y que es por querer lo mejor para ella, que queremos una Cuba creyente, una Cuba en la cual el mensaje de la fe que Dios nos da en nuestra propia bandera, sea camino de salvación para todos sus hijos.

+Mons. Agustín A. Román
Obispo Auxiliar de Miami

7 de marzo de 1998

MENSAJE DE AÑO NUEVO 1999

Al asomarme, junto con todos los cristianos del mundo, al umbral de este nuevo año que ahora comienza, quiero hacer llegar mis saludos más afectuosos a todos los que me acompañan en el peregrinaje de la fe en estas hermosas tierras del sur de la Florida y pido de todo corazón que llegue mi fraternal enhorabuena también a cada uno de los pueblos de donde procedemos los que hoy aquí miramos con inquietud y expectación al mismo tiempo el alborear de 1999, el Año del Padre.

Precisamente, por ser el Año del Padre, proclamado así por el Pastor Universal de la Iglesia, Juan Pablo II, porque nos trae ya el perfume del amanecer de un nuevo milenio, es que tenemos que recibir con gozo y confianza este nuevo año: somos hijos del dueño de los siglos y tiene que ser tiempo de gracia un año que llega especialmente consagrado a Él.

Así pues, es a la luz del amor del Padre, Dios nuestro, como debemos revisar los caminos andados, proyectar nuestras vidas y mirar al futuro, consideraciones propias del corazón humano cada vez que comienza una nueva etapa de la existencia.

Para el pueblo cubano en el destierro es un año de profundo y doloroso significado, pues en su primer día cumple la patria cuarenta años de forzado sometimiento a un gobierno inescrupuloso y cruel, negador de Dios y de los derechos del hombre. No hay duda alguna de que se trata de un áspero calvario que hace a algunos exclamar, como el Señor en su cruz, *«¡Dios mío, ¿por qué me has abandonado?»* (S. Mateo, 27-46).

Sin embargo, ¿qué es la cruz, sino el anuncio de la resurrección? Que el dolor, pues, de estos años de tinieblas no nos impida ver la luz de esa mañana de resurrección que no ha de tardar mucho más en llegar.

Para hacer un juicio sereno y poseer una esperanza cierta, hemos de ver con serenidad estos cuarenta años que han transcurrido y mirar llenos de fe a los años venideros. El número cuarenta tiene un profundo significado bíblico asociado al reencuentro con Dios de los hijos de Israel; cuarenta años caminaron por el desierto los israelitas tras haber sido liberados de la esclavitud en Egipto y cuarenta fueron los días que Nuestro Señor Jesucristo sufrió hambre y sed en la preparación para su empresa liberadora.

Ambas situaciones, la de aquellos que guiaba Moisés y la del Hombre-Dios que nos salvaría, fueron situaciones de dolor y de oscuridad, en las cuales solamente la fe era antídoto para la desesperación.

Nosotros, sin desesperación ni angustia, tenemos que darnos cuenta de que no vagamos por el desierto, sino que avanzamos hacia la tierra prometida; de que nuestro destino no es el sepulcro, sino la resurrección. Es cierto que en el camino hay cuestas escarpadas y precipicios innobles, es cierto que nos sangran los pies y que nos cansamos, porque somos humanos, pero en medio de las dificultades hay que mantenerle paso firme, volver la vista al cielo y repetir con el Apóstol: *«todo lo puedo en Aquel que me conforta»*. (Filipenses, 4-13).

Uno de esos tristísimos incidentes de dolor, uno más entre los muchos que hemos vivido en este peregrinar, nos ha tocado en los días recientes. Otra tragedia en el Estrecho de la Florida, más de una docena de cubanos desaparecidos, entre ellos algunos niños, víctimas de la opresión y la miseria impuestas a Cuba por sus actuales gobernantes, pero, víctimas también de la irresponsabilidad y del afán maligno de lucro que mueve a algunos a ver como simple mercancía al hombre sufriente, predilecto de Dios.

Es urgente una seria ponderación, tanto de parte de los que anhelan salir de Cuba a como dé lugar, como de parte de sus familiares aquí. La desesperación y la ligereza no son buenas consejeras y hay que tener en cuenta realidades que, no por injustas o desagradables, dejan de incidir en nuestro actuar.

Sigue siendo un alto riesgo, aún en condiciones óptimas, la travesía marítima entre Cuba o las otras islas del Caribe, y el sur de la Florida. Ese riesgo se multiplica cuando esa travesía se pone en manos de personas desalmadas, a las que no mueve el amor, sino la avaricia. El cariño familiar no exime de la responsabilidad que cada quien debe tener sobre su vida y las de sus seres queridos, por el contrario, la acrecienta.

Al peligro natural de la aventura, se añaden las condiciones que al presente plantean las leyes de inmigración de los Estados Unidos, que vuelven baldía muchas veces la posibilidad de vencer al mar, ya que no son pocos los que al aproximarse a estar tierras, son detenidos y devueltos a Cuba o internados indefinidamente en la Base Naval de Guantánamo.

Es fácil entender la pena de la separación familiar, pero ello no justifica la insensatez. Lo primero que hay que pedir es que no se separen más familias. Que nadie traiga de Cuba a un familiar casado si junto con él no puede traer también al cónyuge y a los hijos. Que nadie traiga a un pariente por medios ilegales, pues no es ético, ni es inteligente. No es solución lo que se vuelve problema.

Debemos pedir que los que arriban a este país en búsqueda legítima de libertad y reunificación familiar, sean acogidos benévolamente. Y, asimismo, que las autoridades no escatimen esfuerzo en detener el denigrante comercio de los mercaderes del dolor humano, ni en aplicar a estos el justo castigo que merecen.

Sucesos negativos como estas tragedias deben ser evitados con firmeza y determinación, pero no pueden hacernos perder de vista cuanto de positivo hemos insertado en medio de lo negativo de estos largos años de destierro. Baste mencionar solamente la probada fidelidad del pueblo exiliado a sus raíces y al ideal justísimo de lograr aquella república que Martí soñara bajo una forma de amor triunfante. Como ejemplo, tenemos el noble esfuerzo de las Comunidades de Reflexión Eclesial Cubana en la Diáspora (CRECED) que han unido en cordial tarea religiosa, cívica y patriótica a cubanos en diecinueve países esparcidos en nuestro planeta, *«desde sale el sol hasta el ocaso»*.

Y al mirar a Cuba, podemos hacerlo con el júbilo anticipado de una esperanza cierta, porque esa esperanza no se apoya en los planes de los hombres, sino en el amor de Dios. ¡Cuántos frutos buenos estamos viendo brotar tras el paso por la isla del Vicario de Cristo! ¡Cuántos jóvenes que han renunciado a la simulación y a la doble moral y hacen patente hoy su opción por Cristo, por la libertad y por la paz!

Precisamente, al celebrarse este primero de enero la 32ª Jornada Mundial por la Paz, el Santo Padre ha dicho claramente, en el bello documento de la fecha que *«el reconocimiento a la dignidad innata de todos los miembros de la familia humana, así como la igualdad e inalienabilidad de sus derechos, es el fundamento de la libertad, de la justicia y de la paz».* Hacia esa meta, el alcanzar para la patria esa paz, esa justicia y esa libertad que el Papa ve solamente como fruto del respeto a *«la dignidad plena del hombre»* tenemos que continuar encaminando nuestros pasos, sabiendo que no ha de estar lejos el final del camino.

¡Ánimo, pues! Al igual que el salmista podemos exclamar *«El Señor está conmigo, ¿qué podrá hacerme el hombre?»* (Salmo 117) ¡Ánimo, pues, que ya la estrella de Belén ha anunciado al Salvador!

Pongamos humildemente en sus manos, a través de su Santísima Madre, el dolor de Cuba y las cicatrices de estos cuarenta años y estemos seguros de que Él, al fin, nos conducirá al puerto de la justicia, el amor, y la fraternidad para todos los cubanos.

Los bendice,

+Mons. Agustín A. Román
Obispo Auxiliar de Miami

1º de enero de 1999.

UN CLAMOR DE JUSTICIA

Los dolorosos sucesos de este martes, cuando todos pudimos ver cómo a hombres indefensos que trataban de lograr la libertad, se les trataba de impedir su justo objetivo, utilizando métodos abusivos e inhumanos, tiene que llevarnos a una necesaria revalorización de lo que sería una adecuada conducta cristiana ante el dolor de otros, por encima de consideraciones políticas, porque la caridad y la solidaridad son virtudes que deben estar por encima de todas las políticas.

A todos los que amamos a esta gran nación, los Estados Unidos de América, nos dolería mucho que, a finales de este siglo, se olvidara la generosidad, que constituye su cualidad más característica y que se ha manifestado noblemente con los que han llegado aquí en busca del respeto a su dignidad como personas, negado para muchos allí donde nacieron.

Esto fue evidente en el siglo pasado, cuando grandes oleadas de inmigrantes fueron acogidas con corazón abierto, a pesar de condiciones circunstanciales que no eran siempre las mejores para la recepción de grandes masas humanas, desposeídas y desamparadas. Por su parte, aquellos desposeídos y desamparados hicieron grande y próspera a esta nación, con su trabajo y su talento.

Esa generosa tradición continuó en este siglo y ha sido patente, entre otros casos, en el refugio y las oportunidades de progreso que fácilmente encontramos aquí los exiliados cubanos, desde el momento mismo de la entronización del régimen comunista en Cuba, hasta fecha reciente.

De ahí nuestra gratitud a este país, a sus diferentes gobiernos y a numerosas instituciones que no vacilaron en acogernos en nuestra hora de indigencia. Como obispo, y como simple católico, me place saber que, entre esas instituciones que siempre han tendido la mano al refugiado, ha figurado prominentemente la Iglesia, tanto a nivel nacional, por parte de la Conferencia de Obispos de los Estados Unidos, como a nivel local, en nuestra Arquidiócesis de Miami.

Los sucesos del martes nos mueven a todos a condenar el injustificable uso de la fuerza y el acoso en contra de los refugiados, pero no puede hacernos olvidar el noble expediente de servicio a favor de nuestro pueblo de parte del Servicio de Guardacostas, algo que apreciamos en todo lo que vale.

Sucesos como estos no deben repetirse y son síntoma evidente de la necesidad de revisar y humanizar la política y los procedimientos que al presente se sigue con personas, en este caso cubanos, que no huyen solamente de penurias económicas, sino también, innegablemente, de un sistema totalitariamente opresivo.

Al mismo tiempo, habría que buscar los procedimientos adecuados para que las familias separadas tuvieran mayores oportunidades legales de reunificación que las que ofrecen un generalizado sorteo de visas con un gran número de requisitos de difícil cumplimiento para muchos, pues otra cosa se convertiría en dejar a la suerte lo que es un deber humanitario que corresponde a la justicia, y supeditar ese generoso espíritu que antes mencionaba a la fría letra de regulaciones que hemos visto que pueden cambiar al soplo de conveniencias políticas.

Sin dejar de reclamar ecuánimemente compasión y justicia, es necesario mostrar también el debido respeto a las leyes y no dejar que la entendible desesperación de nuestras familias sea aprovechada por inescrupulosos mercaderes del dolor, a los que mueve solamente el afán de lucro, cosa que nadie debe confundir con lo patriótico ni con lo humanitario.

Como pastor de esta comunidad y como cubano, me duele profundamente la dolorosa y, en no pocas ocasiones, trágica repetición de hechos como el que motiva este mensaje, cuya raíz y origen no podemos soslayar que radica esencialmente en el despotismo imperante en Cuba y en la reiterada negativa de sus gobernantes a respetar los más elementales derechos de sus ciudadanos.

Es necesario tener esto en cuenta y buscar seriamente, más que remedio a las manifestaciones del mal, el cambio del mal por el bien, para bien de todos.

Por eso, al acercarnos a la fecha del 4 de julio, renuevo mis ruegos por los Estados Unidos, por Cuba y por todos los que sufren por causa de la justicia. Bienaventurados son, según nos dijo el Señor. Que María Santísima, Señora Nuestra de la Caridad del Cobre, sea hoy, como siempre ha sido, nuestra abogada de la justicia, de la paz y de la libertad.

30 de junio de 1999.

DÍA DE MISERICORDIA

La fecha del 24 de septiembre debe ser siempre, para los cristianos, una celebración de la misericordia y la libertad, enmarcadas en la hermosa relación entre Dios y sus hijos.

Según la tradición, en el año 1218 la Santísima Virgen María se apareció a San Pedro Nolasco, a San Raimundo de Peñafort y al rey Jaime I de Aragón, pidiéndoles que fundaran una orden religiosa bajo el título de Nuestra Señora de la Merced, con el fin de rescatar a los cristianos prisioneros de los musulmanes.

Nacieron así para la Iglesia la orden de los Mercedarios y la devoción a María Santísima en esta linda advocación de Nuestra Señora de la Merced o de las Mercedes, advocación de profundo arraigo histórico en este continente, adonde arribó junto con los primeros colonizadores. María, pues, llegó a nuestros pueblos, identificada con la libertad y la misericordia, y como abogada y protectora de los cautivos en sus anhelos de alcanzar la libertad.

Es propio, pues, este día, para rogar la intercesión de la Madre Celestial por todos los prisioneros, por todos los cautivos, por todos los hombres privados de libertad y así lo ha hecho la Iglesia por varios siglos ya.

Lo hemos hecho aquí en Miami, particularmente desde que la llaga aún abierta de la dictadura marxista en Cuba marcó prácticamente a cada familia cubana con algún prisionero. Renovamos hoy esa oración con todo fervor, por los prisioneros políticos de Cuba y por todos los presos, de cualquier origen o nacionalidad, dondequiera que se encuentren.

Pero, me parece apropiado, en vista del tiempo transcurrido desde que fueron sentenciados, hacer hincapié hoy de una manera muy especial y sentida, en el caso de un número de cubanos que cumplen penas de cárcel en los Estados Unidos, acusados de la comisión de actos violentos, calificados como hechos terroristas, en territorio de esta nación.

La violencia indiscriminada es siempre detestable por el potencial que tiene de causar daño, incluso la muerte, a personas inocentes que nada tienen que ver con los asuntos que se intentan dirimir de esa forma deshumanizada. Se inscribe dentro de lo que en los últimos tiempos se ha dado en llamar «la cultura de la muerte» tantas veces condenada por el Santo Padre Juan Pablo II, y como tal, debe ser rechazada, pues es indigna de los que hemos sido redimidos por Jesucristo, víctima por amor.

Como principio, hemos de sustentar que el fin no justifica los medios y en el caso particular de los cubanos, hemos de hacerlo con firme convicción, pues, de otra manera, estaríamos bajando nuestro ideal al triste nivel de lo mismo que combatimos.

No contradice nada de lo anterior, sin embargo, el decir que el caso de estos prisioneros cubanos en los Estados Unidos debiera ser revisado a la luz de la misericordia, y también de la justicia rectamente entendida, tomando en consideración las circunstancias y las motivaciones que los condujeron a actuar en la forma en que lo hicieron, así como el concepto contextual en que estos hombres fueron formados, en consonancia con las valoraciones de su tiempo.

Son hombres que han perdido su patria y la han tratado de recuperar, que, en lugar de dedicarse a trabajos o negocios para gozar de la seguridad y el bienestar de gente hábil, inteligente y de familia, han renunciado a una vida tranquila y cómoda.

Son hombres que actuaron motivados por un ideal patriótico, según lo entendieron, y que, al hacerlo, entendían también que luchaban contra un enemigo de los Estados Unidos, capaz de apretar botones atómicos contra el territorio de este país.

Recurrieron a métodos que hoy son universalmente condenados, pero que, en su momento, no lo fueron tanto, y que, históricamente, fueron hasta glorificados en casi todas las culturas. Métodos, además, que según prueban documentos oficiales que son hoy de dominio público, fueron utilizados, en ocasiones, por agencias del gobierno de este país, como manera de alcanzar objetivos que se entendían necesarios para la seguridad nacional o que estaban en armonía con las políticas que entonces se entendían como buenas.

Los dignísimos conceptos de la lucha cívica no violenta, de la desobediencia civil y de la simple resistencia pacífica como forma de conseguir reivindicaciones en el orden de la justicia, son relativamente nuevos en el quehacer político y todos debemos alegrarnos de que el hombre esté alcanzando tal grado de civilización, al menos en lo conceptual.

Comprendo que una sociedad regida por un estado de derecho, no puede permitir, bajo ninguna circunstancia, que individuos tomen la ley en sus manos, pero, debemos de reconocer que la lucha armada, el enfrentamiento violento, y la guerra, ha sido tradicionalmente presentados, desde las aulas hasta los hemiciclos, como formas valientes y heroicas de lograr los derechos cuando estos son conculcados. Fue esa la pauta de conducta de los libertadores de casi todos los pueblos de este continente, incluyendo a los que lograron la independencia de las trece colonias que darían origen a los Estados Unidos de América.

Nunca celebraron los pueblos civilizados la violencia en si misma, pero siempre se le vio como un recurso legítimo, incluso glorioso, para luchar por la patria. Así, tenemos que, aún en los tiempos presentes, dirigentes mundiales que hoy son altamente respetados tienen un largo historial de práctica de la violencia y del terrorismo aplicado a la lucha por las aspiraciones de sus pueblos respectivos y a los que deben, en gran medida, el status que tienen y la representación que ostentan.

Como cubano, y como sacerdote, yo me complazco en ver cómo la nueva mentalidad, de innegable raíz evangélica, que proclama y practica la lucha no violenta, parece ir ganando adeptos entre mis compatriotas, tanto en la isla como en el destierro, al plantear y entablar la justísima lucha por la liberación nacional. Esto, sin embargo, no nos exime de la obligación que tenemos para los que, buscando tan noble fin, utilizaron esos métodos que hoy vemos como inaceptables, pero en los cuales se nos enseñó a creer cuando nos formábamos intelectualmente.

«Dichosos los misericordiosos, porque ellos alcanzarán misericordia», nos dijo el Señor Jesús (S. Mateo, 5-7). En la fiesta de la Virgen de las Mercedes, quiero apelar, respetuosamente, a la misericordia de

los que pueden ejercerla a favor de estos prisioneros, como lo han hecho ya a favor de otros.

Tal vez sus casos fueron vistos en la indignación del momento, sin tomar en cuenta adecuadamente los atenuantes que inciden en ellos. Algunos fueron condenados a sentencias excesivas, a mucho más tiempo que el que nadie puede vivir. Todos han estado en prisión ya por muchos años y todos merecen una nueva oportunidad.

Que Estados Unidos cierre con un toque de misericordia para estos prisioneros y sus familiares, este siglo que ha llenado con el ejemplo de sus virtudes y la gloria de su progreso. A los pies de María, Madre de las Mercedes, Libertadora de los Cautivos, pongo este ruego para que el Señor lo acoja y mueva Él los corazones que pueden complacerlo. Así sea.

24 de septiembre de 1999.

Nota del Editor: Durante algún tiempo antes de escribirlo, Monseñor Román estuvo cavilando sobre el tema de este artículo, sopesando la mejor manera de presentar sus alegatos, pero decidido a hacerlo, pues lo consideraba un caso de estricta justicia, y así lo sostuvo hasta el final, a pesar de haber sido criticado por una parte de la prensa de opinión, tras la publicación del mismo. Siempre alentó la búsqueda de alguna solución legal que condujese a la eventual excarcelación de estos prisioneros.

UN NIÑO Y UN PUEBLO

La terrible tragedia que ha marcado desde tan temprano la vida del niño Elián González, es una que debe unir todos nuestros corazones en una sincera oración, donde lo que prime, por encima de cualquier otra cuestión, sea el humilde reclamo al Señor para que Él tenga piedad de Elián e ilumine a los que deben decidir su futuro.

He podido comprobar en estos días que cuando nuestra Iglesia llama a la oración sobre algún tema polémico, como éste que tanto nos preocupa, algunos juzgan con gran ligereza que nos vamos por una puerta fácil, para no decir nada en realidad. En esa reacción veo con tristeza el pensamiento de los hombres sin fe, de aquellos que piensan que pueden tomar decisiones cruciales sin solicitar la ayuda y la guía del que es la Sabiduría misma.

Frente a los que no creen, en Cuba y aquí, hemos de llamar nuevamente a la oración de todos los que creemos. Y hemos de orar, como lo venimos haciendo en la Ermita de la Caridad, incluso desde antes de que se levantaran sus paredes, no solamente por el caso de este niño, sino porque todos los niños de Cuba puedan ser felices y libres en su propia tierra, porque ninguna madre tenga que morir en el mar tratando de hallar un futuro mejor para sus hijos y porque ningún niño tenga jamás que escoger entre su padre y la libertad.

Veo con satisfacción que el caso de Elián González será decidido ante un tribunal, donde todas las partes tendrán la oportunidad de exponer sus razones, que es precisamente lo que nuestro pueblo exiliado, mayoritariamente, ha pedido desde el principio. Esperemos con fe y con serenidad el resultado de este proceso legal y, una vez más, oremos insistentemente para que, dentro de las limitaciones humanas y las dificultades del caso, se haga justicia.

Al mismo tiempo, debemos invitar al mundo a ver en este caso no solamente el desgarramiento de una familia, sino la permanente agresión a la que es sometida la familia cubana desde la entronización del marxismo en nuestro país, algunas de cuyas lamentables consecuencias fueron señaladas particularmente por el Santo Padre Juan Pablo II, en su homilía en la ciudad de Santa Clara, el 22 de enero de 1998.

Debemos cuidar, como un tesoro, la unidad de la familia. Debemos aplaudir e imitar la generosidad de las familias que acogen a un niño desamparado y le ofrecen amor y ayuda, como si fuera un hijo. Y debemos lograr que la patria sea lo que debe ser: una gran familia.

Encaminemos hacia esa meta todas nuestras plegarias y todos nuestros esfuerzos, unidos en la fe, en la esperanza y en el amor, porque aquí no se trata únicamente de la tragedia de un niño, sino la de todo un pueblo: un pueblo que no conocerá la auténtica liberación, si junto con un verdadero cambio político, no busca también la sanación de su corazón.

Ese corazón yo quiero ponerlo hoy, con la misma confianza de los mambises, en las manos de María Santísima de la Caridad del Cobre, Reina de Cuba, para que sea ella quien presente al Señor nuestros ruegos por Elián, por la patria y por todos sus hijos.

Fraternalmente en Cristo.

+Mons. Agustín A. Román
Obispo Auxiliar de Miami

24 de enero de 2000.

Nota del Editor: El caso del niño Elián González, inescrupulosamente manipulado por el régimen castrista, ineptamente manejado por el gobierno de Estados Unidos, y apasionadamente seguido por el exilio cubano, polarizó severamente a éste y a otras comunidades del sur de la Florida, provocando un alto grado de tensión y angustia. Esa angustia era compartida por Monseñor Román, sólo que en él la atenuaba su inconmovible fe en Dios. Oró mucho antes de escribir este artículo con el que trataba de llevar equilibrio y serenidad a su rebaño, sin renunciar a la búsqueda de la justicia, esfuerzo que repitió en otros artículos sobre este triste caso.

27 de enero de 2000

ORACIÓN POR CUBA Y POR ELIÁN

Señor y Dios nuestro, Padre de la misericordia: a ti no tenemos que hablarte de la cruz, porque ya tu Hijo amado Jesús, nuestro redentor, la puso ante tus ojos amantes en la ofrenda de su propio dolor.

Y así como en el Calvario le viste a Él, cordero sin mancha, sufrir y morir, víctima de nuestros pecados y víctima, en su tiempo, de los que no quisieron escuchar el mensaje del amor y la justicia, ves ahora también al pueblo cubano en la cruz de su propio dolor, un dolor largo y agudo que clama a ti desde su desamparo.

Tú eres, Dios, nuestra fortaleza. Tú eres nuestro escudo y nuestra salvación. Mira hoy esta otra cruz, símbolo de aquella de la patria, que tu pueblo exiliado te ofrece, lleno de fe y esperanza en medio de su tribulación. Mírala, y deja que tu corazón bondadoso la transforme en instrumento purificador, así como la de tu Unigénito pasó a ser, de asiento de la muerte, a puerta de la resurrección.

Haz que así como hombres y mujeres de toda raza, lengua y condición cruzan hoy las puertas jubilares del nuevo milenio, el pueblo cubano cruce las puertas que separan a la esclavitud de la libertad y que lo haga abrazado a ti, que quisiste hacer libre a Adán y a toda su descendencia.

Tanto nos amas, Señor, que nos has dado a tu Hijo Unigénito, para que quien crea en Él no muera, sino que tenga vida eterna. Nos lo diste niño en Belén de Judá y apenas recién nacido, enviaste a tu ángel para que su Madre Santísima y el buen hombre que le diste como padre adoptivo lo llevaran al destierro para librarlo del mal.

No permitiste que volviera a su patria terrenal, mientras reinaba en ella quien quería hacerle daño y dejaste que creciera *en edad, en gracia y sabiduría ante ti y ante los hombres* hasta que, ya adulto, pudo asumir voluntariamente todos los riesgos y peligros de su misión salvadora.

Tus designios son inescrutables, Señor. Tú escribes derecho sobre líneas torcidas y nos haces brotar hijos de las peñas. Nosotros somos pecadores, pequeños e ignorantes, Señor, y no sabemos qué rumbos aguardan a este otro niño al que Tú *abriste camino por las aguas, un vado por las aguas caudalosas* para que fuese prueba viva de tu poder y tu bondad.

Padre, ¡protege nuevamente a Elián, el que fue *salvado de las aguas!* ¡No permitas que lo ahoguen ahora los odios de los hombres, ni que sea presa de los que lo quieren para el mal! ¡Que el símbolo de la liberación no sea transformado en instrumento de la esclavitud!

Extiende otra vez sobre él tu mano poderosa y más aún, Señor: extiéndela ya sobre todo el pueblo cubano. Que termine la opresión, que no haya más familias separadas, que no veamos más a hermanos contra hermanos, que nadie más impida que en la tierra hermosa que Tú nos diste se escuchen y se cumplan las palabras de tu Hijo cuando amorosamente reclama *«dejad que los niños se acerquen a mí».*

Bendice a Elián. Bendice a toda su familia: a los que aquí, en el destierro, lo han rodeado de amor y a los que, allá en Cuba, padecen bajo el totalitarismo. Ten junto a ti a Lázaro Munero, el padre adoptivo que tanto lo amó, que prefirió ahogarse él para salvarlo. Ten en tu Reino también a Elizabeth, la madre sacrificada, que lo puso en tus manos y dio, igualmente, la vida por él.

Y permite, Señor, en el nombre de tu Hijo Jesús, por quien todas las cosas nos son dadas, que al igual que dijera tu siervo Zacarías del hijo de otra Isabel, tu pueblo pueda cantarte también diciendo.

«Y a ti, niño, te llamarán profeta del Altísimo,
porque irás delante del Señor
a preparar sus caminos,
anunciando a su pueblo la salvación,
el perdón de sus pecados». Amén.

Leída en la reunión ecuménica celebrada en Miami el 29 de marzo de 2000.

REFLEXIÓN CON LOS MUNICIPIOS DE CUBA EN EL EXILIO

I - INTRODUCCION.

Desde que ustedes recibieron mi invitación a compartir esta reflexión, me imagino que se estarán preguntando el porqué de la misma y me parece que lo mejor es comenzar respondiendo esa interrogación.

Al igual que ustedes, yo no puedo evitar sentirme disgustado cada vez que pasamos un año más en el destierro, viendo sobre todo que se trata de un destierro que se ha prolongado mucho más tiempo que lo que hubiera podido imaginar cada uno de nosotros cuando salió de Cuba. ¡Son 42 años desde que llegaron los primeros exiliados! Al mismo tiempo, son 42 años de opresión continuada para los hermanos que están en la isla, y me parece que eso solo debiera bastar para obligarnos a meditar sobre las causas de tan largo sufrimiento y la manera de terminar el mismo.

Por otra parte, este año se cumplen 40 años de la llegada de la imagen de la Virgen al destierro. Llegó el 8 de septiembre de 1961 y congregó a 30,000 cubanos en el antiguo Stadium de Miami en una misa. Esa fue la primera manifestación pública del exilio cubano.

Cuando yo llegaba desterrado a España, a finales de septiembre de ese mismo año, después de haber sido expulsado de Cuba, leí sorprendido la noticia de aquella manifestación, algo que no se sabía en Cuba. Aquella concentración patriótica y religiosa de los exiliados en Miami sirvió para llamar la atención de muchos en Europa y en otras partes sobre lo que estaba ocurriendo en Cuba.

Al ser nombrado capellán de esta obra en 1967 el pueblo cubano vibraba de amor patrio. Desde 1968 hasta el 2001 he sido testigo de las peregrinaciones de cada uno de los Municipios de Cuba en el Exilio, a veces con éxito y a veces sin éxito.

En la Ermita siempre se ha celebrado la misa orando por el municipio, por los de aquí, por los de allá, por los vivos y por los muertos y por la libertad de Cuba y de todos los países que sufren el comunismo. Siempre hemos orado por los presos políticos, los de adentro y también los que sufren afuera, aquí mismo en los Estados Unidos. Las peregrinaciones han sido el testimonio de un pueblo que no olvida a la patria.

Estos aniversarios,—42 años del comienzo de esta cruel etapa de la historia de Cuba, 40 años de la llegada de la imagen de la Virgen al destierro y 33 años de peregrinaciones de los municipios- coinciden con el alborear de un nuevo siglo y de un nuevo milenio.

La Iglesia se ha preparado durante todo un año para este nuevo amanecer. Yo estoy seguro de que todos ustedes han escuchado las noticias de las distintas actividades que han marcado el gran Jubileo, cómo en Roma y en todas partes hemos querido abrirle las puertas al tercer milenio de la Era Cristiana de la mejor manera posible, porque sabemos que el mundo está como en un nuevo comienzo y esto nos hace sentir un espíritu de renovación.

Esa sensación de que entramos en otra época, sustentada en los grandes cambios que la humanidad ha contemplado en los tiempos recientes, tanto en la tecnología, como en la ciencia y en la política; nos llega a los cubanos acompañada de indicios ciertos de que se aproximan también cambios importantes para Cuba.

Precisamente porque Cuba ha sufrido tantos años de un sistema impopular e ineficiente, a lo cual se le puede sumar ahora razones biológicas, políticas y económicas que todos conocemos, podemos vislumbrar con cierta seguridad el advenimiento de esos cambios.

Como cubano y como pastor, esa posibilidad a mí me llena de esperanza, pero también me preocupa. Todos queremos el cambio, pero los cambios que vengan serán verdaderamente positivos solamente si podemos conformar los mismos dentro de los valores fundamentales en los que se forjó la cubanía. De otra forma, los «grandes cambios» se convertirán en grandes frustraciones que acarrearían, sin duda, nuevos padecimientos a nuestra nación.

Debemos, pues, estar listos para continuar trabajando por los cambios en Cuba con un mayor sentido de urgencia, pero, al mismo tiempo, con el propósito de evitar que esos cambios carezcan de los valores tradicionales que definen la nacionalidad cubana.

A mí no se me oculta que, desde su fundación, los Municipios de Cuba en el Exilio han sido los más fieles custodios de esos valores, de nuestras tradiciones y costumbres, de la esencia de la cubanidad y del depósito del civismo sin el cual ninguna nación puede vivir en armonía.

Todas nuestras organizaciones tienen su historia encomiable y su labor de futuro, pero ninguna tarea fructífera podría realizarse sin esa base cívica y cultural que los municipios han conservado y sobre la cual hay que edificar el porvenir de Cuba, conjuntamente, desde luego, con el pueblo de la isla.

Por todas estas circunstancias que he descrito y porque los años pasan para todos, tanto para los opresores de la patria, como para los que queremos que termine la opresión, es que me ha parecido bueno que nos peguntemos si estamos listos para los cambios que parecen aproximarse y para la tarea que nos espera en relación a esos cambios. ¿Estamos listos?

Si la respuesta que damos a esta pregunta no es totalmente sincera y totalmente realista estaremos haciendo un pobre servicio a la nación y a nosotros mismos; por lo tanto, esta pregunta: ¿estamos listos? tiene una importancia tremenda y no debe ser contestada a la ligera.

Es por ello que he pensado que, antes de contestar esta importantísima pregunta, debemos reflexionar, meditar, hacer inventario de nuestras reservas espirituales y de nuestras fuerzas materiales, de manera que la respuesta misma que demos al final nos sirva de indicativo sobre el camino a seguir para el mejor cumplimiento de nuestra labor.

Encontrar esa respuesta ha sido el motivo de mi invitación a esta reflexión cubana. Para terminar esta introducción quiero darle las gracias a todos ustedes por haber respondido y estar aquí en esta mañana de domingo, inaugurando al mismo tiempo las actividades cívicas de este salón que el exilio ha construido y que lleva el nombre del primero que nos enseñó a pensar, el siervo de Dios padre Félix Varela. Gracias, pues.

II – MIRAR ATRÁS PARA ACTUALIZAR.

Estamos ya en el siglo XXI y no debiéramos comenzar sin celebrar cuanto de bueno hemos puesto en el siglo que hemos terminado. Los Municipios tendrían que dar gracias a Dios porque han mantenido una admirable persistencia en sus trabajos a favor de la libertad de Cuba, porque han conservado un alto grado de unidad, han promovido o han sido parte de muchos esfuerzos nobles y humanitarios y en todo han dado muestras fehacientes de amor a la patria, a pesar de la distancia y del tiempo transcurrido.

Y aunque en alguno o en todos estos aspectos de su quehacer hubiera imperfecciones, eso no debe desalentarnos, porque no hay obra humana que sea perfecta. Lo malo sería que nos creyéramos ya perfectos y nos resistiéramos a tratar de mejorar o de perfeccionar todo lo que hacemos por Cuba y por los demás.

Entrando en el nuevo siglo debemos darnos cuenta de que, aunque hay cosas que no cambian, hay otras que sí han cambiado. Hay nuevas realidades en cuanto a Cuba y en cuanto al exilio, unas agradables, y otras, no. Si no tenemos en cuenta todas esas realidades; lo que ha cambiado y lo que no cambia, o si preferimos tomar en consideración solamente lo que nos agrada, no podremos actuar eficazmente a favor de la nación cubana, porque nuestro trabajo, no importa cuan bien intencionado sea, no compaginará con los problemas que la realidad presenta.

Permítanme tomar como referencia algunas experiencias que hemos tenido en el trabajo de la Ermita. Comenzamos en el 1968 haciendo 6 romerías al año, una por cada provincia de Cuba. A finales de los 70, nos dimos cuenta de que ya el exilio contaba con un gran número de actividades, muchas de ellas de los mismos municipios, y decidimos entonces limitarnos a dos romerías; una para las provincias orientales y otra para las occidentales.

Años después, vimos que la influencia de la devoción de los cubanos a la Virgen de la Caridad se había extendido ya a los demás pueblos latinoamericanos representados en Miami y estos pedían tener sus peregrinaciones y su romería para honrar a la Patrona de Cuba.

Probamos entonces a tener una gran romería cubana y otra para los demás países del continente. De esa manera hemos podido organizarnos mejor y hoy la respuesta de nuestra gente es superior. De esta forma, no hemos disminuido la actividad, sino que la hemos concentrado para ser más efectivos entre los nuestros y para llegar a otros.

De igual manera, toda institución que no se conforme con sobrevivir solamente, sino que quiera dar fruto siempre, tiene que adecuarse a las realidades que van surgiendo. La clave está en hacerlo sin desviarse nunca de los propósitos que dieron origen a la institución, ni del marco moral inviolable que debe marcar su actuación.

III – ALGUNAS NUEVAS REALIDADES.

A medida que han pasado los años, el sistema imperante en Cuba ha enfriado el amor patrio en algunos cubanos. Vemos aquellos que cuando llegan al exilio rehúsan involucrarse en toda actividad patriótica y no pocos jóvenes confunden el ideario de nuestros próceres con la obra de la revolución y, por lo tanto, lo rechazan.

Vemos también que en algunos sectores del destierro, aún entre los que salieron hace muchos años, el «hacer algo por Cuba» se reduce a visitar y ayudar a la familia que está allá. No todos ven la posibilidad inmediata de un cambio, ni la necesidad de cooperar para que ese cambio se produzca.

En sentido positivo, vemos cómo no pocos jóvenes, llegados hace pocos años, tras el rechazo inicial a lo patriótico comienzan a descubrir las esencias verdaderas del patriotismo y adquieren un pleno sentido de su identidad, algo que sucede también con las nuevas generaciones de hijos y nietos de cubanos nacidos fuera de Cuba.

Las instituciones son siempre la esperanza, no sólo de los cambios, sino de la futura reconstrucción de Cuba, algo que me parece tan importante como el cambio mismo y quizás más difícil aún. Pero, el que tiene fe no flaquea, porque sabe que nada es imposible para Dios.

Yo creo que los Municipios son el instrumento adecuado para mantener la patria viva en el exilio y para cooperar con la reconstrucción más tarde, pero... ¿estamos listos?

IV – REVALORIZACIÓN.

Para saber si estamos listos debemos constatar si estamos actuando de acuerdo a los principios y objetivos que dieron origen a la institución, en este caso, debemos examinar si nuestro trabajo está orientado definitivamente al logro de la instauración de un estado de derecho en Cuba, a la consecución del disfrute de la libertad, la justicia y los derechos humanos para nuestro pueblo y si lo estamos haciendo dentro de los parámetros morales que conforman el alma de la nación cubana, que fueron los que nos trazaron nuestros fundadores.

La desorientación, la pérdida de valores y la corrupción son peligros que amenazan siempre, tanto a los individuos como a las instituciones. Todos podemos caer en la tentación del poder, o llegar a pensar que lo importante es llegar a una meta, que pudiera ser buena en sí misma, aunque tengamos que tomar atajos poco éticos para llegar más rápidamente. Si eso sucediera, estaríamos creyendo entonces que el fin justifica los medios, lo cual es el basamento filosófico de lo mismo que combatimos, terminaríamos pareciéndonos a lo que queremos eliminar y no podríamos entonces ofrecerle a Cuba soluciones, sino una reedición de sus problemas.

Monseñor Eduardo Boza Masvidal, el obispo expulsado de Cuba también por el comunismo en 1961, escribió hace años un artículo en el cual nos recordaba que es importante distinguir diferentes planos en nuestra vida y nos ponía un ejemplo:

«Un hombre puede ser padre de familia, gobernante y médico. Siendo una sola persona y viviendo una sola vida, tendría que actuar de manera diferente como médico, como gobernante y como padre de familia, sin confundir una función con las otras» (Mons. Eduardo Boza Masvidal, «Religión y política» *Voz en el destierro, 1997).* Monseñor Boza tomaba este ejemplo de referencia para decirnos que nosotros no debemos confundir el plano religioso, el plano político y el plano cívico, pero que debemos participar en los tres.

El plano religioso nos hace descubrir nuestra relación con Dios, que es nuestro Padre, y con nuestros hermanos, que son todos los hombres y todas las mujeres. La religión nos convierte en una familia sin fronteras.

El plano político es el del gobierno que toda sociedad debe tener, un gobierno que busque el bien común. En este plano hay distintas opciones, distintas respuestas a las necesidades y es por eso que hay, y debe haber, distintos partidos.

El plano cívico nos une, por encima de los partidos, con los hombres y mujeres que son parte de la patria en la que hemos nacido. La patria es una gran familia de familias. Nosotros nos sentimos bien con aquellos de la misma cultura, de la misma lengua y que son coincidentes en ideales.

Añadía entonces Monseñor Boza: *«La confusión de estos tres planos es muy negativa y es la causa de muchos conflictos. Lleva a algunos a querer manipular la religión y hacerla servir los intereses de su partido, llevando las divisiones políticas al campo religioso; o bien impidiendo la formación de una verdadera comunidad cívica de ciudadanos amantes de su patria, por encima de sus divergencias políticas».* (Mons. Boza, o.c.)

Y decía seguidamente: *«En los tres planos servimos a la patria, pero cada uno trabajando por su camino. Son como tres caminos que nos conducen a una misma meta, aportando cada uno lo que le es propio, como se llega a un mismo punto por aire, por mar y por tierra, pero, no sería razonable usar aviones para viajar por tierra, o barcos para viajar por aire».* (Mons. Boza, o.c.)

Creo que los Municipios trabajan en el plano cívico. Mantienen las raíces culturales de un pueblo que no vive dentro, sino fuera. Son ellos los que, por ejemplo, tienen que mantener las fiestas patrias, porque así se aviva el recuerdo de los hombres que se sacrificaron para darnos la patria, se mantiene la identidad nacional y se exaltan las virtudes sin las cuales no es posible una patria que valga la pena.

Cuando lo religioso o lo político participan en el plano cívico, tiene que estar muy claro que el respeto a la multiplicidad en la unidad es la característica fundamental de lo cívico. El plano cívico tiene que reunir a todos los ciudadanos de las distintas confesiones religiosas y de los diferentes partidos políticos.

Por eso, sin renunciar a mi fe, ni a mi condición de obispo católico, cuando yo hablo a los Municipios como institución, lo hago a título de cubano nacido en un municipio, sin pretender imponer mis ideas y con gran respeto para las creencias religiosas de cada municipalista.

Asimismo, los intereses de organizaciones o partidos deben mantenerse fuera del ámbito cívico y, sin que se le pida a nadie que renuncie a su organización o partido, cada quien debe respetar celosamente, dentro de la democracia, las preferencias políticas del otro y no tratar de llevar las instituciones cívicas al campo de su propia militancia.

Revalorizar nuestro proceder en el campo religioso, en el político y en el cívico debiera ser de la más alta prioridad para todos los cubanos del exilio. Para los Municipios, desde luego, sería reforzar los valores que conforman el plano cívico.

V– ¿CÓMO LO HACEMOS?

Sería pretencioso tratar de dar una contestación absoluta a lo que debe ser la manera de proceder de los exiliados y sus instituciones para alcanzar esa necesaria revalorización que es imprescindible si queremos estar listos para servir a Cuba en momentos cruciales.

Sin embargo, me parece que ayudaría mucho en toda circunstancia recordar lo básico, volver a nuestra raíz y refrescar esos principios de los cuales no podemos desviarnos sin correr el riesgo de perder la nación y, en el caso nuestro, de invalidar nuestros propios esfuerzos a favor de la misma.

Así pues, sería conveniente recordar algunas de esas verdades fundamentales y ceñirnos a ellas en la labor cívica de cada día.

1 – Nuestra misión, en cuanto a Cuba, se puede definir diciendo que es la búsqueda del bien común, no el bien de una persona o el de un grupo determinado.

2 – El bien común, entre nosotros, comienza por el bien de la familia. Los municipios agrupan familias y todos juntos constituyen la gran familia que debe ser la patria. Debemos esforzarnos por fortalecer la familia, evitando todo lo que disminuya su importancia. De esa forma estaremos cuidando la célula principal de cada municipio y de la nación misma.

3 – Trabajamos en el presente, pero, sin olvidar las experiencias del pasado, debemos proyectarnos hacia el futuro. El futuro descansa en

los jóvenes. Hemos de buscar inteligentemente la integración de los mismos al quehacer cívico, ayudándoles a encontrar, sin imponérsela, su identidad como cubanos. Aquí habría que recordar que nada convence ni atrae tanto como el buen ejemplo.

4 – Trabajamos para la patria y, como bien se ha dicho, «la patria es de todos», Los marxistas y otros sistemas totalitarios tratan de confundir la patria con un partido o una ideología, como lo denunciara valientemente el Sr. Arzobispo de Santiago de Cuba, Monseñor Pedro Meurice, al darle la bienvenida al Papa a la capital oriental en enero de 1998. Nosotros no podemos pensar igual que ellos y, por lo tanto, no podemos ver rivales en otros cubanos que, dentro de nuestra institución, o fuera de ella, busquen igualmente la liberación y el bienestar de Cuba.

5 – La patria es, fundamentalmente, su pueblo. Cuba será tan buena o tan mala como sean sus hijos. Nuestra labor no consiste en detestar o dar por perdidos a aquellos que han sido dañados en su ser moral por los defectos de vivir tantos años bajo un sistema ateo y amoral, sino en ayudarlos a vivir conforme a los valores reales de nuestra cultura cristiana. Esta es la única manera de regenerar el alma nacional. Para lograrlo, tenemos que ser nosotros espejo de las virtudes que otros desconocen, pues nadie puede dar lo que no tiene. Debemos, pues, abrirnos a los recién llegados, que ellos también son Cuba y entre ellos los hay buenos y malos, como entre todos los demás.

6 – Nuestra propuesta para Cuba debe estar centrada en lo que Martí definía como *«el respeto de cada cubano a la dignidad plena del hombre»,* es decir, el respeto a los derechos humanos. Quien respeta la dignidad plena del hombre, respeta su vida desde la concepción hasta la muerte natural y promueve las condiciones sociales para que cada persona pueda llevar una existencia decorosa, provista de igualdad de oportunidades para la satisfacción de sus necesidades elementales y la posibilidad de su superación de acuerdo a su talento y sus esfuerzos.

7 – Nada de lo anterior, loable en sí mismo, podrá concretarse si, en nuestra búsqueda, olvidamos que no se llega a buenos destinos por caminos tortuosos. No podemos obviar los límites que la ética impone a la conducta. Hemos de ser veraces y sinceros, hemos de respetar el buen nombre de los demás y huir del chisme, la difamación y la calum-

nia. Todos estos son elementos corrosivos que acaban por destruir las instituciones. Hemos de diferenciar el patrioterismo del verdadero patriotismo, como quería el padre Varela. En suma, hemos de ser factores de unión y no de discordia.

8 – Por último, aunque para mí es lo primero, quisiera que se fijaran en las frases que están esculpidas en el Rincón Patriótico que se encuentra en los jardines de este edificio. Se trata de un pensamiento del Padre Félix Varela y un pensamiento de José Martí. Varela nos dice: *«Sólo es verdaderamente libre el pueblo que es verdaderamente religioso»* y Martí nos dice: *«Un pueblo irreligioso morirá, porque nada en él alimentará la virtud»*. Esto lo resumió nuestro pueblo muy sabiamente, cuando en los tiempos peores de la persecución de los comunistas contra la religión, se repetía en Cuba la frase «con Dios todo, sin Dios nada». Una Cuba sin Dios es la que tenemos hoy y debemos preguntarnos si es eso lo que queremos para el futuro.

VI – CONCLUSIÓN.

Todas estas ideas, todas las ideas de cuanto bueno pudiéramos desear para Cuba y cuanto bueno quisiéramos ver en los Municipios como instrumentos de verdadera liberación, se pueden encontrar en los discursos pronunciados por el Santo Padre Juan Pablo II durante su visita a Cuba en enero de 1998.

En Santa Clara, el Papa habló sobre la familia y celebró los valores de la familia cubana de antes. En Camagüey se dirigió a los jóvenes, instándolos, entre otras cosas, a imitar las virtudes de Ignacio Agramonte. En Santiago de Cuba habló de la patria. En El Rincón se solidarizó con el mundo del dolor. En La Habana tocó a profundidad el tema de la cultura y de los derechos humanos. Y en todos los lugares visitados por él en nuestra patria, sus palabras fueron un canto a la libertad.

Por no hacer esto demasiado largo, es que no les puedo leer aquí esas sabias enseñanzas que los cubanos no debiéramos olvidar, pero yo les sugeriría a todos que releyeran esos discursos y homilías, porque los mismos arrojan una potente luz sobre lo que son nuestros anhelos y deseos para la nación cubana.

Para terminar, yo les repetiría a los Municipios hoy la frase más famosa de cuantas dijo el Papa en Cuba: *¡No tengan miedo!*

¡No tengan miedo! a preguntarse, como hacíamos al principio, si estamos listos para servir a Cuba a la altura de las circunstancias de ahora y de las que parecen aproximarse. ¡No tengan miedo! a examinar realísticamente las condiciones actuales y a contestarse entonces con total honestidad. ¡No tengan miedo! si tienen que retomar el rumbo, si tienen cosas que cambiar, si tienen que volver a los caminos primeros o si tienen que emprender nuevos caminos. ¡No tengan miedo! de actuar bien y en conciencia por el bien de Cuba. ¡No tengan miedo! de abrir sus corazones a Jesucristo porque Él es el camino, la verdad y la vida, para cada cubano y para la patria toda.

¡No tengan miedo! una vez más, de preguntarse ¿estamos listos?

Que Dios los bendiga. Que Dios salve a Cuba.

Jornada de Reflexión en la Ermita de la Caridad, 14 de enero de 2001.

UNIDOS EN LA ESPERANZA

Cansados del camino venimos a ti, Señor. Hemos recorrido las calles y las plazas y en ellas nuestras gargantas han musitado la oración humilde y han clamado por justicia. Venimos una vez más a depositar en ti nuestra confianza. *¡Dichosa la nación cuyo Dios es el Señor!* (*Salmo* 32, 12) dice la Escritura y nosotros, tras tanto andar como nación en destierro, te pedimos esa dicha que solamente puede darse en la libertad y sólo es perfecta en la fe.

Tú eres, Padre, el Dios de todos en nuestra comunidad. El de nuestros hermanos de los distintos pueblos de América, que comparten con nosotros el legado de más de cinco siglos de evangelización. El de nuestros hermanos de origen africano y el de los blancos no hispanos, adscriptos a diferentes confesiones cristianas. Eres el Dios de los hebreos, nuestros hermanos mayores, descendientes del pueblo de la primera alianza. Y en tu inmensa generosidad respondes a los que te invocan bajo nombres diferentes, según la fe de sus corazones.

Haz que todos nos miremos como hermanos verdaderos, hijos todos de tu amor. Haz que la mutua comprensión sea el puente que borre las divisiones y que la animosidad sea sustituida por la solidaridad recíproca. Que cada uno se esfuerce por tratar de entender al otro, para impedir que el prejuicio impere donde debe reinar la razón.

Que nosotros entendamos el dolor de los que, tras muchos años de discriminación y abusos en este país, todavía hoy luchan por alcanzar la igualdad de oportunidades que merecen. Que entendamos el sentir de los que, habiendo nacido en este país, ven que su lengua y su cultura se vuelven minoritarias donde ayer predominaban. Que entendamos el dolor de los que, desde distintas partes del planeta han llegado aquí de mil formas diferentes, animados por el mismo espíritu que nos impele a todos a la búsqueda de la felicidad.

¡Qué entiendan ellos nuestro dolor, Señor! Que comprendan que es algo actual y punzante, porque todavía la tierra de nuestros mayores, la que nos vio nacer, padece la inenarrable opresión que imponen los sistemas totalitarios. Que entiendan que nadie quiere irse de su patria y a nadie debe pedírsele que la olvide. Que entiendan que no queremos ofender, ni queremos que se nos ofenda.

Que entiendan, Padre, que tras el rostro del niño Elián González está la tragedia de toda una nación, la tragedia de todas las familias cubanas. Que nadie olvide que el verdadero culpable de la dificultades que a veces se alzan como barreras entre las distintas etnias que componen esta hermosa comunidad llamada Miami, es el sistema injusto y desvalorizado impuesto en Cuba, que al igual que llevó la guerra a tantos pueblos de este continente, quiere destruir por el odio lo que en el sur de la Florida se ha creado por el amor.

Que todos nos unamos en nuestra diversidad y en ella todos apreciemos el don de la libertad y el deber del respeto de todos para con todos.

Te rogamos por la unidad y te rogamos nuevamente por Elián. Tú que lo salvaste de las aguas sabes mejor que nosotros cómo hacerlo instrumento de salvación. Que el milagro de su vida sea anticipo del milagro de la liberación que te pedimos para Cuba y para todos los cubanos, libertad de afuera y libertad de adentro.

Tú nos dijiste: *«Yo soy la luz del mundo»* (S. Juan 8, 12). Haz que esa luz ilumine el futuro de Cuba. Tú nos dijiste: *«Yo soy el camino, la verdad y la vida»* (S. Juan 14, 16). Haz que Cuba tenga vida para seguir tu camino y abrazarse a tu verdad. Tú nos dijiste: *«Yo soy el buen pastor»* (S. Juan 10, 11). ¡Guíanos Tú, pues solamente siguiéndote a ti podemos llegar a nuestro destino de libertad. Tú nos dijiste: *«Yo soy la puerta abierta»* (S. Juan 10, 17). Haz que todos los que compartimos el brillante sol de Miami, de todas las razas y de todas las procedencias, crucemos esa puerta para abrazarnos fraternalmente, como quieres Tú.

Aquí está nuestra oración, Padre misericordioso. Una vez más, públicamente, la ponemos a tus pies cuajada de esperanza. Esperanza firme, porque la sustentas Tú y Tú nos dijiste claramente, por boca de tu Hijo Jesús: *«Bienaventurados los que tienen hambre y sed de justi-*

cia, porque ellos serán saciados» (S. Mateo 5, 6). ¡Gracias, Señor, porque en tu nombre, veremos la justicia y gozaremos la paz!

Que así nos lleguen, Señor, a través de Cristo, nuestro salvador. Amén.

Principios de 2001.

UN PROYECTO LIBERADOR

El Proyecto Varela, concebido y dado a conocer por el Movimiento Cristiano Liberación desde el territorio propio de la nación cubana, e inspirado en la prédica del Siervo de Dios y patriota cuyo nombre lleva, llega en un momento oportuno y necesario, porque viene a reavivar las llamas de la renovación cívica que Cuba ha experimentado a partir de la visita del Santo Padre Juan Pablo II, en enero de 1998.

Esta renovación cívica se manifiesta en la aparición, de entonces a la fecha, de un gran número de organizaciones no gubernamentales, como bibliotecas independientes, asociaciones profesionales, etc., todo ello concorde a lo que la Iglesia propone como actividades correspondientes a los laicos en el ejercicio de sus derechos.

Después de leer y meditar profundamente, me he convencido de que el Proyecto Varela merece el apoyo de todos los que queremos ver un cambio verdadero y pacífico en Cuba, por tres razones fundamentales:

La primera es que no busca soluciones falsas, como sería toda aquella basada en la asunción de compromisos con el gobierno cubano, en supuestas concesiones de éste, o en dádivas de otros gobiernos o entidades. El pueblo cubano reclama, a través de este proyecto, su derecho a ejercer libremente el sufragio y escoger mediante el mismo su destino político. Si los obligados a escuchar la voz del pueblo no lo hacen, será solamente de ellos la responsabilidad del estancamiento presente y de sus consecuencias en el futuro.

La segunda razón es que, al enmarcarse dentro de las leyes actualmente vigentes en Cuba, facilita la participación de un gran número de cubanos que se irían despojando del temor al formar parte de un proyecto que no puede ser calificado de «ilegal» ni de «subversivo». De esta forma, sin apenas proponérselo, el cubano se estaría convirtiendo en *«protagonista de su historia»* tal como precisara el Mensajero de la Verdad y la Esperanza al dirigirse a los jóvenes de nuestro país en la ciudad de Camagüey, durante su visita a Cuba, anteriormente mencionada.

Y la tercera razón por la que estimo que el Proyecto Varela debe ser apoyado por todos los cubanos de buena voluntad, es su carácter inclusivo, que abarca tanto a los cubanos de la isla como a los de la diáspora, ya que solamente por los caminos de la unión, haciendo buena la frase que afirma que somos un mismo pueblo, es que puede haber para Cuba un futuro de libertad, justicia y progreso.

Además, en las cinco propuestas que este proyecto contiene, (amnistía política, derechos a la libre expresión, a la libre asociación, a la libre formación de empresas y reforma de las leyes electorales) me parece ver recogidos muchos de los planteamientos que han sido formulados por las organizaciones del exilio a través de los años.

Todo esto me anima, pues, a darle mi apoyo a este proyecto, al tiempo que, como he hecho siempre, recabo de todos, una vez más, las más fervientes oraciones para que, puestas a los pies de Nuestra Madre Santísima de la Caridad del Cobre, lleguen hasta el Señor Jesús, Señor de la Libertad, a favor de Cuba y de todos sus hijos.

6 de marzo de 2001

MENSAJE DE SOLIDARIDAD CON COLOMBIA

Quisiera aprovechar esta ocasión, en la que hijos de Colombia y de otros pueblos de nuestro continente vienen a los pies de nuestra madre celestial, la Santísima Virgen María, bajo su advocación de Nuestra Señora de la Caridad del Cobre, para darle las gracias a cada uno de ustedes por vuestra presencia en este templo que quiere ser la casa de todos. Que nadie olvide que donde está la Madre, hay lugar para todos sus hijos.

Quiero darles las gracias y ofrecerles, al mismo tiempo, el amor de María en esta imagen pequeñita que representa ese amor en toda su grandeza, y deseo hacerlo como un acto de solidaridad y, al mismo tiempo, de reparación, que, como cubano, me siento en el deber de llevar a cabo.

Lamentablemente, ha sido de nuestra sufrida Cuba de donde han emanado muchos de los males que aquejan a los otros países de América. De allí ha salido el odio que ha motivado muchas de las batallas fraticidas que han ensangrentado a otros pueblos latinoamericanos. De allí han salido la subversión y el terrorismo, así como las armas que han sido instrumentos de muerte desde el Río Bravo hasta la Patagonia.

Colombia no ha estado exenta de ese flagelo. Por el contrario, ha sido uno de los territorios donde se han hecho sentir con mayor rigor las trágicas consecuencias de los males promovidos y estimulados para la satisfacción de la agenda de poder de los que mandan en Cuba.

Claro está que el pueblo cubano no es de culpar por ello, pues ese pueblo ha sido la víctima primera de esos hombres sin Dios que han promovido la violencia y el terror. Pero ya que esos cubanos alejados de la fe y de los valores que conforman la esencia de nuestra común tradición cristiana, no han querido reconocer hasta ahora el mal que han hecho; yo quiero, como hijo de la noble nación cubana, pedirles perdón a ustedes y a todas las familias de Colombia que han sido laceradas por la violencia marxista salida de Cuba.

Y, como reparación, quiero ofrecerles lo mismo que el Señor nos ofreciera un día, desde su cruz, a todos los hombres: su Madre Santísima. Quiero presentársela a ustedes tal como Él nos la presentó a los cubanos hace casi cuatro siglos: Nuestra Señora de la Caridad, la Virgen del Amor.

Su imagen llegó a Cuba aplacando una tormenta, y así yo quisiera que llegara hoy al corazón de cada colombiano: venciendo con el amor las tormentas que el odio ha provocado.

Al mismo tiempo, los invito a la oración por Colombia, por todos nuestros pueblos y también por el pueblo cubano. Los invito, porque la libertad de Cuba debiera ser interés no solamente de los cubanos, sino de todos los demás también, ya que la experiencia nos está demostrando que mientras las doctrinas del terror estén vivas en Cuba, no habrá paz en América.

Oremos, pues, por Colombia, por América toda, y oremos por Cuba. Reciban todos ustedes, con el mismo cariño conque nosotros la ofrecemos, la maternidad protectora de María en esta linda advocación de Nuestra Señora de la Caridad del Cobre. Que Ella nos alcance las gracias necesarias para nuestra salvación. Y reciban también esta bendición que yo con gusto les transmito, en el nombre del Padre, del Hijo y del Espíritu Santo. Amén.

+Mons. Agustín A. Román
Obispo Auxiliar de Miami

28 de febrero de 2002

Recuerdo del centenario
En este centenario.
Te damos gracias —
pedimos perdón —
caridad —
PAZ —

Virgen de la Caridad

Envía del E.S. para que seamos [illegible].

5/20/2002

LA VIRGEN DE LA CARIDAD EN EL CENTENARIO DE LA REPÚBLICA DE CUBA

El próximo 20 de mayo se cumplirán cien años de la instauración de la República de Cuba. A pesar de vivir en las sombras tan prolongadas sin libertad, los cubanos debemos celebrar este acontecimiento con fe y esperanza, ya que para los que creemos en Dios todo es posible, si ponemos la búsqueda de la libertad en sus manos.

Los tristes años de opresión y exilio deben verse como tiempo de purificación, como descubríamos al prepararnos para la celebración del V Centenario de la evangelización de nuestro pueblo en el programa de las Comunidades de Reflexión Eclesial Cubana en la Diáspora (CRECED).

Cuando Estados Unidos y España firmaron el armisticio en 1898, dejaron fuera a los mambises, verdaderos héroes de la independencia de Cuba. Nos cuenta la historia que el General Calixto García, jefe del Ejército Libertador en Oriente, dio órdenes a su Estado Mayor, para que se celebrara el triunfo de la libertad dando gracias al Buen Dios al pie de la Virgen de la Caridad en su santuario de El Cobre. La celebración tendría lugar el 8 de septiembre de 1898 con la Santa Misa y el Te Deum. Los mambises reconocían que la Virgen de la Caridad les había acompañado en los momentos difíciles de la manigua, cuando bajo su amparo habían peregrinado. Este gesto ha sido llamado «La Declaración Mambisa de la Independencia del Pueblo Cubano».

El Santuario de El Cobre se llenó como nunca de un público desbordante de fervor. El pueblo acompañaba a los oficiales de los ejércitos cubano y norteamericano. El sacerdote cubano Desiderio Messnier celebró la misa y pronunció un sermón alertando al pueblo cubano para que tuviera en la Madre de Cristo, bajo el hermoso título de la Caridad, a la madre que le enseñara a consolidar la República cristiana.

El 20 de septiembre de ese mismo año -1898- el clero cubano se dirigió al Santo Padre León XIII, pidiéndole que echara una mirada a aquella parte de la Iglesia, que vivía momentos difíciles. Ellos, como sacerdotes cubanos, estaban dispuestos a cooperar responsablemente en aquel comienzo de la República. El 10 de octubre del propio año el padre Messnier fue uno de los oradores en el Club San Carlos, en Santiago de Cuba, junto a los patriotas Urbano Sánchez, Enrique Trujillo y M. Portuondo Barceló para conmemorar el alzamiento de La Demajagua en 1868.

Las reflexiones dentro de Cuba del Encuentro Nacional Eclesial Cubano (ENEC) en 1986 y en 1996; y en el exterior de CRECED en 1992, analizan estos hechos. Ahí podemos redescubrir cómo la Virgen de la Caridad ha acompañado nuestra historia en sus días claros y en sus noches oscuras.

En su viaje a la isla en enero de 1998, el Santo Padre coronó la imagen de la Virgen de la Caridad en Santiago de Cuba; y en las homilías que pronunció en los distintos lugares del país que visitó, nos recordó los valores cristianos que enriquecen nuestra cultura, lo cual le hizo exclamar *«Cuba tiene un alma cristiana»*. (Juan Pablo II, La Habana, enero 1998).

Respondiendo al llamado del Comité del Centenario de la Instauración de la República de Cuba, CRECED ha estado realizando este año un hermoso trabajo cristiano y patriótico, tratando de hacer del Año del Centenario uno de oración intensa por Cuba y por sus hijos; un año de reflexión sobre nuestra rica herencia histórica y cristiana; un año de unidad y reconciliación que nos haga un solo pueblo.

El próximo 20 de mayo, el Comité del Centenario de la Instauración de la República de Cuba celebrará un acto cívico-patriótico en los jardines de la Ermita de la Caridad e invita a todos los cubanos a hacer acto de presencia. Esperamos un día poder celebrarlo en El Cobre, como hicieron los mambises en 1898.

30 de abril de 2002

DISCURSO POR EL CENTENARIO DE LA REPÚBLICA DE CUBA

Dra. Rosa Leonor Withmarsh y demás miembros del Comité del Centenario.
Autoridades presentes, oficiales electos y representantes de distintas organizaciones.
Cubanos en la isla y cubanos del destierro.
Amigos, hombres y mujeres de otros países que nos acompañan esta noche.
Hermanos todos:

¡Cómo entendemos los cubanos en esta noche preciosa los sentimientos de aquel predicador judío a quien el mundo llama Maestro y yo llamo Señor, Jesús de Nazaret, cuando, contemplando desde una colina su ciudad amada, Jerusalén, no pudo contener el llanto que brotaba de su patriotismo!

Al igual que Jesús con Jerusalén, cada uno de nosotros quisiera poder cobijar a Cuba y a sus hijos, *como la gallina cobija a sus pollitos bajo sus alas*; darle todo nuestro calor, protegerla de todo mal, y verla caminar feliz los caminos de la libertad, de la justicia, de la verdad y del amor, que son, en fin de cuentas, los caminos de la paz.

Hace cien años las ilusiones cubanas alcanzaban su punto más alto al ver subir hacia los cielos la bandera de la estrella solitaria. Parecía que desde allí miraban protectoramente a la nueva república todos los que la habían soñado, todos los que le habían dado forma en el pensamiento y en la acción, desde el padre Félix Varela, el forjador, hasta José Martí, el realizador; pasando por todos y cada uno de los millares de mambises y desterrados que habían muerto en el empeño. Y cuando Máximo Gómez exclamaba jubiloso *«¡Creo que hemos llegado!»*, recogía en esa frase los sentimientos y deseos de toda la nación.

Mucho se ha discutido en el transcurso de esta centuria si se equivocaba el Generalísimo al expresar así su alegría el 20 de mayo de 1902, o si, por el contrario, era acertado su juicio. Quizás es que no nos hemos dado cuenta de que, en la vida de una nación, llegar no es verbo intemporal y definitivo, sino uno que describe los desafíos y las metas de cada generación, desafíos que solamente pueden ser satisfechos y metas que únicamente son logradas en el constante quehacer del bien.

Por eso no resulta contradictorio afirmar que no se equivocaba Máximo Gómez, que llegamos, sí, aquel día glorioso cuyo centenario hoy celebramos, que llegamos muchas veces más en el decursar del tiempo y que, al mismo tiempo, retrocedimos, para nuestro mal, en no pocas ocasiones.

Llegamos aquel 20 de mayo al tomar posesión el primer presidente, Don Tomás Estada Palma. Llegamos tan temprano como 1910, cuando era un negro cubano, Martín Morúa Delgado, presidente del Senado. Llegamos unos años después cuando Cuba conquistó su soberanía sobre Isla de Pinos. Llegamos en 1934 al derogarse, sin conflicto, la Enmienda Platt. Llegamos el día que obtuvo el voto la mujer cubana. Llegamos el día que se firmó la Constitución del 40. Llegamos cada vez que hubo unos comicios libres, cada vez que se aprobó una ley de beneficio popular.

Llegamos también cada vez que nuestros hombres y mujeres se destacaron en la caridad, en la filosofía, en las artes, en las letras, en la ciencia, en el deporte, en el comercio o en cualquier otra actividad. Habría tantos nombres que mencionar como muestras de excelencia que estaríamos aquí por largas horas. Lo más importante: llegamos cada vez que un cubano le dio la mano a otro cubano.

Retrocedimos también y es preciso ser veraces y valientes para reconocer nuestros errores, aprender de ellos y no repetirlos. Retrocedimos, al principio de la República, cuando tuvimos una innecesaria guerrita racial; retrocedimos cada vez que se dio una «brava» electoral, retrocedimos cada vez que quedó impune la corrupción pública, retrocedimos cada vez que se vendió un voto, retrocedimos con cada dictadura y cada golpe de estado, retrocedimos cuando se socavaron las instituciones republicanas, retrocedimos cuando quiera que la ambición personal o la envidia se impusieron sobre el bien común y el patriotismo.

Retrocedimos de manera notabilísima, sin duda, hace 43 años, cuando comenzó la negra etapa del huracán del marxismo ateo, que todavía hoy se abate sobre Cuba.

Al llegar a este punto no puedo evitar que vengan a mi mente las palabras sabias y valientes del Arzobispo de Santiago de Cuba, Monseñor Pedro Meurice, cuando al recibir al Santo Padre Juan Pablo II en la capital oriental, a principios de 1998, le presentaba a éste la realidad cubana de este triste momento y le decía, entre otras palabras, cito: *«Le presento, además, a un número creciente de cubanos que han confundido la patria con un partido, la nación con el proceso histórico que hemos vivido en las últimas décadas, y la cultura con una ideología».*

Más adelante, el respetado arzobispo, le decía también al Papa, y nuevamente cito: *«Hay otra realidad que debo presentarle: la nación vive aquí y vive en la diáspora; el cubano sufre, vive, espera aquí, y también sufre, vive y espera allá afuera. Somos un único pueblo que navegando a trancos sobre todos los mares, seguimos buscando la unidad, que no será nunca fruto de la uniformidad, sino de un alma común y compartida a partir de la diversidad»*

Anteriormente, y acaso sin proponérselo, Monseñor Meurice ya lo había resumido todo al decirle, en ese mismo discurso, al Mensajero de la Verdad y la Esperanza, y cito otra vez: *«...le presento el alma de una nación que anhela reconstruir la fraternidad a base de libertad y de solidaridad».*

Inspirado en esas palabras, yo quiero aprovechar esta magna ocasión, el centenario de la instauración de la República de Cuba, para presentar también la realidad de un pueblo, de una nación, de una república, donde las luces sobrepasan a las sombras y donde el amor de Dios y la voluntad de sus hijos han permitido más avances que retrocesos. Aún en medio de las tinieblas del presente, la luz de los valores y las virtudes que conforman el espíritu de la nación cubana, brilla sobre la oscuridad de la opresión impuesta.

Nuestra realidad está marcada por esa gran tragedia, la de la opresión totalitaria impuesta cruelmente a nuestro pueblo por los últimos

43 años. Podemos presentar a un pueblo despojado de todo derecho sobre una tierra en la cual se juntan, como dijese Heredia, el poeta santiaguero, *«las bellezas del físico mundo y los horrores del mundo moral»*. Podemos presentar a un pueblo sometido a la deshumanización, la mentira y el terror por su propio gobierno. Podemos presentar, con dolor sincero, a una Cuba que es hoy y ha sido por tan largo tiempo, la negación de los valores de la república del 20 de mayo.

Pero, al mismo tiempo, podemos presentar también la fortaleza de esos valores que sustentan el alma de la nación, el espíritu de nuestro pueblo, por encima de las presentes circunstancias. De esos valores han dado testimonio millares de fusilados por causas de conciencia, que han muerto dando vivas a Cristo Rey y a Cuba libre, muchos de los cuales, antes de morir, han dejado hermosas cartas de despedida, ausentes de odio y resentimiento.

Han dado testimonio de esos valores cubanos, en estos 43 años, otros muchos que de mil maneras diferentes han ofrendado sus vidas por la liberación de la patria: los prisioneros políticos que, por defender esos valores, no han dejado vacías las incontables cárceles del país ni siquiera un minuto en estas cuatro décadas terribles; los promotores del respeto a los derechos humanos; los que trabajan por el cambio a través de la lucha cívica no violenta, y todos los que, sobreponiéndose al miedo, se hacen protagonistas de nuestra historia al reclamar derechos civiles tan fundamentales como la libre expresión, la libre asociación, la libre participación en todos los niveles de la economía y elecciones libres, a través de ayunos, jornadas de oración, o recogiendo firmas que demuestran la voluntad de liberación del cubano de hoy.

Y podemos presentar también como muestra de esos valores, con toda la modestia que nuestra condición impone, al pueblo desterrado, a este pedazo de la nación que vive fuera de sus fronteras físicas, pero vive imbuido de sus esencias. Un pueblo que, si en Cuba no se ha dejado conquistar por la miseria, afuera no se ha dejado conquistar por la abundancia: un pueblo que no solamente no ha olvidado sus raíces, sino que ha mantenido una admirable fidelidad a éstas y al deber que para con su patria siente, el de verla de nuevo libre y justa. Un pueblo que no solamente ha conservado su espíritu, sino que lo ha sabido traspasar a las nuevas generaciones, incluso a los que nunca han visto su patria de origen.

¡Aquí está la familia cubana reafirmada en el amor, aquí están los municipios que por más de 35 años, año tras año, han venido a este templo a orar por Cuba; aquí está el cubano que no olvida a su hermano y lo ayuda generosamente y lo acoge si se le une en el destierro; aquí están nuestras organizaciones que no han cejado nunca en el empeño por la libertad! ¡Pocos pueblos en el mundo han dado pruebas mayores de fidelidad a sí mismos, a sus valores y a su identidad... los cubanos de la isla y los cubanos del exilio... una sola nación con un mismo reclamo: la libertad gloriosa de los hijos de Dios.

Como cubano y como sacerdote –y no quiero, ni puedo, dejar de ser ninguna de las dos cosas- yo quiero, en esta noche única en todo un siglo, recoger los sentimientos que viven en los corazones de ustedes, aquí presentes, y me atrevería a decir que puedo recoger también los de los que no pueden estar aquí, los cubanos dispersos por todo el planeta, así como los de los que anhelan la liberación allá en nuestra isla querida.

Unidos todos en estos sentimientos, queremos dar las gracias más sinceras a los Estados Unidos de América, la nación que nos acoge y a todos los hombres y las mujeres de todos los países del mundo que, en esta hora de desventura, son solidarios con el pueblo cubano. Humildemente les pedimos también todo el apoyo que puedan darnos para la consecución de nuestras justas aspiraciones.

Unidos en estos sentimientos, damos las gracias también a todos los hombres y mujeres que concibieron, fundaron y engrandecieron nuestra república. A todos los que entregaron sus vidas por la justicia. A todos los que hoy se sacrifican por ella, en Cuba y en el destierro.

Es por todo esto, porque viven nuestros valores, y porque nuestra esperanza la ponemos en Dios, que podemos mirar al futuro con expectante alegría. ¡Vendrá la liberación, no lo dude nadie! ¡Volverá la fraternidad entre los cubanos y estos tiempos de tinieblas se esfumarán en la claridad del amor y la reconciliación!... Al igual que Máximo Gómez, podrá exclamar un día cada cubano: ¡creo que hemos llegado!

Y para asegurarnos de ese nuevo 20 de mayo que esperamos, quisiera pedirle ahora a todos los presentes la mayor atención y la más grande solemnidad. Pongámonos de pie todos los que podamos y, muy conscientes de lo que estamos haciendo, confirmemos ahora nuestro compromiso con el alma de la nación cubana... Confirmemos nuestro compromiso con los valores que se encierran en nuestro lema tradicional de Dios, Patria y Familia. Confirmemos nuestro altísimo compromiso con la libertad, con la verdad, con la justicia y el amor. Confirmemos nuestro compromiso con el respeto a los derechos humanos y resumiendo todo ello, confirmemos nuestro compromiso de no descansar, de no desfallecer, hasta ver reinstaurada en Cuba aquella que José Martí definiera como *«la república cordial»* bajo *«la fórmula del amor triunfante»*.

Yo me traicionaría a mí mismo y desvirtuaría la manera en que concibo el amor a la patria, si no lo identificara con el amor de Dios. Por eso les pido que me permitan, más allá de la fe particular de cada uno, poner este solemne compromiso del Centenario de la República, como si fuera una oración, y lo es, a los pies de Dios Nuestro Señor, diciéndole simplemente: Señor, Tú que eres el Dios liberador, ten piedad de nosotros. Haz que nos unamos, que nos amemos, y que tengamos las fuerzas necesarias para cumplir este compromiso. Aquí estamos, Señor... ¡Cobija a Cuba bajo tu amor, *como la gallina cobija a los pollitos bajo sus alas!...* ¡Salva a Cuba, Señor!

Leído en el Salón Padre Félix Varela, Ermita de la Caridad.
20 de mayo de 2002
Centenario de la República de Cuba.

Nota del Editor.
Monseñor Román fue escogido por el Comité del Centenario de la Instauración de la República de Cuba para pronunciar el discurso de clausura de los actos del 20 de mayo de 2002, fecha precisa del centenario. El acto se celebró en los jardines, frente a la entrada principal de la Ermita de la Caridad y fue una esplendorosa y multitudinaria celebración patriótica del exilio cubano. Sin embargo, una súbita y feroz tormenta impidió la culminación del evento, que hubo de trasladarse al Salón Padre Félix Varela, donde, empapado y emocionado, el Pastor del Exilio leyó este medular mensaje.

¡LEVANTEMOS EL CORAZÓN!

¡Levantemos el corazón! ¡Levantemos todos los corazones hacia el Señor!

Con la misma exhortación y el mismo espíritu conque la Iglesia nos invita día tras día a la plegaria eucarística, quiero yo dirigir este mensaje a todos los fieles católicos del sur de la Florida, a todos los hermanos de otras confesiones cristianas, a todos los hombres y mujeres de buena voluntad y, especialmente, a mis compatriotas cubanos.

Quiero hacerlo con gran amor y absoluta sinceridad, como trato de hacerlo todo siempre, pero mucho más en esta ocasión en que las especiales circunstancias en las que me encuentro me obligan a verlo todo desde la perspectiva de lo definitivo, algo que no es difícil para los que andamos nuestros caminos convencidos de que lo único definitivo es el amor de Dios.

Hace diez años, en marzo de 1992, quise compartir con ustedes algunas ponderaciones que me suscitaba la inminencia de una riesgosa intervención quirúrgica, imprescindible para reparar mi dañado corazón. Hoy, ante una situación prácticamente igual, veo que adentro de ese corazón las reflexiones son también las mismas y desembocan todas en la exhortación del principio, que es válida para toda la humanidad y para todos los tiempos: ¡levantemos el corazón, levantemos todos los corazones hacia el Señor!

¡Levantemos a Él el corazón para darle gracias! Yo quiero agradecerle una vez más la inmensa riqueza que ha puesto en mi vida. La riqueza de conocerle y de poder servirle como sacerdote, sirviendo a los hermanos. La riqueza sacramental de su cuerpo y de su sangre, la riqueza de su palabra. La riqueza de todos los años que he vivido en el gozo íntimo de sentir su gracia, su amparo y compañía lo mismo en la bonanza, que en la tormenta.

Así, con el corazón levantado hacia Dios, quiero darle las gracias también a los Estados Unidos de América y a la Arquidiócesis de Miami. Este país y esta arquidiócesis han sido para mí como madres amorosas que me abrieron los brazos cuando estaba yo errante por el mundo, tras haber sido expulsado de mi patria por predicar el Evangelio de Jesucristo.

Gracias también a mi familia, especialmente a mis hermanos y sobrinos, que me han brindado siempre apoyo y consuelo. Gracias a mis otros hermanos, los sacerdotes; a las Hijas de la Caridad, a los miembros de la Archicofradía de Nuestra Señora y de CRECED, a todos los que han hecho del trabajo de la Ermita de la Caridad una gratificadora experiencia espiritual.

Gracias, de un modo especial, a los médicos, enfermeras y enfermeros y servidores todos del campo de la salud, que me han hecho receptor de sus cuidados y atenciones en esta y en otras ocasiones.

Gracias igualmente a mis hermanos cristianos de otras denominaciones, y a militantes de religiones no cristianas, de todos los cuales he recibido comprensión y apoyo fraternal. Ruego al Señor que podamos avanzar por la senda de su amor hasta que, como Él quiere, todos seamos uno.

Gracias a todos los fieles, hombres y mujeres *«de toda raza, lengua, pueblo y nación»* con los cuales comparto las bendiciones que Dios ha derramado sobre este bello rincón de la Tierra, el sur de la Florida. Unámonos cada vez más para que nuestras vidas sean testimonio del amor al Padre de toda la humanidad y ejemplo de armonía ante los ojos del mundo.

Gracias, de una manera especialmente sentida, a mis compatriotas, a todo el pueblo cubano en la Isla y en el destierro, por todo el cariño y la ayuda que les adeudo. A ustedes quiero llamar una vez más, pero ahora con el sentido de urgencia que impele el prolongado sufrimiento de nuestra patria, a levantar los corazones para encontrar en Cristo Jesús la liberación que tanto hemos buscado y que solamente será fructífera si la buscamos y vivimos como «la libertad gloriosa de los hijos de Dios» (Rom. 8, 21).

¡Levantemos el corazón a Dios para encontrar la unidad y la concordia, para fortalecer nuestra vida familiar, para hallar el equilibrio y el respeto mutuo, para practicar el civismo y promover la virtud, para no cejar en la lucha por el respeto a la dignidad plena del hombre, para no dejarnos conquistar por la ambición material, ni por la sed de protagonismo, para actuar con espíritu de nación y con sentido de la fraternidad universal!

¡Levantemos el corazón a Dios para ganar el futuro para el amor y la paz, para no temerle a la palabra reconciliación, definida por el Santo Padre Juan Pablo II como legítima solamente si nace de la verdad y de la justicia! ¡Levantemos a Dios el corazón para nutrir nuestra visión de Cuba de las raíces cristianas que le dieron vida desde su origen!

Mi corazón puede estar enfermo, pero no desanimado, porque ha puesto su confianza en el Señor. Por eso estoy en paz y en paz espero el momento de ver su rostro tras tan largo caminar siguiendo sus huellas.

He predicado mucho sobre la muerte y es otra palabra a la cual no podemos temer los que tenemos claro el concepto cristiano de la vida. Cuando llegue la muerte, pues, bienvenida sea.

Mientras tanto, quiero vivir hasta mi último día con fidelidad al llamado que el Señor me hizo, orando por mis hermanos, que son todos los hombres y mujeres del mundo, y con amoroso énfasis por la tierra doliente donde Él quiso que viera yo la luz primera.

Lleno de esos sentimientos e intenciones es que levanto mi corazón al Señor, poniéndolo en las manos de María Santísima, la Virgen de la Caridad del Cobre, que por tanto tiempo lo ha cuidado y le ha dado fuerzas. Junto a ese corazón, pongo también a la Iglesia, a Cuba, y a cada uno de ustedes en las manos de María, para que, desde ellas, alcancemos todos la misericordia de Dios.

Los bendice y los quiere,

Mons. Agustín A. Román
Obispo Auxiliar de Miami

14 de agosto de 2002.

Nota del Editor: Al igual que con «Curemos el corazón cubano» (marzo de 1992), Monseñor escribió este artículo, parecido y, al mismo tiempo, distinto a aquél, en el contexto de una nueva crisis cardiaca que lo puso otra vez al borde de la muerte. Nuevamente quiso compartir con su rebaño los que parecían ser sus últimos momentos, pero esta vez, más que un legado cívico-religioso, dejó, antes de ser llevado a otra riesgosa cirugía, un canto de acción de gracias y profesión de fe, en el cual, desde luego, Cuba está también presente. Como dato curioso hay que anotar que fueron tres las crisis cardiacas que sufrió Monseñor Román, cada una separada por diez años de la anterior: 1992, 2002 y, la última y fatal, en 2012.

El que se humilla será exaltado
y que se exalta será humillado

Lo pequeño y lo grande —

surgió — un proyecto que se
puede disminuir riesgos.

pero se ha regado en distintos
esferas →

Él se traslada en bicicleta

De un pueblo sale una ley

<u>Tres premios</u> —

<u>liberadores</u>

no busca soluciones falsas

inclusivo

Cuba: tiempo de esperanza y alegría Oct. 26/2012

CUBA, TIEMPO DE ESPERANZA Y ALEGRÍA

Si yo tuviera que definir este momento en la historia del pueblo cubano, en el cual la porción de ese pueblo que vive en exilio recibe, para ser custodiado por sus Guías Espirituales, el Premio «W. Averell Harriman» que el Instituto Democrático Internacional ha otorgado a Oswaldo Payá, yo diría simplemente que este es un momento para la alegría y la esperanza.

Yo tendría que explicar esto en el contexto de la religión, porque es ahí donde desempeño el ministerio al cual fui llamado, y desde lo cívico, porque no hay hombre ni mujer sobre la Tierra que pueda renunciar a sus derechos, ni ignorar sus deberes ciudadanos. No podría hacerlo desde lo político, porque de política yo no entiendo, ni desde lo sectario, porque sería lo opuesto a la unidad que predicamos y practicamos los sacerdotes católicos y los ministros evangélicos que formamos este Grupo de Trabajo.

Digo que éste es un momento para la alegría y para la esperanza, porque si creemos que el Señor Jesucristo es el mismo ayer, hoy y siempre, creemos igualmente que los postulados que Él nos dejó aplican hoy y siempre, como aplicaban ayer, en su tiempo histórico. De esa forma, desde la fe, resulta fácil ver en los acontecimientos recientes cómo algunos de esos postulados se están haciendo realidad para el pueblo cubano, tal como ha sucedido anteriormente y también con otros pueblos, en el decursar de más de veinte siglos de la Era Cristiana.

La Biblia nos habla repetidamente de la predilección de Dios por los pequeños, por los débiles y los humildes y nos cuenta cómo el propio Jesús destacaba la importancia de lo aparentemente insignificante al comparar el Reino de los Cielos con un grano de mostaza. (S. Marcos 4; 30-32).

¿Qué estamos viendo en Cuba? Un proyecto que desde el principio llamó la atención porque *«no busca soluciones falsas, como sería toda aquella basada en la asunción de compromisos con el gobierno cubano, en supuestas concesiones de éste, o en dádivas de otros gobiernos o entidades»,* porque convierte al cubano en *«protagonista de su historia»* y, además, por su carácter inclusivo, características que señalé en marzo del 2001 y que si hoy repito, es por la permanente vigencia de las mismas.

Estas características y otras que fueron señaladas por los obispos cubanos desterrados en su mensaje del 8 de septiembre de este año, me parece que han sido fundamentales para promover el amplio apoyo que esta iniciativa ha ido ganando en la isla, en la diáspora y en ambientes internacionales preocupados por la democracia y los derechos humanos.

Y, ¿de dónde ha surgido este proyecto? Ha surgido el Proyecto Varela del corazón de hombres y mujeres sencillos, pobres, carentes de todo lo que usualmente se asocia al poder y a las posibilidades de triunfo. Un proyecto que reclama derechos sin más amparo que el de la dignidad con que el Creador invistió al hombre y que los opresores se niegan a reconocer, tanto hoy, como en tiempos de Pilato.

Oswaldo Payá Sardiñas, el hombre que le ha dado rostro a este proyecto y que encarna lo que es, cada vez más, la voluntad colectiva del pueblo cubano, es, él mismo, un cubano humilde, un trabajador que suda su camisa, y se transporta en bicicleta, compartiendo la opresión y las penurias con el resto de la población. Es un hombre de fe, que no porta armas, que no ha confundido la firmeza con la arrogancia y a quien su probado valor personal no le impide hablar desde la razón y la serenidad, con respeto para los que no comparten sus ideas, incluyendo aún a los que le persiguen y los que le calumnian.

Por eso es tan significativo que se haya escogido a Oswaldo Payá, como persona, y como figura representativa de la lucha del pueblo cubano por sus derechos, para ser galardonado con este prestigioso premio que ahora recibimos aquí para su custodia, así como con otros, no menos prestigiosos, como el premio Sajarov del Parlamento Europeo y el doctorado «honoris causa» que le ha conferido la Universidad de Miami: en Oswaldo Payá se está premiando a los humildes y los perseguidos, a *«los pobres de la tierra»,* los de José Martí, los que Cristo llamó bienaventurados, porque tienen *«hambre y sed de justicia»* (S. Mateo 5, 6).

El propio Payá lo ha entendido así al querer compartir estas distinciones con todos los cubanos, vivan dentro o fuera del país, y ofreciéndolas en particular a los prisioneros políticos.

En todo esto podemos ver que aún en medio de las graves circunstancias del presente, se está cumpliendo en el pueblo cubano el anuncio del Señor: *«el que se ensalza será humillado, y el que se humilla será ensalzado».* (S. Mateo 23, 12)

¿Cómo ver esto, sino con gran alegría y con gran esperanza? Alegría y esperanza ciertas, porque vienen de Dios, el Padre Bueno que *«derriba del trono a los poderosos y enaltece a los humildes»* (S. Lucas 1, 52). A Él invoco para que, en el amor de su Hijo y Señor nuestro Jesucristo, bendiga abundantemente a Cuba, a Oswaldo Payá y a todos los que luchan por los derechos de nuestro pueblo, a ese pueblo mismo, dentro y fuera de la isla, y a todos los hombres y mujeres de buena voluntad que, alrededor del mundo, nos brindan su solidaridad. ¡Dios salve a Cuba!

29 de octubre de 2002.

SOBRE LA CARTA PASTORAL DE S.E. EL CARDENAL JAIME ORTEGA

La reciente carta pastoral del Arzobispo de La Habana, Cardenal Jaime Ortega, «No hay patria sin virtud», escrita y dada a conocer con motivo del 150º aniversario del paso al cielo del padre Félix Varela, ha suscitado una estimulante ola de solidaridad con lo que en ella se expresa y de aprecio por la voz profética que ha hablado clara y medularmente sobre la tenebrosa situación que vive hoy la nación cubana.

Es reconfortante ver cómo aquellos que no temen expresar la verdad, dentro de Cuba, han recibido con noble alegría y amplia aprobación las palabras de su pastor, y cómo, al mismo tiempo, fuera de Cuba, en todos los ámbitos del destierro, ha habido un aplauso casi unánime para este importante mensaje.

Podemos decir, pues, que el notable documento está teniendo un fruto inmediato, altamente positivo, que es el de la unidad que en torno al mismo se está produciendo. El otro fruto que debiera producir, y ojalá lo haga abundantemente, es el de la reflexión, que debe ser profunda y franca, entre los cubanos que buscan, con sincero corazón y sin intereses personales, el cambio en Cuba.

Si ese cambio no se da primero dentro de cada cubano, si no tiene como base una auténtica comunión cívica que afinque el espíritu de la patria más que las diferencias de grupo y si no clava su vista, primero, en los criterios éticos que el Cardenal Ortega señala en su carta, recogiendo la enseñanza valeriana; vano será todo intento de acción política, porque un cambio de estructuras, sin que lo preceda el necesario cambio de actitudes, no será nunca una solución real.

A ese cambio interior, al que se refiere el Cardenal cuando nos propone a los cubanos de ahora *«pensar primero, pensar en cubano, pensar en Cuba»,* deben dirigirse intensamente nuestros esfuerzos, fijando nuestra atención, como él mismo lo hace en su carta, en los jóvenes, en la familia, y en la patria misma como la familia grande de todos los cubanos.

«Que los jóvenes se decidan por la virtud» pide el pastor habanero, pero se pudiera decir que todo su mensaje es, en suma, un llamamiento ferviente a que todos los cubanos escojamos la virtud, por ser éste el único camino capaz de conducirnos a la libertad verdadera.

Con esto, el alto prelado cubano ha ido directamente al corazón de nuestros males y ha propuesto, fundado, como Varela, en el Evangelio de Jesucristo, el remedio cierto. Tal precisión no me sorprende: conozco al Cardenal Ortega desde antes de su ingreso al seminario matancero donde recibió su formación en las primeras disciplinas sacerdotales y he leído mucho de lo que él ha escrito y ha dicho, hoy expresado en el libro que acaba de publicarse «Mi gracia te basta», a pesar de las difíciles circunstancias de su ministerio. De ahí que me hayan entristecido anteriormente juicios injustos emitidos contra su persona por algunos que, a no dudarlo, no conocen bien su pensamiento.

Ese pensamiento limpio, de pastor dedicado, de cristiano fiel y de cubano íntegro, ha quedado plasmado meridianamente en «No hay patria sin virtud». Es por eso que, a la vez que elevo mis oraciones por el Cardenal Ortega, y lo felicito, y le doy las gracias con fraternal afecto, pido humildemente a todos mis compatriotas exiliados, muy especialmente a los dirigentes de organizaciones, activistas y comentaristas, a dejar atrás todo ánimo de discordia y a unirnos en la reflexión, estudio y puesta en acción de esta hermosa carta pastoral, en los 150 años de la partida del sacerdote exiliado que nos enseñó a pensar por el bien de Cuba y de los cubanos.

7 de marzo de 2003.

ENTRE EL TERROR Y LA FE

El recrudecimiento del terror en Cuba, a través del cual trata el régimen de mantener su control absolutista sobre la población, no es más que la expresión más reciente de su propia ilegitimidad y la confirmación de la cultura de intimidación y muerte que ese régimen impone a los cubanos como único entorno posible para su ejercicio irrestricto del poder.

Es triste ver cómo el gobierno que comenzara fusilando en 1959, continúa fusilando tantos años después y que toda una nueva generación de cubanos tiene que conocer los horrores de la persecución y de largas sentencias de prisión, igual que los conocieron sus padres y abuelos bajo el presente sistema.

Esta situación, que por más de cuatro décadas ha privado al pueblo cubano de sus derechos fundamentales, toma ahora características que acentúan la injusticia intrínseca de la misma, al desatarse la presente oleada de represión contra opositores de conciencia que no han recurrido a la violencia como método de lucha y, en el caso de los tres cubanos recientemente fusilados, contra personas marcadas por la desesperación engendrada por la pobreza y la marginación, y cuyas acciones no provocaron víctimas.

Sin embargo, en medio de esta oscura hora de nuestra historia, reconforta escuchar la voz de la Iglesia que, cumpliendo su misión profética, denuncia los males que nos afligen y se sitúa, hoy como ayer, junto a los perseguidos por causa de la justicia.

De esta manera, siguiendo la hermosa tradición del Congreso Católico Nacional de 1959, de los obispos cubanos de entonces, de nuestro pastor Monseñor Eduardo Boza Masvidal, recientemente llamado a la Casa del Padre, de la carta pastoral «El amor todo lo espera» de 1993, y de otras incontables manifestaciones de la fidelidad de la Iglesia al alma de la nación cubana, hemos visto como señales de esperanza las actuales homilías del padre José Conrado Rodríguez desde su púlpito en Santiago de Cuba, las declaraciones del Consejo de Laicos de Pinar del Río, las declaraciones de la Conferencia de Obispos de Cuba y, en particular, la pastoral «No hay patria sin virtud» del Cardenal Jaime Ortega, Arzobispo de La Habana, expresiones todas de fe profunda y de valiente y sereno patriotismo.

Fundamentados en esa tradición, los cubanos exiliados debemos responder a la oleada de terror desatada por la dictadura, con una oleada de oración que enmarque la firme renovación de nuestro compromiso con la paz que queremos para Cuba, la única paz verdadera, que es la que se asienta sobre la justicia, la verdad, el amor y la libertad.

En esta fecha de tan honda significación, aniversario de los hechos heroicos de Playa Girón, llamo a mis compatriotas a la oración y al patriotismo y pido a todos los hombres y mujeres de buena voluntad, de todas las nacionalidades, que nos acompañen con su solidaridad orante en la larga prueba que sufre Cuba, para que llegue ya a nuestro pueblo la ansiada liberación.

18 de abril de 2003.

Nota del Editor: Escrito a raíz de la ola represiva desatada en Cuba por la dictadura castrista, conocida como «la primavera negra de 2003».

UN CAMINO LLENO DE CAMBIOS, CON EL SEÑOR

Al cumplir mis 75 años, he querido celebrarlos haciendo un viaje desde el pasado hasta el presente... No he querido continuar porque en realidad no sé cuántas millas me faltan y tampoco estoy entusiasmado por saberlo.

Durante éstas más de siete décadas, hay una palabra que puede expresar todo el recorrido: esa palabra es **cambio**. El Señor me ha hecho caminar en una situación de cambio.

Nací en el lindo campo cubano, que me hace recordar el verdor de la naturaleza salpicada de coloridas flores, que a pesar de los años no he podido olvidar. El bohío en que nací y me crié, mi familia y la escuela donde aprendí a leer y a escribir, así como los compañeros de clase y los vecinos que nos rodeaban, los recuerdo como en aquellos tiempos.

Tuve que ir a la ciudad donde estaba mi parroquia, San Antonio Abad de los Baños, para continuar mi 6º, 7º y 8º grados. Fue un fuerte cambio para un niño campesino fuera de la familia. Después tuve que viajar cada día hacia La Habana para asistir al Instituto #1, donde estudié el bachillerato. Nací en la Arquidiócesis de La Habana, pero me trasladé a la Diócesis de Matanzas, donde estudié en el Seminario San Alberto Magno, dirigido por los misioneros de las Misiones Extranjeras de Canadá. Buscaba una formación misionera para llegar un día a los alejados, y en este cambio la encontré, y encontré a un Obispo que vivía según su lema: *«Llena, Señor, de amor nuestros corazones»*.

Como isleño y campesino nunca pensé en viajar. Me interesaba evangelizar «el patio», pero el Obispo quiso que estudiara en Montreal, Canadá y allí fui con mis compañeros. El cambio no fue fácil, pero la ayuda de lo alto hizo posible este cambio de manera suave.

Al terminar la Teología, regresé a Cuba con gran entusiasmo para gastar mi vida compartiendo el Evangelio y la gracia con los que el Obispo me asignara.

Fui ordenado el 5 de julio de 1959. Comencé mi trabajo sacerdotal en las parroquias de Coliseo y Lagunillas, y después en Pedro Betancourt, y pasados dos años, el 17 de septiembre de 1961, me encontré expulsado de Cuba, por ser sacerdote, junto a otros 130 sacerdotes y al Obispo Auxiliar de La Habana, Mons. Eduardo Boza Masvidal. Fue un fuerte cambio que aún no comprendía al llegar a España. De allí partí para el sur de Chile, a la linda diócesis de Temuco, donde pasé cuatro años inolvidables.

En un viaje hacia Canadá me encontré con el exilio cubano en Miami, y descubrí los esfuerzos que el Obispo y los sacerdotes hacían por atender pastoralmente a mi pueblo. Después de pensarlo y repensarlo, no sin el permiso de mi Obispo en Matanzas, decidí quedarme y ayudar, pensando en un regreso a Cuba en algunos meses.

Pensaba en 1959 vivir y morir en Cuba, y he vivido 29 años dentro de ella, y 46 años fuera. No había soñado este cambio. He vivido en el siglo XX, el siglo de los cambios seculares y eclesiales con el Vaticano II. Pedí servir a la Iglesia, pueblo de Dios, como sacerdote, y el 24 de marzo de 1979 me vi llamado a servir a la Iglesia como Obispo.

Me ha gustado siempre la temperatura cálida, tal vez porque fue la primera que conocí y he tenido que experimentar cuatro años en el Polo Norte y cuatro años en el Polo Sur. He podido comprobar que, a pesar de la distancia, el frío es igual en el norte que en el sur.

No tuve habilidad para las lenguas y he tenido que funcionar en latín, francés e inglés.

Al terminar este viaje, me doy cuenta de que todo ha cambiado, pero quien me llamó y a quien respondí es el mismo Jesucristo, el Señor: Él fue ayer; Él es hoy, y Él es siempre.

Agradezco a los Arzobispos y a la Arquidiócesis de Miami el que me hayan asignado a acompañar a los devotos de la Madre de Cristo, la Virgen de la Caridad, a levantar su Santuario, hoy declarado Nacional, y haber contemplado con gran admiración lo que se puede hacer con el amor.

Mayo de 2003.

RÉQUIEM POR CELIA CRUZ

Querida Celia: ¡Bienvenida a la casa de nuestra Santísima Madre, María, madre de Jesucristo, nuestro salvador, y madre del pueblo cubano bajo el título hermoso de Nuestra Señora de la Caridad del Cobre! ¡Bienvenida, te decimos ahora, como te lo dijimos tantas veces, cuando nos visitabas cada vez que podías venir un rato a arrodillarte ante el Señor para pedirle por la patria y por tus seres queridos, junto a la linda morenita que Él nos dio como Reina y Patrona de Cuba!

Pero, bienvenida hoy de una manera especial, porque la presencia de tu cuerpo en este templo, no es más que un pálido reflejo de la presencia de tu alma en la Casa del Padre, en el Reino que aguarda a los que como tú pasan por la vida tratando de servirle humildemente por amor y en el amor.

Tú prodigaste ese amor. Lo diste abundantemente a tu familia, a tus amigos y compañeros, a los enfermos y necesitados, a la patria de donde tuviste que irte; a tu pueblo, prisionero allá y desterrado en el mundo y a los hombres y mujeres de todos los pueblos que le acogían con cariño: en ti se personalizaba el concepto de la hermandad universal.

Ni siquiera en el reclamo justísimo por los derechos de tu pueblo, que hacías con frecuencia y convicción, dejaste nunca que el odio manchara tu expresión cristiana. La Escritura nos asegura que al final de nuestros días seremos juzgados en el amor: yo estoy seguro de que, en el amor, tu nota es sobresaliente.

Por eso, querida Celia, no basta el dolor de esta separación temporal, para empañar la gratitud y el gozo de nuestros corazones ante el don de tu vida. Y es así que, tan resonante, tan sincero y tan dulce como tu emblemático grito de ¡Azúcar! tiene que ser hoy el grito nuestro cuando decimos: ¡gracias!

Gracias a Dios por regalarle tu vida a Cuba y al mundo. Gracias a Él, nuestro único Señor, porque a través de ti nos enriqueció a todos y ahora, desde la eternidad, perpetúa en tu legado las virtudes de la fe, la esperanza y la caridad que han de ser nuestro modelo, y el ejemplo de tu patriotismo para que nos sirva de guía y compromiso.

Gracias también a ti, Celia, porque fuiste dócil en las manos de Dios y así, viniendo del dolor de nuestro pueblo, que tú sentías profundamente, pudiste, sin embargo, contagiar a todos con los timbres de la alegría más cordial, a través del maravilloso talento musical con que el propio Señor te quiso bendecir.

Gracias por tu sencillez, por tu naturalidad. Por esas virtudes domésticas y familiares que son y deben ser columna del carácter nacional. La fama no te impidió llevar una vida sobria y discreta, no te impidió ser la esposa fiel de tu querido Pedro, no la mujer buena que, sin ser madre físicamente, pudo ejercer la maternidad a través del cariño a sus familiares, a los pobres, a los enfermos de la Liga contra el Cáncer y a sus compañeros de trabajo.

Gracias porque tu paso entre nosotros fue un símbolo de unidad. Tú has demostrado que, como nos dijese José Martí *«cubano es más que blanco, y más que negro»* y pudiéramos añadir más que rico y más que pobre, más que partidos y ambiciones. Amaste a todos y por todos fuiste amada y el mayor testimonio de ello son los sentimientos que unen hoy a todos tus compatriotas, en la isla y fuera de ella. Todos, Celia, te dicen ¡gracias1 y solamente los que han escogido estar contra Dios en el odio te niegan ahora el reconocimiento que mereces.

Gracias también, porque sin hacer ostentaciones ridículas, proclamaste siempre tu condición de creyente y de cubana, sin encerrarte en exclusivismo alguno, pero sin permitir tampoco la desnaturalización de nuestras raíces y de nuestra herencia cultural.

Y gracias igualmente, Celia, por haber sido fiel a la verdad. Por no callar por conveniencias temporales, ni por presiones, ni por temores. Por haber sido justa sin ser ofensiva, sabiendo que solamente a través de la verdad podemos entrar en *«la libertad gloriosa de los hijos de Dios»*.

Esa libertad se sintetizó en tu voz que, ni en su canto, ni en su denuncia, pudo ser silenciada por la tiranía, ni por la distancia, ni por intereses mezquinos. Únela ahora, Celia, a los coros celestiales alabando al Señor nuestro Dios y únela a la oración de todos los bienaventurados en el cielo al rogar por Cuba, tal como lo hiciste tantas veces aquí, en este santuario, junto a la Virgen del Cobre. ¡Qué Dios te bendiga, Celia! ¡Qué Dios salve a Cuba!

18 de julio de 2003.

LA IGLESIA NO SE CANSA DE LLAMAR

Al leer el último documento de los Obispos de la Iglesia Católica en Cuba, con motivo de la celebración de la Virgen de la Caridad el pasado 8 de septiembre y titulado «La Presencia Social de la Iglesia» he echado una mirada hacia atrás en este casi medio siglo y me he dado cuenta de que la Iglesia no se cansa de llamar. La Iglesia fundada por Cristo como Madre y Maestra nos llamó, nos sigue llamando y nos llamará a vivir la verdad, la justicia, el amor y la libertad porque está convencida que solo así se conseguirá la paz tan deseada en el mundo y sobre todo en Cuba, que durante este último casi medio siglo ha sufrido la violencia del terrible huracán marxista.

El constante llamado de la Iglesia cubana se puede leer en el libro que contiene 100 documentos del pasado siglo XX. Llamó en los comienzos de los años sesenta y profetizó lo que iba a venir al acercarse el totalitarismo y sufrió la persecución violenta junto al pueblo, en la cual tantos fueron desterrados directa o indirectamente, y entre ellos el que les escribe. Acompañó al pueblo en el doloroso silencio de los años sesenta y setenta sufriendo con él. Comenzó a reflexionar con el pueblo en la Reflexión Eclesial Cubana (REC), al nivel de parroquias, hasta llegar al Encuentro Nacional Eclesial Cubano (ENEC), en 1986. Preparó y celebró con las limitaciones propias que produce el sistema en 1992 con toda la América la celebración del V Centenario de la Evangelización del Continente.

En 1993, lanzó un documento profético en el cual nos daba un retrato de la verdadera situación de nuestro pueblo, titulado «El Amor todo lo espera». Se preparó a la visita del Santo Padre Juan Pablo II en 1998 con una respuesta positiva inesperada de parte del pueblo. Al llegar el Año 2000, nos habló con el documento: «Un cielo nuevo y una tierra nueva», documento casi desconocido por la mayoría.

Ahora en este año 2003, volvió la Iglesia a llamarnos de nuevo el pasado 8 de septiembre con otro documento, éste titulado «La Presencia Social de la Iglesia: Instrucción Teológico-Pastoral». Las tres llamadas: «El amor todo lo espera»; «Un cielo nuevo y una tierra nueva» y este último documento «La Presencia Social de la Iglesia» nos invitan al cambio interior y exterior. A veces no nos preocupamos de la necesidad del cambio interior o conversión y mientras esto no ocurra será inútil que se produzca el cambio exterior porque quien no es libre, nunca podrá hacer un mundo libre y si lo logra, tarde o temprano se convertirá en esclavo.

La Instrucción Teológico-Pastoral que los Obispos de Cuba nos dirigieron en la festividad de la Virgen de la Caridad el pasado 8 de septiembre, recordando los cinco años de la visita del Papa y los diez años de la Carta, «El amor todo lo espera», debe ser leída y reflexionada personalmente y en grupos por todos, cubanos y no cubanos. Los obispos presentan la dura realidad del sistema totalitario que muchos aún no lo conocen, o no quieren conocer. Dicen los obispos *«A partir de la visita del Papa, se ha experimentado en Cuba de forma creciente un retorno al lenguaje y a los métodos propios de los primeros años de la Revolución en todo lo referente a la ideología»* y continúan los obispos: *«Esto se hace presente en casi todos los espacios de la vida pública mediante la batalla de ideas, las marchas, las tribunas y las mesa redondas».*

En este documento los obispos, dentro de la difícil situación, nos describen la realidad cubana. ¡Cuánto desearía que todos los que nos rodean oyeran esta voz profética de la Iglesia!, la que nos ha acompañado medio milenio, empezando por los cubanos, pues mirando los acontecimientos según los medios de comunicación, aún tenemos no pocos confundidos que, ilusionados por la propaganda, compran a buen precio la soga para su pescuezo.

Debido a que la mayor parte de la Iglesia en Cuba es joven y no conoció el pasado, los obispos les ofrecen una hermosa presentación del misterio de la Iglesia de Jesucristo, así como el servicio de la Iglesia a la sociedad cubana, aclarando cómo la concepción que tiene el estado cubano de la Iglesia muestra el desconocimiento que tiene de su verdadera naturaleza y misión.

La Iglesia que está consciente de su principal objetivo, que es la evangelización, nos sigue llamando a abrir los ojos y los oídos para que la verdad evangélica penetre en nuestros corazones.

Noviembre de 2003.

ANTE EL MEMORIAL CUBANO

«*El que quiera venir en pos de mí, niéguese a sí mismo, tome su cruz, y sígame*». Estas son palabras de Nuestro Señor Jesucristo que podemos encontrar en los Evangelios y son, ciertamente, palabras que encierran un gran compromiso para cada cristiano: tomar cada uno su cruz, negarse a sí mismo y seguir a Jesús.

Yo estoy seguro, además, de que no habría palabras más precisas para describir la vida de los que se olvidan de todo interés personal, hacen suya la cruz de su pueblo y siguen al Señor hasta la muerte, en pos del ideal cristiano de la justicia. Fue el propio Jesús quien llamó bienaventurados a los que tienen hambre y sed de justicia y quien nos dijo, además, que no hay amor más grande que el de aquel que da la vida por sus amigos.

Por lo tanto, si es siempre hermosa la costumbre de rezar por los difuntos, lo es mucho más hoy, en que ponemos a los pies de nuestra Santísima Madre de la Caridad del Cobre nuestra plegaria por aquellos que dieron sus vidas por el bienestar de la patria y por la felicidad de todo su pueblo. Al hacer esto, es como si regáramos con la fe, la esperanza y la caridad la semilla de amor cristiano que ellos sembraron con la entrega de sus vidas.

En nuestra gratitud, y en nuestra oración, están presentes todos aquellos que se entregaron en el sacrificio último y definitivo, independientemente de todo sectarismo político o religioso, pues la patria es de todos, y Dios es Padre de todos. Yo no puedo evitar, sin embargo, tener presente ahora, de una manera muy especial, el recuerdo de muchos jóvenes cubanos de firme militancia religiosa, que fueron también víctimas fatales de la dictadura marxista, ya que, cumpliendo con la exhortación del Apóstol Santiago, ellos demostraron la fe de sus corazones con las obras de su vida.

Pienso en muchachos como Rogelio Fernández Corzo y Juanín Pereira, católicos de misa y comunión diarias. En Alberto Tapia y en

Virgilio Campanería, este último monaguillo en el Central Conchita, allá en Matanzas, miembros todos de la Agrupación Católica Universitaria. Pienso en Julio Guevara y en Norberto Camacho, miembros de la Juventud Católica en Remedios, Las Villas. Todos ellos fueron fusilados y todos, como tantos otros, murieron dando vivas a Cuba libre y a Cristo Rey. Pienso en Arnaldo Socorro, aquel joven miembro de la Juventud Obrera Católica, 19 años de edad, asesinado en las calles de La Habana mientras enarbolaba el estandarte de la Virgen Mambisa en aquella famosa procesión que convocara nuestro inolvidable pastor y profeta, Monseñor Eduardo Boza Masvidal. Pienso en ellos y en todos los que no he nombrado, y por todos, por todos los que han muerto por Cuba, pedimos al Señor.

Al ruego por su eterno descanso y por el consuelo para sus familiares, hemos unido siempre en la Ermita de la Caridad, el Santuario levantado por la fe del pueblo cubano desterrado, nuestras súplicas fervorosas por la materialización del precioso ideal al cual consagraron sus esfuerzos los que han muerto por la libertad. Hoy reiteramos también este ruego sincero y doliente por la liberación del pueblo cubano.

Cuando oramos así, por la real liberación de nuestro pueblo, tenemos que entender esa frase «liberación real» en su dimensión política, claro está, porque es justo reclamar que, tras tantos años de privación de todos sus derechos, no se quiera para nuestra nación algo menos que el disfrute pleno de todos esos derechos, que no son regalo de ningún poder en la Tierra, ni de ningún sistema político, sino que son atributos de la dignidad con que el Creador invistió a todo ser humano, hombre o mujer.

Es justo el reclamo de que las cosas cambien en Cuba, y que cambien radicalmente hacia la democracia, sin mediatizaciones que la disminuyan y sin ningún tipo de continuismo que pudiera perpetuar en el futuro los males del presente.

Al mismo tiempo, cuando pedimos la «liberación real» para Cuba, es imperativo que entendamos esto también en su profunda dimensión espiritual, porque si nos conformáramos solamente con una realidad política, estaríamos menoscabando en su sentido más íntimo el legado de los mártires y condenando a la nación cubana a la repetición futura de conflictos y dolores semejantes a los que hoy padecemos, no importa bajo cual signo ideológico.

«No es libre por fuera quien no es libre por dentro», nos dijo Monseñor Boza, a quien ya mencionamos y cuya memoria de hombre de Dios y de patriota ejemplar podemos venerar juntamente a la de los que hoy honramos, pues él también vivió y murió por Dios y por Cuba.

Para que haya liberación real tenemos que liberar todos los corazones cubanos, los de aquí y los de allá, de la esclavitud del odio marxista, del resentimiento, del materialismo, de todo deseo de venganza, y de todo lo que pueda situarnos en el bando de los que odian y destruyen. Como quería, José Martí, tenemos que situarnos en el bando de los que aman y fundan. Y si queremos poder decir, como él, *«yo soy un hombre sincero, de donde crece la palma»*, hemos de mostrarle a Dios nuestra sinceridad cuando le decimos «perdónanos nuestras ofensas, como también nosotros perdonamos a los que nos ofenden».

Hemos de aspirar, como clama un precioso himno a la Virgen, a que todos «seamos hermanos», pues ni la fraternidad, ni la misericordia, contradicen la justicia, sino que la confirman y la hacen eficaz.

Al luchar por esa liberación, liberación real en todos sus aspectos, no estaremos haciendo otra cosa que cumplir con aquellos cuya memoria honramos hoy. En ese espíritu, repitamos aquí, como una oración más, estas frases tomadas de la carta de despedida de Virgilio Campanería, escrita el 17 de abril de 1961, horas antes de ser fusilado:

«La muerte no me preocupa, porque tengo fe en Dios y en los destinos de mi Patria... ya no habrá más odio entre hermanos, ya no habrá gargantas que pidan paredón. Todo será amor entre cubanos, amor de hermanos, amor de cristianos... ¡Pobre Cuba, cuánto has sufrido!, pero la nueva Cuba surge del odio para sembrar el amor, de la injusticia para sembrar la justicia, justicia social, no demagogia engañadora de pueblo... una Cuba para los cubanos... con todos y para el bien de todos»... Amén.

20 de febrero de 2004.

EL PADRE VARELA Y LAS REFLEXIONES DEL PRESENTE

El pasado 25 de febrero conmemorábamos el 151 aniversario de la partida al cielo del Siervo de Dios Félix Varela y Morales, aquel sacerdote, precursor en muchas experiencias de triste actualidad para sus compatriotas de hoy, que dejara la marca de su santidad y de su patriotismo tanto en Cuba, su tierra natal, como en los Estados Unidos, la tierra de su exilio.

Al pensar en su vida, su obra y su muerte, no pude menos que reparar una vez más en el valor tremendo y en las incalculables repercusiones de hechos, aparentemente insignificantes desde la lógica humana, pero que llevan en sí mismos un gran potencial de maravillas cuando se sustentan en una vida virtuosa puesta al servicio de Dios y de aquellos en quienes podemos encontrar el rostro de Jesucristo, su Hijo: los más pobres, los oprimidos, los desterrados, los inmigrantes... los pequeños del Señor.

Varios escritos sin grandes pretensiones literarias; homilías y enseñanzas expresadas con sencillez y firmeza de convicciones, todo ellos difundido solamente a través de los rudimentarios métodos que permitían su época y sus recursos —sin micrófonos, sin rotativas, sin teléfono, sin radio ni televisión, sin computadoras, sin redes de transmisión masiva—, una pobreza evangélica vivida sin amarguras y un profundo y equilibrado amor a la patria, carente de personalismos y estridencias, bastaron para que, poco tiempo después de su muerte, se le reconociera ya como «el santo de Cuba» y el forjador de la nacionalidad cubana.

Hoy, la Iglesia lo tiene camino a los altares y con cada generación de cubanos se evidencia más ciertamente su trascendente sabiduría en los asuntos de la patria.

Si nos preguntáramos porqué una labor tan humilde ha resultado ser tan provechosa, habría que decir, como causa primordial, que su obra partió de su fe, su esperanza y su caridad cristianas, manifestadas con gran valentía en circunstancias tan difíciles como la persecución y el ostracismo. Hemos visto cumplirse las promesas de las bienaventuranzas en la vida del Padre Varela, cristalizar en su obra la parábola de la semilla de mostaza, y comprobar, tras su muerte, la vigencia actual del grano de trigo que Jesús nos puso como ejemplo de fructificación inmortal.

A todo esto habría que añadir, me parece a mí, el que todos los pensamientos y las iniciativas del Padre Varela se formularon después de una seria reflexión sobre cada materia y sobre cada caso, de ahí que se dijese también de él, con gran justicia, que fue *«el primero que nos enseñó a pensar»*.

Decir esto, que nos enseñó a pensar, quiere decir categóricamente que nos enseñó a pensar correctamente, algo que no es posible si no se reflexiona a la luz de Aquel que *«tiene palabras de vida eterna»,* (S. Juan 6, 68) si no se fundamenta en principios sólidos y en razonamientos sensatos. Todo ello lo conjugó el padre Varela en función de cubanía y en servicio a su pueblo y a la humanidad entera.

Monseñor Eduardo Boza Masvidal, profeta y pastor de los cubanos de estos tiempos, espejo fiel de Varela, y cuyo primer aniversario de defunción —muerto también en santidad y en destierro— estaremos conmemorando el próximo 16 de marzo, nos decía hace algunos años, refiriéndose precisamente al que *«nos enseñó a pensar»... «es el primer intelectual cubano que con su palabra y con su pluma va sembrando una serie de ideas que fueron formando nuestra conciencia como pueblo hasta culminar en el ideal de libertad... algunos miopes intelectuales... pudieron pensar que estaba perdiendo el tiempo, pero él sabía que las ideas mueven al mundo y que sin esa siembra el fruto de la independencia no se hubiera producido... y estaba convencido de que esa vida basada en la fe era la mejor para hacer una patria grande. Por eso dice en las Cartas a Elpidio... no hay patria sin virtud, ni virtud con impiedad».* («El Padre Varela: un ejemplo para el exilio», Revista Ideal, libro «Voz en el Destierro», Pag. 245)

Por su parte, el Cardenal Jaime Ortega, Arzobispo de La Habana, nos decía hace un año, en su carta pastoral conmemorativa del sesquicentenario de la muerte del Padre Varela y que tituló con la frase vareliana anteriormente citada *«no hay patria sin virtud»*: *«Fue el Padre Varela... sacerdote preclaro, de vida santa, no veía ningún modo de abordar el mundo y el quehacer de los hombres en él, que no incluyera una postura ética ante la realidad, y no concebía otro fundamento para la ética sino la fe religiosa, asumida personalmente y respetada socialmente»*.

Esa patria virtuosa que Varela quería, esa «patria grande» cuya visión compartía Monseñor Boza, esa postura ética ante la realidad, tan necesaria para conducir acertadamente la vida de la nación, solamente pueden salir de un «pensar bien» entre cubanos, de pensar, en fin de cuentas, como el propio Varela nos enseñó: *«descubrir y ejercitar la facultad reflexiva para tomar decisiones, es pensar»* dice también el Arzobispo de La Habana en el texto ya citado.

Si siempre es necesario reflexionar concienzudamente cuando de la patria se trata, ¿cuánto más lo será en situaciones tan graves como la que vive Cuba actualmente, cuánto más cuando está en juego, como parece estarlo ahora, el futuro de la nación?

Yo veo con satisfacción y con esperanza cómo varios grupos de cubanos, tanto en la isla como en la diáspora, están uniendo sus pensamientos y sus conocimientos, para analizar y buscar soluciones a la gran crisis del presente, a la vez que elaborar proyectos y planes que contribuyan a un futuro de libertad y justicia para nuestro pueblo. Veo con alegría esa preocupación por el destino nacional, creo que debemos darle la bienvenida a todas las propuestas que sean fruto precisamente de la reflexión y me parece que la diversidad de ideas, que es propia de la democracia, nos debe servir de estímulo para continuar, con respeto mutuo y espíritu fraterno, buscando los caminos mejores para poder construir, entre todos, esa república cordial donde cada cubano pueda disfrutar de *«la libertad gloriosa de los hijos de Dios»*. (Rom. 8. 21)

Quiero animar, pues, a todos mis compatriotas, particularmente a los dirigentes y militantes de los grupos disidentes dentro de la isla y de las organizaciones del exilio, a insistir en la reflexión en cubanía, en la reflexión seria, serena y patriótica, en el *«pensar bien»* del que *«nos enseñó a pensar»* pues estoy seguro de que entregando todas esas reflexiones sobre Cuba en las manos de Nuestra Señora y Capitana, María, nuestra Madre de la Caridad del Cobre, ella las pondrá en el corazón sacratísimo de su Hijo, el Señor de la Vida, que vino al mundo para anunciar la liberación a los cautivos y la salvación de todos los hombres.

11 de marzo de 2004.

EN LA CELEBRACIÓN DE MIS 45 AÑOS DE SACERDOTE Y 25 DE OBISPO

Me parece que hoy yo tendría que comenzar dando gracias. Gracias a todos ustedes por estar aquí esta tarde, gracias a todos los que han hecho posible esta agradable reunión, a todos los que de una forma u otra han compartido la alegría de esta celebración y han colaborado con su trabajo, con su arte, con su talento o con su simple presencia. A todos yo les doy las gracias.

Yo tendría que añadir una expresión de agradecimiento también para todos los que han enriquecido mi vida y mi trabajo en estos 45 años como sacerdote de Jesucristo, 25 de los cuales he sido obispo en su Iglesia. En este largo camino son incontables las personas que, con sus oraciones, con su estímulo unos y con sus críticas otros, me han ayudado a realizar mi ministerio. De todos ellos he aprendido algo y por lo tanto, tengo que repetirles: ¡gracias, muchas gracias!

Desde luego, para hacer las cosas como es debido, como tratamos siempre de hacer, la primera acción de gracias ha de ser para Dios, nuestro Padre y Señor.

Todos los días nosotros vemos en los periódicos o en la televisión actos como éste, en los cuales se rinde homenaje a alguien y como aquí en Miami parece que somos muy innovadores, hace unos días, aquí, en el Zoológico, se le dio un homenaje a una orangután que había fallecido recientemente, de tal manera que, como podemos ver, no estamos escasos de homenajes.

Para que nadie se confunda, pues, vamos a decir que este homenaje es para Dios, es para Jesucristo, que es el único que merece todos los homenajes. Yo me complazco en tratar de ser un simple instrumento de su voluntad.

Por eso les decía que la primera expresión de gratitud esta tarde tiene que ser para Él, para el Señor. Fue Él quien me hizo sacerdote a través de las manos de Monseñor Alberto Martín Villaverde, obispo de

Matanzas, hace ya 45 años y fue Él quien me consagró obispo, a través de Monseñor Edward McCarthy, hace 25 años. Yo no he hecho más que pedirle en todo este tiempo que Él trabaje entre los hombres a través de mí y si algo ha salido bien es porque es Él quien lo ha hecho.

Alguien me recordaba que el 45 en la charada es presidente, y que el 25, es piedra fina. Y yo, pensando en mis 45 años de sacerdocio, puedo decir que no me cambio por ningún presidente, porque no puede haber puesto más alto que éste que me ha permitido celebrar la Santa Misa todos los días de todos estos años, consagrar el pan y el vino para que se conviertan en cuerpo y sangre de Cristo y ser un canal del perdón y la misericordia de Dios para todo aquel que los pida.

Y pensando en mis 25 años de obispo, he visto que al llamarme a la plenitud del sacerdocio, el Señor me entregó, con un grado mayor de responsabilidad, dos «piedras finas» que son parte de aquel tesoro que un hombre halló y vendió todo lo que tenía para poder comprar el terreno donde estaba, como nos cuenta el propio Jesús, nuestro Salvador. Una de esas piedras finas es el Evangelio y la otra es la devoción a María Santísima bajo su lindo título de la Caridad.

Las piedras finas no se tienen para esconderlas, sino para que todo el mundo pueda verlas, admirarlas y gozar de su belleza y eso es lo que tenemos que hacer todos los católicos: compartir con los hermanos el Evangelio, compartir también el amor de María, escucharla cuando ella nos dice que hagamos lo que su Hijo nos dice y de esa manera todos seremos más que presidentes, porque Él hizo de nosotros un pueblo de profetas, sacerdotes y reyes. Y quien apuesta la charada de Jesucristo, se gana el premio mayor, porque con Él, nadie pierde nunca.

Nosotros tenemos, además, el compromiso de cooperar, de ayudar en todo lo posible, a nuestra Iglesia en Cuba para lograr que esas piedra finas del Evangelio y del amor a nuestra Madre y patrona; que el tesoro de la fe, en fin de cuentas, pueda ser difundido en la isla, pueda ser compartido por todos los cubanos. Eso no es posible ahora, porque en vez de un presidente, tenemos un dictador y es por eso que tenemos que seguir orando y seguir trabajando por la liberación, por la evangelización y por la reconciliación de todos los cubanos.

Y debemos de aprender también, porque tal vez muchos de nuestros problemas se deban a que, desde que comenzó la República, nos pusimos a tirarle piedras, y no piedras finas precisamente, a todos los presidentes y ya ven lo que conseguimos. Ahora mismo, cada vez que surge un dirigente, o una iniciativa, o un proyecto que busque el cambio, le caemos a pedradas si no se ajusta exactamente a lo que prefiere cada uno. Y nos olvidamos que Cristo no nos pide que nos tiremos piedras, sino que nos amemos los unos a los otros. Si hacemos esto, si nos amamos los unos a los otros, entonces Cristo será el verdadero presidente y ya no habrá más dictaduras.

Yo doy gracias también en la celebración de estos aniversarios, porque la Ermita de la Caridad, desde que era una sencilla capillita hace más de 35 años, ha servido como difusora de esas «piedras finas» que el Señor nos da, del Evangelio, de la devoción a María, Nuestra Señora de la Caridad del Cobre, y también de esas otras piedras finas del civismo cubano que son el amor a la patria, y a todas las patrias, del respeto mutuo y del compromiso con los derechos humanos, que no son otra cosa que los derechos que Dios regaló a cada uno de sus hijos.

Demos, pues, gracias a Dios por ese regalo y por todos sus regalos. Gracias una vez más a todos, pues nada de lo que se ha hecho se hubiera podido hacer sin el esfuerzo y el entusiasmo de ustedes. Que Dios los bendiga.

20 de marzo de 2004

Nota del Editor: La humildad de Monseñor Román le hacía rehuir todos los homenajes y reconocimientos que en su honor se proponían y sólo los aceptaba cuando el producto de esos actos aportaba algo para obras de caridad. En esta ocasión en la que hizo gala de su buen humor cubano y su ausencia de vanidad, no pudo, sin embargo, escapar de su condición de catequista sempiterno, al utilizar la charada como medio de evangelización.

LA MADRE DEL REDENTOR, LA CARTA QUE MUESTRA EL AMOR DEL PAPA A MARÍA

El Santo Padre Juan Pablo II abrió el Año Mariano 1987-1988 con una encíclica que se hacía esperar: «Redemptoris Mater». Veamos unos minutos el mensaje que en ella se ofrece a todos los cristianos para sacar primero el propio nuestro.

El Papa toma un tema casi olvidado, pero muy importante, de los Padres de la Iglesia: "María, la Nueva Eva". San Ireneo, San Justino y Tertuliano lo desarrollan en el siglo II. La encíclica toca este tema en los números 13, 19 Y 41. La antífona del Benedictus en el Común de la Virgen nos lo hace orar así: *«Por Eva se cerraron a los hombres las puertas del paraíso y por María Virgen se han vuelto a abrir a todos».* El Antiguo Testamento lo abre una mujer. El Nuevo Testamento lo abre otra. Ambas hablan con ángeles y ambas responden, *Fiat*. La diferencia es que la primera mujer habla con un ángel que viene con un mensaje del infierno y por tanto, desobedece. La segunda responde a un mensajero del cielo y obedece. Por la primera se cerraron a los hombres las puertas del paraíso y por la segunda se han vuelto a abrir a todos las mismas puertas.

El Papa en su encíclica, siguiendo los Padres citados nos presenta a María, Nueva Eva, en tres cuadros: 1. En la Anunciación, 2. En la Presentación, que el tiene la novedad de llamar el segundo *«Anuncio de María»,* dado que indica la concreta dimensión histórica en la cual el Hijo cumplirá su misión, es decir, en la incomprensión y el dolor.

El tercer cuadro en que nos presenta a la Nueva Eva es la cruz. En los tres cuadros María cree el mensaje divino. Ella es feliz porque ha creído. Oigamos al Papa en el numero 19:

«Desde la cruz es decir, desde el interior mismo del misterio de la redención se extiende el radio de acción y se dilata la pers-

pectiva de aquella bendición de fe. Se remonta hasta el comienzo y como participación en el sacrificio de Cristo, Nuevo Adán, en cierto sentido, se convierte en el contrapeso de la desobediencia y de la incredulidad contenidas en el pecado de los primeros padres».

La encíclica se detiene en la cruz y nos hace escuchar y meditar las palabras de Cristo a María: *«Mujer, ahí tienes a tu Hijo»* y las palabras a Juan *«Ahí tienes a tu Madre».* Se puede decir además que en estas mismas palabras esta indicado plenamente el motivo de la dimensión mariana de la vida de los discípulos de Cristo, no solo de Juan, que en aquel instante se encontraba a los pies de la cruz en compañía de la Madre de su Maestro, sino, que, en Juan, todos los discípulos de Cristo estaban presente (45). En la carta de Jueves Santo a los sacerdotes de 1987 el Papa dice que en el corazón de Juan al pie de la cruz estarían grabadas las palabras de la noche anterior en el cenáculo: *«Haced esto en memoria mía».*

Todos los fieles y de manera especial los sacerdotes, necesitamos la fe de María, una fe profunda y firme en virtud de la sucesión apostólica del cenáculo. A la Virgen necesitamos todos acogerla en nuestra casa como Juan la llevó consigo, nos dice el Santo Padre que las traducciones, incluso la que usamos en la liturgia actualmente dice: *«La llevó consigo a su casa»* pero grandes escrituristas como el padre Ignacio de la Potesie nos dice que la traducción exacta es *«la acogió en su intimidad».*

«Y desde aquella hora el discípulo la acogió en su casa» (Juan 19, 27). Esta afirmación quiere decir con certeza que el discípulo se atribuye el papel de hijo, que él cuidó de la madre del Maestro amado, y que María fue dada como madre personalmente a él. La afirmación indica, aunque sea indirectamente, lo que expresa la relación íntima de un hijo con la madre. Y todo esto se encierra en la palabra entrega. *«La entrega es la respuesta al amor de una persona y, en concreto, al amor de Madre».*

A la luz de la encíclica Redemptoris Mater, el Papa escribió la carta del Jueves Santo a los sacerdotes para que recordemos la relación entre sacrificio, sacerdocio, y encarnación, para invitarnos a unirnos al altar con María cada día.

A la luz de esta encíclica Redemptoris Mater ha cerrado aquel Año Mariano con la carta sobre la dignidad de la mujer, del 15 de agosto del 1988.

En su carta sobre el Rosario, el Vicario de Cristo nos invita a meditar los misterios de la vida del Señor en unión con María. Ojála que lleguemos a hacerlo regularmente con nuestras familias. Estoy seguro que será una fuente de bendición.

La Conferencia Episcopal de los Estados Unidos nos dirigió una carta pastoral a los hispanos donde nos dice que entre los valores de nuestra cultura está: *«Una auténtica y firme devoción a María Madre de Dios»,* desarrollada en el marco del catolicismo popular. En el transcurso de medio milenio hemos aprendido a expresar la fe en oraciones y tradiciones que iniciaron, alentaron y desarrollaron los que sembraron las semillas del Evangelio en este continente.

Mediados de 2004.

INVITACIÓN A LA CORDIALIDAD EN EL INICIO DEL DIÁLOGO NACIONAL EN MIAMI

En esta nueva ocasión en que cubanos exiliados de los más diversos matices políticos, comprometidos en el respeto mutuo, que es la base de la convivencia democrática, se reúnen en respuesta al reclamo de la nación en crisis, yo quiero compartir con ustedes; los que aquí están y los que no están aquí; los entusiastas y los escépticos, la alegría y la esperanza que tengo en mi corazón ante este acontecimiento.

Estoy seguro de que nada malo puede ocurrir cuando hombres y mujeres de buena voluntad, se juntan en medio de su diversidad para discutir con franqueza, firmeza y grandeza los problemas de Cuba, con la sola intención de hacer un aporte fructífero a la búsqueda de soluciones a la que todos, por cubanos, estamos obligados. Creo que, de esta manera, somos consecuentes con la alternativa vital que planteara nuestro inolvidable pastor y profeta, Monseñor Eduardo Boza Masvidal, cuando indicaba que *«quien no vive para servir, no sirve para vivir»*.

Es bueno que, para comenzar este esfuerzo, se rescate el verdadero significado de la palabra diálogo. Todos hemos sido testigos de la tergiversación de este hermoso vocablo, gracias a las manipulaciones de la dictadura que ha querido utilizarlo para sus propios fines, y gracias también al acatamiento del léxico castrista por parte de algunos que, acaso sin reparar de donde viene la tergiversación, parecen conformarse conque nos roben el diccionario, los mismos que anteriormente nos robaron la patria.

Comenzamos, pues, reivindicando el derecho del pueblo cubano a hablar en posesión del valor real de las palabras, que es la única manera de entenderse los hombres de bien. Eso mismo yo quisiera verlo también con la palabra libertad, con la palabra justicia, con la palabra democracia, con la palabra patriotismo, con la palabra paz. Que nunca más los que secuestran la esencia de estas palabras y se la niegan a nuestro pueblo, nos induzcan a usar las mismas con un sentido diferente al de la bondad de su significado verdadero. Pidamos a Aquel que tiene palabras de vida eterna, al que es la Palabra de Dios hecha carne, que no permita que nos confundan nuevamente las palabras.

Me entusiasma ver que se toman como base para la discusión las propuestas contenidas en un Documento de Trabajo que se nos presenta sin pretensiones lapidarias, sino, por el contrario, sujeto a todos los cambios y modificaciones que los que lo estudien, tanto en la isla como en el destierro, pudieran estimar pertinentes.

Como un cubano que, sin desconocer los errores que pudiera haber tenido la República, admira sinceramente sus logros y virtudes, me place enormemente ver que una gran parte de las proposiciones del Documento de Trabajo, tienen su origen en los acápites de nuestra justamente alabada Constitución de 1940, heredera de la democrática tradición constitucionalista que comenzaran nuestros mambises en Guaímaro, el 10 de abril de 1869.

Pero, sobre todo, me complace ver que no se invita a una discusión indefinida en tema ni en tiempo, ya que es claro el propósito de este Diálogo Nacional Cubano y del documento a discusión, de lograr una transición en Cuba, no por pacífica menos radical y no por ordenada, lenta. Así, en el contexto de esta propuesta, y si los cubanos todos hacemos acopio de valor y civismo para llevarla a cabo, tendríamos en nuestra Cuba una nueva Constitución democrática y soberanamente redactada, elecciones municipales, provinciales y nacionales absolutamente libres y, al término del proceso que se propone, un nuevo gobierno libremente elegido por los cubanos, todo ello en un plazo no mayor de 24 meses.

Yo quiero sumarme a la invitación que ha sido hecha, porque es una invitación sin exclusiones, a todos los cubanos, a discutir seriamente y con altura de miras los problemas de nuestra patria, y las posibles soluciones para los mismos dentro del marco honorable del decoro y de la factibilidad.

Discutamos este documento, cambiemos lo que sea necesario cambiar, mejoremos lo que sea mejorable, quitemos lo que sobre, pero hagámoslo todo imbuidos de cordialidad, de aquella cordialidad que distinguió en gran medida las contiendas cívicas en nuestra República, de esa cordialidad que es la antítesis y el antídoto del odio impuesto en Cuba por la dictadura que debe terminar, de esa cordialidad que todos sabemos es imprescindible entre nosotros, los exiliados, para poder dar lo mejor de nosotros mismos al futuro de la patria.

No hago este llamamiento como lo haría un líder político, porque yo no lo soy. Lo hago como un sencillo cubano de San Antonio de los Baños, como un desterrado más, que ansía, como cualquier otro desterrado, ver el día en que el Señor nos devuelva a nuestra tierra.

Y, como no puedo, ni quiero negar lo que soy, lo hago también como pastor preocupado por la felicidad de su rebaño, como hombre de fe que recuerda siempre lo que acabo de mencionar: que solamente el Señor nos puede devolver a nuestra tierra, que para ello es necesario poner humildemente bajo su guía éste y todos los esfuerzos que hagamos por la patria.

Pidámosle, pues, que nos infunda su espíritu y que cambie nuestro corazón de piedra por un corazón de carne, para recuperar la cordialidad y hacer de ella un instrumento de liberación, que nos conduzca a la Cuba «creyente y dichosa» por la que tantos han dado la vida.

En la barca de los tres Juanes, símbolos ellos mismos del pueblo cubano, pongamos hoy estas intenciones, para que la misma María Santísima de la Caridad del Cobre, que los condujo a ellos a puerto seguro, lleve nuestra súplica por Cuba a los pies de Jesucristo, su Hijo y Señor Nuestro. Que así sea.

+Monseñor Agustín A. Román
7 de julio de 2004

Nota del Editor: Invocación pronunciada por Mons. Román al comenzar en Miami la discusión del documento de trabajo presentado por el

Movimiento Cristiano Liberación como parte de su propuesta de Diálogo Nacional.

APRENDAMOS DE LA TRAGEDIA

La conmemoración de la tragedia del remolcador «13 de Marzo» es una que siempre nos llena de tristes recuerdos y que debiera, al mismo tiempo, provocar en nosotros la firmísima decisión de continuar empeñados en una incansable búsqueda de justicia, en un compromiso serio con la verdad, en un esfuerzo íntegro por la libertad, y todo ello animado por el más puro y desinteresado amor a Cuba, de tal manera que, fundamentados sobre esas bases de justicia, verdad, libertad y amor,—como la describiera el Beato Papa Juan XXIII- podamos los cubanos conquistar la paz, y que ésta sea tan sólida y verdadera que nunca más tengamos que padecer la repetición de hechos semejantes al que hoy rememoramos.

Si algo nos confirma este doloroso acontecimiento de nuestra historia contemporánea, es la maldad intrínseca del brutal totalitarismo impuesto al pueblo cubano y el nivel de degradación moral al que podemos llegar los hombres cuando permitimos que el miedo y el odio dirijan nuestras acciones.

No olvidemos que fueron cubanos, cubanos desgraciados, es decir, rebeldes a la gracia de Dios, los que embistieron con sus naves el remolcador en el que otros cubanos trataban simplemente de irse de Cuba. No olvidemos que esos cubanos que sirvieron de verdugos de sus hermanos, tal vez ni siquiera repararon en la magnitud de su crimen, porque durante mucho tiempo se les estuvo repitiendo que los que discrepan del ideario de los que mandan, son traidores, vendepatrias y servidores del enemigo, que no merecen vivir.

Cuidémonos de que la práctica del «asesinato moral» que tantas veces ha precedido en Cuba al asesinato real, se nos quiera imponer también en el exilio con el irresponsable lanzamiento de acusaciones mentirosas contra los que hemos optado por buscar el bien de la patria sin odio y sin violencia. Dejémosle la mentira y la tergiversación a los que optan por la esclavitud, porque de todos es sabido que solamente la verdad nos hace libres.

A los que mandan en Cuba, y a los que tratan de ejercer fuera de Cuba un liderazgo exento de cuestionamientos, sería bueno, pues, recordarles que un remolcador puede ser hundido, pero la verdad, no: la verdad siempre sale a flote.

Es por eso que, a pesar de los esfuerzos realizados por la dictadura para tratar de ocultar esta masacre, hoy, al igual que nosotros aquí, muchos hombres y mujeres, en distintos lugares del mundo, recuerdan a las víctimas del hundimiento y a todos los que sufren en Cuba. Nosotros, que lo hacemos en la casa de Dios, como cristianos, comenzamos elevando nuestras preces al Señor, al igual que lo hemos hecho al largo de tantos años, pidiéndole hoy por el descanso eterno de todos los hombres, las mujeres y los niños cuyas vidas fueron arrancadas por el odio y por la mentira a bordo del remolcador 13 de Marzo; pidiéndole por el consuelo y la sanación para sus familiares, pidiéndole por la libertad de Cuba, y pidiéndole también por la liberación de todos los corazones embotados por el fanatismo.

Esta conmemoración, dolorosa, pero necesaria, nos confirma algo más y muy en contraste con lo anterior, y es el valor de la familia en la cultura cubana, un valor que no obstante haber sido saboteado durante los más de 45 años de dominación totalitaria en Cuba, ha logrado sobrevivir y mantenerse y es, sin duda, un bastión para el futuro.

Contra aquellos que por odio hundían el remolcador, se alzaba el amor de las madres y de los padres tratando de salvar a sus hijos. Fue el ansia de justicia para sus familiares muertos y la voluntad de proteger a los familiares sobrevivientes, lo que hizo que, apenas ocurrida la masacre, las voces de denuncia y reclamación se alzaran sin temor desde la isla. Fue el activismo desesperado de los que habían visto hundirse en el mar a sus seres queridos lo que hizo que el mundo conociera este crimen injustificable. El amor a la familia, bien entendido y bien vivido, es también una fuerza liberadora.

Es así, porque la patria no es tanto un lugar en la geografía del mundo, como una gran familia de familias unidas por el amor, la cultura, la tradición y la historia. Si sacamos a Dios de esa familia, el amor se convierte en egoísmo, y la cultura, la tradición y la historia se manipulan sin respeto a la verdad para favorecer a los más fuertes. Las consecuencias de esto son la esclavitud y la muerte, como hemos podido comprobar en el caso cubano y como nos lo dice tan desgarradoramente la tragedia a cuyo décimo aniversario arribamos hoy.

En los albores de esta cruenta etapa que Cuba vive todavía, un santo hombre y ejemplar cubano, el entonces obispo de Matanzas, Monseñor Alberto Martín Villaverde, nos planteó una alternativa que era muy importante entonces y lo sigue siendo ahora: «O con Dios en el amor, o contra Dios en el odio». Más tarde, en 1998, durante su recordada visita a Cuba, el Santo Padre Juan Pablo II, conocedor en carne propia de las atrocidades del totalitarismo y de los entresijos de la justa lucha por la libertad, nos repitió una y otra vez la evangélica fórmula de liberación: «¡No tengan miedo!»

Escojamos estar con Dios en el amor para que nunca más sufra nuestro pueblo los desafueros del odio. Desechemos el miedo y defendamos nuestra fe, nuestros valores y nuestros derechos para apresurar la llegada de la libertad. Fortalezcamos a cada familia y a la gran familia de la patria, para que la división y la mentira sean sustituidas por la concordia y la verdad.

Y pidamos a nuestra Santísima Madre de la Caridad del Cobre, que protegió a los tres Juanes en su barca, que interceda así mismo ante su Divino Hijo y Señor Nuestro Jesucristo por los que perecieron en el remolcador «13 de Marzo», de tal forma que su hundimiento en el mar se convierta en un ascenso a la gloria eterna. Que muy pronto, sobre suelo cubano, podamos unir nuestras voces a la del salmista, para proclamar con alegría *«¡Dichosa la nación cuyo dios es el Señor!»*. En el nombre del Padre, del Hijo y del Espíritu Santo. Amén.

+Mons. Agustín A. Román

13 de julio de 2004

PREPAREMOS NUESTRA BARCA

Con la fiesta de Nuestra Señora de la Caridad del Cobre en este 8 de septiembre del 2004 comenzaremos el novenario para la celebración de los cuatrocientos años de la aparición de su bendita imagen en las aguas de la bahía de Nipe, en la hoy diócesis de Holguín, Cuba. Será una novena de años, nueve años de preparación espiritual, para la rememoración y la actualización del regalo del Señor a nuestro pueblo: la caridad, es decir, el amor del mismo Dios, en la figura de su Madre Santísima.

Por eso es que hoy hacemos un llamamiento a la familia cubana a recordar la historia mariana, cuatro veces centenaria en los cinco siglos de existencia de nuestra nación, a revivir nuestra fe cristiana católica y a revitalizar lo mejor del alma nacional.

Este primer año de la novena coincide con la exhortación del Santo Padre Juan Pablo II a encontrarnos con Cristo en la Eucaristía y así, armados con la gracia de ese sacramento de vida y amor, emprenderemos nuestro camino hacia el cuarto centenario de la presencia de la Virgen de la Caridad entre nosotros, cuyo final será un jubiloso reencuentro del cubano con su fe.

Debiéramos ver esta preparación como aquella que los tres Juanes sin duda hicieron para cruzar la bahía. Seguramente, aquellos tres sencillos hombres, representación genuina del pueblo de Cuba, no se lanzaron descuidadamente al mar, sino que aparejaron su barca con todo lo necesario para una travesía feliz y fructífera.

Asimismo, debemos prepararnos nosotros para esta travesía espiritual, de manera que, al igual que ellos, hallemos al Señor en los brazos de María, dentro de la espiritualidad propia de nuestra idiosincrasia, orientada hacia el pleno disfrute de *«la libertad gozosa de los hijos de Dios»* (Rom., 8, 21).

Lo primero que pondremos en nuestra barquichuela es la memoria histórica que atestigua tanto la sacralidad, como la cubanía de esta advocación de la Santísima Virgen. Sacralidad, porque en el testimonio de Juan Moreno sobre la aparición de la imagen, vemos cómo el milagro se perfila en la sencillez de sus palabras. Cubanía, porque la cronología del rápido arraigo de esta devoción, nos revela que fue ella, Nuestra Señora de la Caridad del Cobre, el símbolo precursor de la nacionalidad cubana.

La declaración que ofreció Juan Moreno, *«el negrito de la Caridad»,* cuando tenía 85 años de edad, y que fuese encontrada en el Archivo de Indias de Sevilla gracias al desaparecido sabio cubano Dr. Leví Marrero, permite fijar con certeza la fecha de la aparición entre los años 1612 y 1613. Con amorosa rememoración, aquel esclavo bendecido con la fe católica, nos narra como....» *vieron una cosa blanca sobre la espuma del agua.... y en estos discursos, llegados, reconocieron y vieron la imagen de Nuestra Señora la Virgen Santísima con un Niño Jesús en los brazos sobre una tablita pequeña, y en dicha tablita unas letras grandes las cuales leyó dicho Rodrigo de Hoyos, y decían: «Yo soy la Virgen de la Caridad»....*

Milagrosa, como el hallazgo de su imagen, fue también la difusión de la devoción a la Virgen de la Caridad. Para finales del propio siglo XVII ya se venera a María, bajo este título, en casi toda la isla, a pesar de que los pobladores del país vivían entonces en pequeños caseríos con escasa comunicación entre sí, o dispersos en el campo, muy distantes unos de otros. A mediados del siglo XIX hay ermitas y templos dedicados a *«La Caridad»* en todas las regiones de Cuba, y ya para entonces, el propio obispo San Antonio María Claret reconoce implícitamente en ella el común denominador de la fe de sus fieles, al visitar el Santuario, en 1851, para comenzar su gira misionera.

Al alborear la República en 1902, es ostensible que Nuestra Señora de la Caridad del Cobre reina en los corazones cubanos de Maisí a San Antonio, y esto es ratificado a mediados del propio siglo XX cuando, con motivo del Cincuentenario de la República, se suceden grandes manifestaciones populares al recibir a la imagen peregrina en la misión que, auspiciada por los obispos de la isla en aquel tiempo, el recordado franciscano Manuel de Oroquieta llevó a cada uno de los municipios cubanos.

Ya para entonces, era común ver en casi todos los hogares católicos, que eran la gran mayoría en Cuba, junto al cuadro venerado del Sagrado Corazón de Jesús, el de su Santa Madre en su advocación de El Cobre, tan sembrada en el alma nacional, que era por tierno cariño, ausente de toda irreverencia, que el lenguaje de la religiosidad popular la llamara por el cubanísimo apelativo de *Cachita.*

A la rapidez de su expansión, habría que añadir la profundidad de esta devoción cubana, algo demostrado de manera singular en los últimos años, en los que, a pesar del huracán marxista que todavía azota a Cuba, ella sigue siendo la referencia primera de la fe cristiana en la isla, como se pudo ver en el acto de coronación de la imagen bendita por el Santo Padre Juan Pablo II durante su visita allá, en 1998. El terror logró que muchos quitaran de sus hogares la estampita de La Caridad, pero no pudo lograr que la quitaran de sus corazones.

Junto con el hecho innegable de su presencia histórica, debemos poner en nuestra barca de peregrinos rumbo al cuarto centenario, el vínculo excepcional que une a María Santísima de la Caridad del Cobre con las justas aspiraciones de los cubanos de todas las generaciones a la libertad y al disfrute de sus derechos como hijos de Dios.

En 1801 los mineros de El Cobre, dirigidos por el padre Alejandro Ascanio, obtienen su libertad por Real Cédula, leída ante el Santuario de la Virgen por el propio sacerdote. Más tarde, surgiría ella de la manigua como «la Virgen Mambisa», por su presencia constante en la fe y el amor de los que combatían por la independencia, devoción ejemplificada, entre otros, en el Lugarteniente General Antonio de la Caridad Maceo y Grajales.

En 1916, fue a petición de los veteranos mambises, que el Papa Bendicto XV proclamara a Nuestra Señora de la Caridad de El Cobre como Patrona de Cuba. En 1959 la imagen auténtica aparecida en Nipe fue llevada a La Habana para presidir el Congreso Católico Nacional, primera gran manifestación pública de denuncia a la entonces incipiente comunización de Cuba, y fue ante esa misma imagen, en 1998, también durante la visita pastoral del Santo Padre, que millares de cubanos, a viva voz, reclamaron su libertad.

Vale recordar aquí que, en el espíritu del Magníficat, la bella oración de María, la libertad del hombre no puede entenderse desligada de la fidelidad a Dios. Esto lo resumió sabiamente nuestro hermano obispo y profeta Eduardo Boza Masvidal, hoy en la Casa del Padre, en su famosa sentencia de que *«no es libre por fuera, quien no es libre por dentro»*. Esa libertad total, dichosamente sujeta al amor de Dios, es la que Nuestra Señora de la Caridad del Cobre representa para el pueblo cubano como su más puro símbolo.

Madre y Liberadora, compañera fiel de nuestro pueblo en su peregrinar hacia Cristo y en su vocación de libertad, María Santísima nos invita a la celebración de los cuatrocientos años de su presencia entre los cubanos, uniéndonos a ella en la proclamación del Dios Todopoderoso que *«derriba del trono a los poderosos y enaltece a los humildes»* (S. Lucas 1, 52) y en el seguimiento de su hijo, el Señor, que nos llama a amarnos unos a los otros, como Él nos ha amado.

Preparemos, pues, nuestra barca y que sea la oración el soplo que nos impulse al encuentro liberador con Jesucristo en esta gloriosa celebración mariana, para bien de nuestras almas y para bien de nuestro pueblo.

P. Oscar Castañeda
Rector de la Ermita

+Mons. Agustín A. Román
Rector Emeritus

8 de septiembre de 2004

RECORDANDO EL MARIEL

La noticia recibida el pasado 12 de diciembre, de que el Tribunal Supremo emitía una decisión declarando ilegal el mantener detenidos en prisión a personas que ya han cumplido sus sentencias, nos llenó de alegría a todos los que hemos trabajado durante dos décadas porque la justicia se humanizara. Esto nos hace comprobar a los creyentes que la oración siempre triunfa, tarde o temprano.

Recuerdo que durante 25 años he visto a hombres de la Arquidiócesis de Miami abogando porque la justicia fuese acompañada de la misericordia, especialmente en el caso de los detenidos. La oficina de los detenidos en nuestra Arquidiócesis siempre trabajó por todos y cada uno de los presos y de los familiares que a ella acudían, y soy testigo de esto porque allí trabajé por 19 años.

Recuerdo que al llegar los desterrados del Mariel les recibíamos en Cayo Hueso y en Miami con la ayuda de los miembros de nuestros Movimientos Apostólicos. Les ofrecíamos el consuelo de la fe, como hermanos, sin olvidar sus necesidades materiales, las que cubríamos de la mejor manera posible, con lo poco que teníamos.

Recuerdo que entre aquellas 125,000 personas que llegaron en cinco meses a través del puente Mariel-Cayo Hueso, había algunos enfermos mentales y morales, que habían sido sacados de las cárceles por el gobierno cubano para dañar la imagen de los desterrados. La gran mayoría de los que llegaban, sin embargo, era gente buena en busca de libertad.

¡Cuántos sufrieron cárcel en este país por ser honestos y decir la verdad, que habían sido prisioneros en Cuba acusados de peligrosidad, es decir, desobediencia al sistema! Tristemente, todos fueron tratados de la misma manera, sin habérseles reconocido el derecho a tener una justa defensa. Muchos quedaron detenidos indefinidamente.

Recuerdo la preocupación del Arzobispo McCarthy, de Monseñor Bryan Walsh y del padre (hoy Obispo) Thomas Wenski, entre otros, a los cuales acompañé pidiendo clemencia a las autoridades, y pidiendo comprensión a los que aquí no comprendían la triste situación. No he podido olvidar el dolor de las cárceles, que se reflejaba en los millares de cartas que nos enviaban continuamente, cartas que siempre contestaba gracias a un grupo de buenos voluntarios que siempre me acompañó.

Recuerdo la labor de las Hijas de la Caridad en la Ermita, consolando a las madres y esposas que nos visitaban después de haber trabajado duramente en dos o más lugares para poder ganar el sustento de sus hijos, ya que sus esposos permanecían detenidos por Inmigración, a pesar de que ya ellos habían cumplido con la justicia.

Recuerdo cuando, con Monseñor Boza primero, y con Monseñor Enrique San Pedro después, tratamos de poner la verdad sobre la mesa para que se comprendiera que no era justo mantener personas en prisión después de haber cumplido su sentencia, porque su país de origen, al cual se trataba de deportarlos, no quería recibirlos.

También recuerdo el trabajo de nuestro laicado, cuando se formaron dos coaliciones en busca de darle una solución verdaderamente humana a la difícil situación de los refugiados detenidos, en Atlanta con el abogado Gary Leshow, y en Miami con Alberto Müller.

Recuerdo hasta dónde llegó la desesperación de los detenidos al conocer que el gobierno de Estados Unidos y el de Cuba habían acordado que ellos debían ser devueltos a la isla. La desesperación los llevó a quemar las cárceles, y llevados por la violencia, tomaron de rehenes a las personas que trabajaban en las mismas instituciones penales. Fueron días de inolvidable angustia.

Recuerdo que acompañado del Dr. Rafael Peñalver, que se preocupó siempre porque la justicia se humanizara, nos encontramos con los prisioneros en Atlanta y en Oakdale respectivamente, en noviembre de 1987, algo que, tristemente, se repitió en Martinville en 1999.

Fue de gran consuelo la disponibilidad de los miembros de las distintas organizaciones cívicas cubanas para integrar un grupo de trabajo (Task Force). Nos reunimos semanalmente por más de dos años, lidiando con el Departamento de Justicia y con cada caso en particular, buscando no solamente la deseada libertad personal de cada detenido, sino, además, el bien común, con una buena integración en su familia y en la sociedad.

Todos oramos. Recuerdo también la solidaridad de hermanos de otras denominaciones. No puedo olvidar el poder de la oración, demostrado cuando la ira se cambió en mansedumbre en aquella tarde de Oakdale. Todavía me parece ver cómo las rústicas armas que los detenidos se habían construido, desconfiando de toda autoridad, caían al suelo al pedirles que rezáramos el Padre Nuestro, como los hijos de dirigen al Padre en los momentos de necesidad.

Lo que la fuerza no pudo lograr durante dos semanas, lo pudo la oración en un minuto.

Entonces se alcanzó una solución parcial. Ahora, con la noticia del pasado 12 de enero, al declarar el Tribunal Supremo la ilegalidad de mantener en prisión a una persona que ha cumplido su sentencia, alcanzamos la solución total, no sólo para los cubanos que vinieron por el Mariel, sino para cualquier persona que se halle en situación semejante.

He orado por muchos años con el rosario en la mano, y continúo haciéndolo, para que Inmigración y Justicia se pongan de acuerdo, ya que la justicia se puede y se debe humanizar con la misericordia.

+Mons. Agustín A. Román

16 de enero de 2005

LO DESPERTÓ EL CARTERO

Recibía tantas cartas en las cuales los cubanos le manifestaban sus necesidades frente a las enfermedades que sufrían, que un día, el 13 de mayo de 1993, busca la respuesta fundando la institución Cubanos con Fe en Acción. Este fue el caso del querido padre Francisco Santana, que este viernes, 28 de enero, recordaremos el primer año de su partida a la Casa del Padre.

Lo conocí muy bien porque trabajamos juntos en la Ermita de la Caridad y nos encontrábamos cada día en las comidas donde siempre recordábamos nuestro ideal desde jóvenes: luchar por una Cuba «creyente y dichosa».

El padre Santana fue un sacerdote que amó su sacerdocio y cuya caridad le hizo sufrir siempre con el que sufría y alegrarse con el que se mostraba alegre. Su catolicidad lo llevó a olvidarse de sí para preocuparse por todos. ¡Cuántas veces lo vi buscando medicinas cuando un huracán o un terremoto azotaba a un país, aunque el no conociera a nadie allí! Para él, todo hombre era su hermano.

Su escuchado programa «El cubano y su fe», por Radio Martí, le hizo establecer una amplia relación con todos los que estaban en la isla y las cartas le llegaban cada día, de todas las provincias y municipios, manifestándole sus necesidades.

Recuerdo cuando, en 1993, durante el llamado «período especial» la gente, a pesar de su sufrimiento, comentaba con el típico humor criollo que para sobrevivir en Cuba había que tener FE, o sea, *«Familiares en el Extranjero»*. Lamentablemente, el chiste era completamente cierto, porque quien no tenía divisas no resolvía ninguno de sus problemas diarios. La caridad del padre Santana lo movió siempre hacia aquellos que necesitaban ayuda. Cuántas veces le oí decir *«todos somos familia porque todos somos hijos del mismo Padre que está en el cielo, todos podemos ayudarnos»* repetía el querido sacerdote.

Las distintas denominaciones cristianas de Miami le abrieron los brazos, los buenos profesionales, los grupos fraternales masónicos cooperaron con él en esta obra a la que dedicó su tiempo libre, acompañado del grupo fiel de voluntarios que aún continúa la obra después que el padre ya no está con nosotros.

Los Guías Espirituales, grupo ecuménico de Miami, hemos apoyado y seguiremos apoyando esta obra humanitaria que silenciosamente ha realizado tanto bien a través de nuestras iglesias.

Haciendo un recuento de hace doce años, Cubanos con Fe en Acción ha hecho llegar al cubano en Cuba, en su propia casa, cerca de 300,000 libras de medicinas de todo tipo, así como suplementos nutritivos, además de 235,000 pares de espejuelos y cientos de sillas de ruedas y bastones para los minusválidos. Muchos son los testimonios de esta ayuda que, como el padre Santana expresaba, se ha venido efectuando de una forma concreta, discreta y eficaz que ha sido consuelo y alivio en medio de tantas dificultades y necesidades que sufre el pueblo cubano.

El padre Santana luchó hasta el final con increíble tesón y devoción, por asegurar esta necesaria misión de caridad de hermano a hermano. En el humilde almacén de medicinas se nos muestran más de 50,000 cartas recibidas de Cuba, que solicitan ayuda o dan gracias por lo que recibieron. Este es el mejor testimonio sobre esta obra humanitaria que es de todos.

Después del triste fallecimiento del padre Santana y del maratón del 2004, su fiel grupo de voluntarios está continuando su obra cristiana, la obra que comenzó un sacerdote, despertando frente al dolor de un pueblo a través de las cartas. Al buen corazón del padre Santana lo despertó el cartero.

28 de enero de 2005.

LA LIBERACIÓN DE LOS PRISIONEROS DEL MARIEL

El tiempo de Cuaresma, este período de oración intensa y fructífero sacrificio conque la Iglesia se prepara para la celebración de los grandes misterios de la pasión, muerte y resurrección de Jesucristo, nos debe acercar de una manera íntima y real a todos los que sufren en el mundo, cualquiera que sea el motivo de su sufrimiento, pero, de una forma especial, a aquellos que padecen injusticias, a los que son víctimas de la ceguera o el egoísmo de otros hombres.

Nunca debiéramos olvidar, sobre todo cuando tratamos de juzgar a los demás, que Jesús de Nazaret fue el hijo de un pueblo oprimido, injustamente torturado, condenado a muerte y ejecutado, entre los epítetos hirientes de unos y el desprecio de casi todos. De ahí que los que tenemos a aquel condenado a muerte como nuestro Señor y Salvador, hemos de pedir insistentemente a los encargados de administrar justicia en el mundo, que sean humildes ante las faltas ajenas y ejerzan siempre la más prudente pulcritud al cumplir su importante tarea.

La importancia de tratar de ser justos es uno de los tópicos que sobresalen en las Sagradas Escrituras. Entre los textos más citados en las lecturas propias de la Cuaresma, están los del profeta Isaías, cuyas alocuciones conforman uno de los libros de la Biblia. Este profeta vivió en el siglo VIII antes de Jesucristo y todo parece indicar que era una persona influyente en Jerusalén, ya que gozaba de facilidad para presentarse ante los reyes de Israel. En su prédica al hablarle a los poderosos de su época, Isaías hizo énfasis, entre otros, en el tema de la justicia.

Así podemos leer, por citar sólo un ejemplo, que este profeta nos dice como palabra de Dios, lo siguiente: *«El ayuno que a mí me agrada consiste en esto: en que rompas las cadenas de la injusticia y desates los nudos que aprietan el yugo; en que dejes libres a los oprimidos y acabes, en fin, con toda tiranía»....* (Isaías 58, 6)

En el espíritu de la Cuaresma, pues, y de acuerdo a nuestras raíces judeo-cristianas, es muy difícil no sentirse alegre al saber que ya se han comenzado a abrir las puertas de las prisiones para centenares de personas que permanecían en detención indefinida, por órdenes del Servicio de Inmigración, después de haber cumplido la pena que por sus delitos se le impuso a cada uno, algo sobre lo cual hube de expresarme públicamente tan pronto se conoció el fallo de la Corte Suprema que echó abajo esa injusticia.

Sin embargo, en ese mismo espíritu, habría que enfatizar ahora que al hacerse justicia, ésta debe producirse en un entorno que propicie el disfrute de la misma, tanto por las personas directamente beneficiadas, como por las comunidades de las cuales ellas forman parte.

Lo anterior, que es también de sentido común, fue lo que movió a los miembros del «Task Force» o Equipo de Trabajo de las Organizaciones del Exilio Cubano, que dio la batalla desde los años 80 porque se subsanara el error que ahora la más alta corte del país ha reconocido como tal, a pedir que no se pusiera en libertad a ninguno de los detenidos que no estuviese adecuadamente preparado para reintegrarse a la sociedad contra la cual había delinquido anteriormente y a abogar por el establecimiento de «casas medias» y otros programas de rehabilitación, entrenamiento y ayuda psicológica que facilitaran la transición de la vida en la cárcel a la vida en libertad.

La experiencia de alrededor de siete mil prisioneros del Mariel liberados desde entonces, que se han destacado a nivel nacional por el bajo índice de reincidencia criminal que pueden mostrar como grupo, es el mejor testimonio a favor de una liberación ordenada, determinada caso por caso y precedida de un tiempo de preparación con esos elementos rehabilitadores de entrenamiento y ayuda, que incrementen las posibilidades de que no recaigan en el delito los que ahora son liberados.

Ha sido reconfortante, en este orden de cosas, saber que el Servicio de Inmigración ha dicho que agilizará la obtención de permisos de trabajo para ellos y tratará de exonerarlos del pago de la tarifa asignada. Esto debe concretarse a la brevedad posible, por el bien de todos.

Quiero dar las gracias públicamente a los funcionarios que han sido sensibles a esta urgente necesidad. Al mismo tiempo, quiero apelar directamente a los empresarios y comerciantes de nuestra comunidad, especialmente a los cubano-americanos, así como a las autoridades locales, a abrir oportunidades de empleo para estos hombres que necesitan ayuda para poder rehacer sus vidas.

Permítaseme insistir en la urgencia de que las excarcelaciones no se produzcan sin el acondicionamiento previo necesario para los que han de ser liberados. Permítaseme insistir igualmente en que la prudencia indica que, al tiempo de ser liberados, los actualmente detenidos deben ser proveídos de los elementos indispensables para sus primeros pasos en la vida en sociedad, como serían el permiso de trabajo, un status migratorio legal y algún tipo de entrenamiento laboral.

Y permítaseme también, por último, apelar nuevamente al corazón de mis conciudadanos para que no neguemos la oportunidad de la resurrección al bien a estos compatriotas que, víctimas, en fin de cuentas, del sistema materialista y ateo en el cual fueron formados, recibieron, además del justo castigo por sus errores, la injusta prolongación del mismo, más allá del reclamo de la razón y la misericordia.

Que el espíritu de verdadera justicia, que sólo puede provenir de Dios, y que es el signo de la Cuaresma, nos envuelva a todos de acuerdo al mandamiento del amor que nos dejara Aquel prisionero que a todos nos hizo libres. Los bendice,

+Mons. Agustín A. Román
Obispo Auxiliar Eméritus

21 de febrero de 2005

EL PADRE ÁNGEL VILLARONGA VIVIÓ Y MURIÓ PARA ACERCAR LA FAMILIA A CRISTO

Hace un mes, el pasado 12 de abril, nos llegó en la noche la triste noticia de que el padre Ángel Villaronga había muerto en un accidente, cuando conducía su automóvil en camino a la Casa Caná, en Hialeah. Se dirigía como siempre a predicar a los matrimonios del Movimiento Familiar Cristiano, institución que él había fundado en 1962 y que atendió cuidadosamente durante 43 años.

El padre Villaronga, fiel a la enseñanza de la Iglesia, estaba convencido de que la familia es una prioridad en el trabajo evangelizador y por esto se gastaba en la atención a los matrimonios que buscaban la luz del Evangelio que él les ofrecía, ya en encuentros, misiones o conferencias y en su atención personal a los que se le acercaban. Su lema era *«Un mundo mejor a través de una familia más feliz»*. Él fue un ejemplo para todos nosotros en esa dedicación a la familia.

Este fraile franciscano era muy bien conocido en la Arquidiócesis de Miami y en tantas otras partes donde proclamaba la palabra de Dios. Durante la preparación del Sínodo de Miami entre los años 1985-1988 se hicieron varias encuestas para conocer las diferentes opiniones y recuerdo que el sacerdote más conocido entre todos nosotros era el Padre Villaronga. Sus constantes programas a través de los medios de comunicación, especialmente en la radio, hicieron llegar el Evangelio a miles y miles de personas que buscaban a Dios y con él lo encontraban.

Este auténtico franciscano predicaba la verdad del Evangelio con integridad y, al mismo tiempo, con el buen sabor de quien lo vive intensamente. En su familia, desde su nacimiento, había vivido la fe cristiana. Sus padres, siempre unidos a la orden franciscana, le pasaron el espíritu de Asís desde muy temprano y muy temprano también decidió seguir a Cristo hasta el sacerdocio en la misma familia de San Francisco. Estudió en Aránzanzu, en las montañas del norte de España y al ser ordenado sacerdote, el 17 de febrero de 1951, regresó a Cuba, donde ejerció su ministerio hasta la expulsión de los sacerdotes en 1961. En 1961 comenzó a ejercer su ministerio en esta Arquidiócesis de Miami. Sólo Dios podrá contar los miles que se han convertido al oír su predicación. Muchos lo seguían en los retiros y misiones parroquiales y entre tantos, los miembros de su familia que lo acompañaron hasta su muerte. Al llegar al hospital ya había fallecido y tenía una mano cerrada. Al abrirla, le encontraron que llevaba en ella un crucifijo que pusieron en sus manos al exponer el cadáver en la parroquia de St. Michael. Ahora comprendemos porqué había movido tantos corazones con el sermón de la pasión. La meditaba, como buen franciscano, en sus viajes. Hasta el viaje final.

Con el dolor propio de quien se separa de un ser querido, sus hermanos, sobrinos y familiares todos, al recibir el cadáver en la funeraria oraron juntos por su alma y también por quien había producido el fatal accidente.

El 14 de abril llegaba a la Ermita de la Caridad una familia muy compungida y se acercaba al Padre Rector. Uno de ellos, un hombre trabajador y sincero, lloraba sin consuelo. Había sido quien había provocado el accidente sin intencionalidad y se disponía para el encuentro del perdón con la familia Villaronga. En la noche de ese día, cuando miles de fieles pasaban frente al cadáver del querido sacerdote y la familia recibía el pésame, llegó el Padre con este pobre hombre que, sin culpabilidad, se sentía culpable. Se acercaba apenado a la familia, que estaba toda reunida. Cuál no sería la sorpresa al producirse el «Encuentro de la Misericordia».

Los hermanos, sobrinos y otros familiares del Padre Villaronga se acercaron a él y lo abrazaron, le trataron con la caridad que se trata a un hermano. Lo consolaban y trataban de hacerle comprender que hay cosas que ocurren aunque uno no quisiera haberlas hecho. Todos se sorprendían de que quien pudiera haber sido maltratado o despreciado, fuera tratado con tanta caridad ofreciéndole el perdón. El hombre y su familia, que no habían tenido la oportunidad de que se les invitara a seguir a Cristo, camino, verdad y vida, ahora se disponían a seguirlo. Él, su esposa y su hijito, se disponen a recibir el bautismo y a comenzar así su vida cristiana en la Iglesia.

No conozco, entre los miles de familias que el padre Villaronga acercó a Cristo, cual sería la primera. Sí estoy seguro de que ésta fue la última. Murió para despertar a una familia que tal vez nunca hubiera encontrado a su Salvador. El padre Villaronga vivió y murió para acercar las familias a Cristo en su Iglesia.

13 de mayo de 2005.

QUE LA LEY NO EXCLUYA LA MISERICORDIA

Las dolorosas escenas que pudimos contemplar el pasado viernes gracias a los medios masivos de comunicación que ponían ante nuestros ojos el drama de un grupo de desesperados cubanos, cuyo intento de pisar tierras de libertad trataba de ser impedido por las autoridades, han sido una demostración viva de como la fría interpretación de la letra de la ley nos amenaza con la deshumanización, cuando esa interpretación se impone por sobre el espíritu de la nación cuya ley fundamental reconoce el derecho de cada persona a «la vida, la libertad y la búsqueda de la felicidad».

«Una nación bajo Dios» no puede contradecirse a si misma excluyendo la misericordia en la aplicación de sus leyes y es por ello que debemos apelar a los que legislan y los que gobiernan hoy en esta bendita tierra que tantas muestras de misericordia nos ha dado en el pasado a los cubanos que en ella buscamos refugio y protección, a fin de que esa honrosa tradición se mantenga y se fortalezca.

Ha transcurrido suficiente tiempo ya desde la aprobación de la llamada ley de «pies secos, pies mojados» para que pueda verse sin mucho esfuerzo que la misma resulta ser inhumana, injusta e ineficaz.

Es inhumana, porque no puede calificarse de otro modo una ley que tira la puerta en el rostro del que huye de la opresión. Es injusta, porque ha provocado el enriquecimiento de contrabandistas de seres humanos que cobran sumas exorbitantes a los familiares que recurren a ellos por falta de alternativas legales viables, y da ventaja a los que los que pueden pagar para ser transportados por los medios acuáticos de alta velocidad típicos de los traficantes, sobre los pobres que, tan ansiosos de libertad y oportunidades como aquellos, tratan de hacer la peligrosa travesía en sus rudimentarias balsas, como fue el caso del grupo del viernes, cuya intercepción y captura ha conmocionado a nuestra comunidad. Y es ineficaz, además, la ley de referencia, porque vemos como cada año aumenta el número de compatriotas que llegan o tratan de llegar a tierra firme de los Estados Unidos cruzando el Estrecho de la Florida, con su inevitable secuela de separación familiar en casi todos los casos, y de muerte, en muchos de ellos.

Como sacerdote, como pastor de almas, no es mi función dictar política, ni puedo tampoco ignorar el derecho de cada nación a darse las leyes que sus gobernantes, con el consentimiento de sus ciudadanos, entiendan adecuadas para su bienestar y, en este caso, para cuidar sus fronteras y ejercer el derecho de determinar quien es bienvenido y quien no dentro de su territorio.

Pero sí puedo y debo, como lo han hecho tantos, con todo el respeto que nace de la gratitud y de la admiración por cuanto de bueno tienen los Estados Unidos de América, pedir que sea abolida la llamada ley de «pies secos, pies mojados» y sustituida por una nueva política que abarque todo el proceso migratorio de Cuba hacia este país, que incluya las consideraciones que merece un pueblo sometido a un opresor régimen totalitario, las que por justicia y por sentido común deben aplicarse a las familias separadas y aquellas que materialicen las repetidas promesas de solidaridad que se han hecho a nuestro pueblo.

Nada de esto puede plantearse, sin embargo, sin hacer hincapié en una triste verdad que es necesario destacar: la dolorosa situación de esos hombres y mujeres, de esos niños y ancianos desesperados que tratan de escapar de Cuba, no existiría de no imperar en la isla un sistema de gobierno «intrínsecamente perverso» que aplasta, incluso, las reservas morales del individuo para enfrentar la opresión y esto es algo que no debemos olvidar al considerar cualquiera de los efectos que de tal causa se derivan.

Apelo pues a las autoridades, a los legisladores, y a todos los que pueden influenciar en la obtención de un cambio hacia leyes y procedimientos más humanos en el tratamiento de la inmigración de cubanos, de acuerdo a las circunstancias especiales del caso, en la misma manera en que en otras ocasiones hemos apelado por nuestros hermanos haitianos, centroamericanos y de otras nacionalidades. Y apelo, sobre todo, a la misericordia cristiana que no puede ser ajena a gobernantes ni a gobernados.

Que así como la Sagrada Familia encontró asilo en Egipto cuando peligraba la vida del Niño-Dios en su patria terrena, nadie que escape de la opresión encuentre la negación o la indiferencia ante su «búsqueda de la felicidad». Los bendice,

+Mons. Agustín A. Román
Obispo Auxiliar Eméritus

27 de septiembre de 2005.

EL ECUMENISMO HA CORRIDO VELOZMENTE EN EL SIGLO XX

Cada año en el mes de enero, del 18 al 25, los cristianos celebramos una semana de oración suplicando el don de la unidad al Señor que nos pidió que siempre nos mantuviéramos unidos.

Juan Pablo II nos escribió el 25 de mayo de 1995 una carta titulada *Ut unum sint* («Que sean uno»), llamándonos a todos en la Iglesia a trabajar por la unidad.

El pasado siglo XX a pesar de haber sido un siglo con no pocas dificultades, por haber sufrido dos guerras mundiales con numerosas pérdidas humanas y terribles consecuencias, tuvo también sus luces en la familia cristiana. Podemos decir que es el siglo de mayor progreso en la búsqueda de la unidad de los que seguimos a Cristo.

Echando una mirada a la familia cristiana, que es la Iglesia, a lo largo de la historia dos veces milenaria, descubrimos que las sombras de divisiones, lamentablemente, siempre la han acompañado en distintos momentos. El siglo XX ha vivido por lo menos tres períodos de esfuerzo ecuménico mundial, inquietud que no encontramos en otros siglos.

Desde los comienzos del siglo aparece un esfuerzo grande entre los que seguían a Cristo en busca de la unidad. El Espíritu Santo trabajaba en la conciencia de una serie de denominaciones separadas de nuestra Iglesia Católica, persiguiendo un camino que llevara a los creyentes de Cristo en búsqueda de esa fraternidad a la que el Señor nos llamó y nos sigue llamando.

Así surgió la Alianza Mundial para la Amistad en 1914, en Constanza, con un buen número de denominaciones cristianas. Más tarde, en distintas reuniones, siguiendo el Evangelio, llegaron a la creación de un Consejo Ecuménico en Oxford, en 1937. Estos esfuerzos culminaron con la creación de un Consejo Ecuménico de las Iglesias en 1948, en Ámsterdam, el cual agrupaba y agrupa gran número de las denominaciones cristianas en búsqueda de la unidad. Dentro de nuestra Iglesia Católica se iba preparando lentamente este deseo de la unión con una serie de personas carismáticas como los padres Couturier y Congar. Este último escribió un libro que despertó a un gran número de fieles y al cual puso por título «Cristianos desunidos».

Había nacido en 1908, dentro de la Iglesia Episcopal, la linda experiencia de la semana u Octavario de Oración por la Unidad de los Cristianos, experiencia que se fue extendiendo por las distintas iglesias hasta llegar hoy a celebrarse mundialmente. En nuestra Iglesia Católica fue desarrollándose desde abajo este movimiento ecuménico que el Espíritu Santo nos regaló en el pasado siglo. Ya en 1952, sin carácter oficial, se funda la Conferencia Católica Internacional para las cuestiones Ecuménicas.

El Divino Espíritu iba preparando dentro de su Iglesia lo que aflora al llegar Juan XXIII, el cual hace del ideal ecuménico una de las intenciones capitales del Concilio Vaticano II, convocado por él en 1960. Este Papa, hoy Beato, fundó el secretariado para la unidad de los cristianos, poniendo al frente al gran Cardenal Bea.

Podemos bien decir que el Concilio Vaticano II vino a ser un gran acontecimiento ecuménico. Casi todas las Iglesias no católico-romanas se hicieron representar por medio de sus observadores, que ejercieron sobre la marcha del concilio un influjo considerable. El empeño ecuménico del Concilio se ve reflejado en todos los documentos emitidos, pero se ha plasmado principalmente en la Declaración sobre la Libertad Religiosa y en el Decreto sobre el Ecumenismo. Además de los resultados que se hallan en los demás textos conciliares, es de notar los muchos contactos personales entre cristianos y el nuevo espíritu que se abrió paso en el Concilio y que han sido de importancia decisiva.

El trabajo ecuménico de los Papas Juan XXIII y Pablo VI, así como el de Juan Pablo II, ha derrumbado muchos prejuicios que existían anteriormente y que hoy desaparecen, o están desapareciendo, contribuyendo a la deseada unidad plena que un día esperamos ver.

Juan Pablo II, en sus múltiples viajes, nunca olvidó reunirse con los hermanos cristianos de otras Iglesias, orando con todos por la tan deseada unidad. En su mencionada encíclica *Ut unum sint* nos dice que para alcanzar la unidad necesitamos orar. *«La oración debe tener prioridad en este camino que emprendemos con los demás cristianos».* Para alcanzar la unidad tenemos que ser agradecidos. La Acción de Gracias no puede olvidarse, porque hemos recibido mucho y, por último, para alcanzar la unidad nosotros debemos apoyarnos en la Esperanza en el Espíritu que sabe alejar de nosotros los recuerdos dolorosos de la separación en el pasado y nos hace soñar en la unidad en el futuro. Debemos, nos dijo el Papa, confiar que la Unidad es posible si nos convertimos de corazón y respondemos como la Virgen con un sí al Señor porque *«para Dios nada hay imposible».*

Enero del 2006

Nota del Editor: Monseñor Román era, en todo lo que ello entraña, un hombre del Concilio Vaticano II y, como tal, un decidido promotor del ecumenismo y del acercamiento de todas las religiones, algo, por otra parte, muy consecuente con su ser afable y cordial. Fue un baluarte firmísimo del Grupo de Guías Espirituales del Exilio, con cuyos integrantes forjó amistades muy firmes y sinceras y un entusiasta promotor de la celebración en Miami de la Semana de Oración por la Unidad de los cristianos en el mes de enero de cada año.

JUSTICIA PARA LOS INMIGRANTES

El pasado domingo 9 de abril, Domingo de Ramos, acompañé a una multitud de inmigrantes que se manifestaba marchando aquí en Miami y clamando por legalidad. Eran personas decentes que llegaron hace años a este país y que han trabajado honradamente demostrando ser responsables. Han formado sus familias aquí y muchos de ellos tienen sus hijos ya nacidos en este país. Han contribuido al bien de todos, realizando en muchísimas ocasiones trabajos que otros no quieren hacer y que han aportado rigurosamente al servicio social del cual todos nos beneficiamos.

El grito de estos hermanos pide que su situación irregular llegue a resolverse, llegue a legalizarse. Las demostraciones pacíficas de los inmigrantes en distintas partes de Estados Unidos deben despertarnos y buscar una respuesta que sea justa, pero al mismo tiempo humana, ya que se trata de personas que gozan de dignidad, aunque se encuentren fuera del país en que nacieron.

El Congreso, el pueblo que goza de legalidad y la Iglesia, con sus dos mil años de experiencia, buscan una respuesta a esta situación.

Son muchas las opiniones que leemos cada día a favor o en contra. Yo quisiera hoy buscar la respuesta de mi propia familia que es la cristiana. Tengo en mis manos la opinión del grupo ecuménico al cual pertenezco, llamado por todos: «Guías Espirituales». El documento, redactado en la reunión mensual del pasado abril, hace una llamada a las autoridades con estas palabras: *«La atención de los encargados de proteger la nación debe centrarse en las personas, los grupos y las organizaciones que ciertamente conspiran contra ellos y no en aquellos que solamente buscan mejores oportunidades de libertad y progreso para ellos y para sus familias».*

Quiero comentar también, la carta pastoral que dirigieron los Obispos de la Florida a sus fieles, el pasado 22 de marzo, llevando por título: «Escuchemos el grito por justicia de los inmigrantes». Hablan los Obispos *«como líderes espirituales...que tienen el privilegio de ser testigos del papel vibrante y lleno de fe que tuviesen los inmigrantes como parte del cuerpo universal de Cristo. A través de toda la Florida, las contribuciones a nuestras iglesias, escuelas, comunidades y familias de los inmigrantes son una fuente de promesa positiva para todos».* Al mismo tiempo, los obispos dicen *«que son testigos del daño a la dignidad humana y al bienestar común causado por el sistema de inmigración».* Miles de los feligreses se encuentran separados de su familia inmediata por años y a veces hasta por décadas, debido a la acumulación de casos en el programa de reunificación de familias.

Los obispos piden una reforma que no sea solamente una decisión o legislación política, sino una respuesta moral que responda de manera humana a tal necesidad de nuestra sociedad.

Los obispos claramente dicen que no están aprobando la inmigración ilegal, sino una reforma que cree avenidas para una inmigración auténtica legal, para sacar a la gente fuera de la sombra y darle la oportunidad de disfrutar de la libertad y los derechos individuales en que este país fue fundado, pudiendo así servir mejor a nuestra sociedad.

Resaltan los obispos en su declaración: *«Necesitamos una respuesta que ofrezca legalización por méritos. No se resolverá el problema con proposiciones que creen un estado temporal o indefinido, el cual llevará a un estado permanente de segunda clase».* La carta de los obispos en defensa del inmigrante no es nada nuevo porque inspirados en la Doctrina Social de la Iglesia los puntos siguientes siempre han estado presentes en los asuntos migratorios:

1. Las personas tienen el derecho de encontrar oportunidades en su tierra natal.

2. Las personas tienen el derecho de emigrar para mantenerse a sí mismas y a sus familias.

3. Los estados soberanos poseen el derecho de controlar sus fronteras.

4. Debe protegerse a quienes busquen refugio y asilo.

5. Debe respetarse la dignidad y los derechos humanos de los emigrantes indocumentados.

Los obispos nos piden que nos informemos con respecto al mandato moral para una reforma justa y comprensiva visitando la página de Internet que habla de la justicia para los inmigrantes www.justiceforimmigrations.org y nos urgen a orar y actuar, escuchando ahora *«el grito por justicia de los inmigrantes que viven entre nosotros»*.

Mayo, 2006

HONOR AL MÉRITO: OSWALDO PAYÁ

Este 17 de mayo, un opositor cubano debiera estar participando de las ceremonias de graduación de la prestigiosa Universidad de Columbia en New York, y recibiendo allí un honroso Doctorado Honoris Causa que le ha concedido ese alto centro docente. No puede estar, sin embargo, porque el gobierno totalitario de Cuba ha determinado que obraría contra sus intereses la presencia en el extranjero de alguien que se ha constituido ante los ojos del mundo en una acusación viviente contra ese mismo gobierno.

El opositor a quien me refiero es Oswaldo Payá y lo que ocurre ahora con él ocurrió recientemente también con las Damas de Blanco, esposas, madres e hijas de prisioneros políticos, a quienes se les negó igualmente su derecho a viajar a Estrasburgo, Francia, para recibir allí el Premio Andrés Sajarov que les concediera la Unión Europea como reconocimiento a su valiente lucha, la de esas dignas cubanas, en favor de los derechos humanos.

En el 2002, sin embargo, presionado tal vez por preocupaciones ante el deterioro de su imagen, el propio régimen que se impone en Cuba, permitió al mismo Payá salir de Cuba y regresar tras recibir premio semejante del organismo inter-europeo. La decisión de ahora en sentido contrario, ratifica la condición arbitraria de un sistema que juega con los derechos de su pueblo de acuerdo a sus conveniencias políticas.

No obstante ello, presentes o ausentes, lo que nadie puede impedir es que al honrar a estos opositores cobren relevancia internacional los postulados de toda la oposición pacífica a la dictadura. La silla vacía de Payá en la Universidad de Columbia se convierte ahora en un símbolo poderoso ante el mundo académico y ante todo el mundo. Es justo, pues, agradecer su gesto a esa Universidad, al Parlamento Europeo y a todos los que han manifestado su apoyo al pueblo de Cuba, y en especial a los disidentes y los prisioneros de conciencia. Justo es también agradecer y felicitar, además, a todos los miembros de la oposición por sus abnegados y valientes esfuerzos.

Y no es menos justo felicitar también y agradecer igualmente al cubano que en esta ocasión representa esa admirable lucha de nuestro pueblo por sus derechos fundamentales: Oswaldo Payá Sardiñas.

Por nuestro bien y el de nuestra patria tenemos que sustentar un principio básico entre los que luchan por ideales superiores, como lo es la liberación de un pueblo, y ese principio indica que las discrepancias políticas no pueden suponer desconocimiento de méritos o antagonismos personales. Por encima de acuerdos y desacuerdos con los planteamientos específicos de un opositor, está el bien que recibe la oposición cuando se honra a uno de los suyos. Esto se hace aún más obvio en el caso de Oswaldo Payá, alguien cuya propia vida es su mejor recomendación.

Payá no ha conocido la libertad por la que tanto lucha. Era un niño cuando el marxismo se hizo dueño de Cuba y ni él ni sus padres fueron nunca partidarios del presente régimen. Sufrió burla y hostigamiento desde pequeño por su profunda fe católica que le impedía no solamente ser parte del sistema, sino, además, ni siquiera fingir satisfacción con el mismo. Coherente con sus principios, no fue nunca miembro de ningún organismo o agrupación del castrismo. Muy joven, tuvo que realizar trabajos forzados bajo la vigilancia de militares comunistas. Pudiendo, desde hace muchos años, haberse ido de Cuba con su familia, ha decidido que es dentro de la isla donde está su puesto y así se ha mantenido, en una digna pobreza, a pesar de persecuciones, actos de repudio y el asedio constante del aparato de gobierno no solamente contra él, sino también, y en forma cruel, contra su esposa, sus hijos y otros miembros de su familia.

Sus iniciativas en favor de la democracia para Cuba podrán tener puntos discutibles para muchos, pero lo que no puede discutirse, me parece, es que ha logrado con ellas, el Proyecto Varela y el Diálogo Nacional Cubano, convertir a millares de cubanos que han firmado los mismos en protagonistas de su propia historia, como pidió el recordado Papa Juan Pablo II, a la vez que ha conseguido a través de ellos que no pocos en el mundo dejaran de ser indiferentes ante la situación cubana.

Además, es de pura justicia señalar que, si se leen desapasionada y detenidamente sus propuestas y pronunciamientos, se encuentra en todos ellos una absoluta fidelidad a la democracia, un reclamo fervoroso por los derechos de nuestro pueblo y una acendrada voluntad de recuperar esos derechos por vías pacíficas, pero nunca un intento de «ponerse de acuerdo» con lo mismo que combate.

Como él, otros compatriotas, hombres y mujeres, se han destacado y se han llenado de méritos en estos largos años de opresión y lucha. Baste mirar, por hablar sólo del presente, a Marta Beatriz Roque y al Dr. Oscar Elías Biscet, a quienes menciono sólo como representantes de otros muchos que conforman las filas de la oposición y del presidio político. Quero reconocerlo así, de todo corazón, pues de alguna manera tenemos que salir del pernicioso hábito de establecer comparaciones de méritos entre aquellos a quienes debemos respaldar en conjunto e individualmente, pues son todos obreros de la obra de todos.

Al hacer este público reconocimiento de mi respeto por todos los que luchan por el bien de Cuba, y de forma especial por quien es hoy honrado, Oswaldo Payá, ruego a Dios, a través de su Madre Santísima, María de la Caridad del Cobre, porque los ideales de libertad y justicia que el evangelio sembró en el corazón de este cubano noble, fructifiquen prontamente en una patria libre y feliz, donde sean la concordia y la paz el mejor testimonio del cristianismo y de la cubanía vividos a plenitud.

Con mi bendición,

+Agustín A. Román
Obispo Eméritus

17 de mayo de 2006

LA VIRGEN DE LA CARIDAD: LLAMAMIENTO DE DIOS A LOS CUBANOS

Dirigiéndose a toda la Iglesia al finalizar el Gran Jubileo del año 2000, en su Carta Apostólica *Novo Millennio Ineunte*, el muy recordado Papa Juan Pablo II nos invitaba a «remar mar adentro» confiando en la palabra de Cristo. Nos hablaba de un «dinamismo nuevo» y nos recordaba la importancia de fundamentar todo propósito en la contemplación y en la oración.

Al aproximarnos ahora al 8 de septiembre, día de la festividad de Nuestra Señora de la Caridad del Cobre, Patrona de Cuba, esa invitación del papa que coronara su imagen en Santiago de Cuba en enero de 1998, debe adquirir especial resonancia en nuestros corazones por su permanente actualidad, y también por la importancia de las alternativas que se van perfilando en los horizontes patrios.

A «remar mar adentro» nos invita el Señor en esta ocasión especial de cada año, en la cual honramos a su Santísima Madre. A «remar mar adentro» queremos invitar nosotros también a todo nuestro pueblo cubano y a todos los que, a través de nuestro exilio en estas tierras, han conocido esta entrañable advocación de María. Remar mar adentro es no quedarse en la orilla de la vida, no quedarse en la orilla de la fe y por tanto, no quedarse tampoco en la orilla de esta hermosa devoción mariana. Remar mar adentro es no conformarse con ser un simple espectador en esta celebración, sino conocer en profundidad a quien celebramos y qué es lo que celebramos y es comprender en nuestros corazones lo que todo esto significa para cada uno de nosotros como persona, y para todos en conjunto, como pueblo.

Celebramos a Jesucristo, Señor, Redentor y Liberador, que quiso mostrarse a nuestro pueblo en los brazos amorosos de María, pues fue primordialmente para eso, para que conociéramos a Jesús, que quiso el Padre que la imagen de la Virgen apareciera milagrosamente en los mares de Cuba. Lo honramos a Él al honrar a su bendita madre, porque toda devoción a María se resume en el consejo que ella dio a sus hijos, a los hombres y mujeres de todos los pueblos y todas las generaciones, en Caná de Galilea: *«Hagan lo que Él les diga»* (S. Juan, 2: 5). Pero nada de esto tendría valor ni pudiera dar frutos buenos, si no nos postráramos humildemente para pedirle al Señor el discernimiento necesario para comprender qué nos quiere decir Él a través del regalo que nos ha hecho: la imagen de su propia madre.

Se nos ocurre que la respuesta a esta pregunta llegó con la propia aparición. María llegó a los cubanos con su tarjeta de presentación. Según consta en las declaraciones de Juan Moreno, «el negrito de la Caridad», documento que se encuentra en el Archivo de Indias, en Sevilla, España, él y los otros «Juanes» —Juan y Rodrigo Hoyos— encontraron la imagen flotando en las aguas de la Bahía de Nipe sobre una tabla en la cual se leía: *«Yo soy la Virgen de la Caridad»*. Y, ¿qué es la caridad?, ¿por qué ese título para la que rápidamente, a partir de ese momento, se convertiría en Reina y Patrona de Cuba?

La caridad es la expresión dadivosa del amor. La caridad es el amor actuante. Es el amor en su misma esencia. Es la más excelsa y paternal donación de Dios hacia sus criaturas: *«Tanto amó Dios al mundo, que dio a su Hijo único, para que todo aquel que cree en Él, no muera, sino que tenga vida eterna»* (S. Juan, 3: 16). Podemos afirmar, pues, que decir Virgen de la Caridad, es igual a decir Virgen del Amor y que la aparición en Cuba de su imagen es, al mismo tiempo, una especial manifestación del amor de Dios a nuestro pueblo y una clara indicación de que es eso precisamente: la caridad, el amor, lo que Él quiere de nosotros, para gloria suya y bien nuestro. Es una manera simbólica de subrayar para el pueblo cubano el mensaje de ese Niño que nos llega en los brazos de María: *«Ámense los unos a los otros como yo los he amado»*. (S. Juan, 13: 34)

Lo entendieron así numerosos pastores, apóstoles y obreros del bien, siervos de Dios y de su pueblo, que hicieron de sus vidas permanentes testimonios del amor. Hay toda una legión de hombres y mujeres que, a lo largo de la historia de Cuba, cada uno en su tiempo y en su lugar, se distinguieron por una eficaz y callada entrega al servicio de sus familiares y amigos, de vecinos y desconocidos, tanto en lo religioso como en lo cívico y en ambos campos en muchos casos.

Recordemos, por citar solamente algunos ejemplos, que fue por amor a Cristo y al pueblo, que San Antonio María Claret, Arzobispo de Santiago de Cuba, abrió caminos en los montes para poder llegar personalmente, a lomo de caballo, a los más apartados rincones de la región oriental de la isla y llevarles a todos la palabra de Dios. Fue por amor que el Hno. Olallo Valdés quemó su vida en el servicio a los enfermos en el Camagüey del siglo XIX. Fue por amor que el Presbítero Félix Varela, hoy en proceso de beatificación, consagró su vida entera, en Cuba y en el destierro, a la enseñanza, a la prédica del Evangelio, al socorro de los pobres e inmigrantes y a su paciente labor de formación del alma nacional cubana.

El propio Varela expresó repetidamente en sus escritos la importancia del amor: *«¡Qué feliz sería la sociedad, si poniendo freno a las pasiones y obedeciendo a una ley divina, se guiasen los hombres por los sentimientos de justicia y amor mutuo!»,* nos dejó dicho en la segunda de sus «Cartas a Elpidio».

Máximo Gómez recomendaba a los cubanos en su Proclama de Yaguajay (1898), no el odio ni el rencor, sino *«un abrazo fraternal que apriete y una para siempre el augusto principio de la nacionalidad cubana».* Y José Martí, al sintetizar sus sueños para la patria en su frase famosa: *«Con todos y para el bien de todos»,* presentaba esa propuesta como la *«fórmula del amor triunfante».* (Tampa, 26 de noviembre de 1891.)

Desoír esas voces ha costado muy caro a nuestro pueblo desde 1902 hasta el presente, y dolorosamente en extremo, a partir de la imposición en Cuba, en 1959, del régimen totalitario que todavía hoy la avasalla. Desde el momento mismo de la instauración de la República, cada vez que los conflictos políticos y sociales ensombrecieron el panorama nacional, hubo siempre voces equilibradas en la Iglesia, en el periodismo, en la política, en la intelectualidad y en la acción cívica que, de una forma u otra, implícita o explícitamente, llamaron a los cubanos al amor de hermanos como única vía de solución.

En febrero de 1958, ante la lucha fratricida que envolvía a la nación, los obispos de Cuba pedían *«que reine de nuevo la caridad»* para que la patria regresara a *«una vida política pacífica y normal»*. Desde los primeros días de 1959, varios de esos mismos obispos elevaron sus voces, a veces con gran riesgo para ellos y sus feligreses, advirtiendo contra el odio y pidiendo la armonización de los ideales políticos en el marco del amor fraternal.

En noviembre de 1959, cuando todavía muchos aplaudían la incipiente comunización de Cuba, el Congreso Católico Nacional, presidido por la auténtica imagen de Nuestra Madre de la Caridad aparecida en Nipe, sirvió de foro para que, de diversas maneras y en múltiples expresiones, la propuesta del amor sirviera de respuesta al odio de clases que oficialmente se propugnaba como la forma «revolucionaria» de lograr la justicia social.

De entonces a la fecha, no ha cesado tampoco el llamamiento de Dios, su invitación a los cubanos, al amor que simboliza la Virgen de la Caridad. Un joven líder católico de heroica historia, Virgilio Campanería, describía su visión de Cuba a sus compañeros estudiantes y *«al pueblo de Cuba en general»*, escribiendo desde su celda, minutos antes de ser fusilado, en abril de 1961: *«Ya no habrá más odio entre hermanos»*, decía; *«ya no habrá gargantas que pidan paredón. Todo será amor entre cubanos, amor de hermanos, amor de cristianos»*.

En la fiesta de la Caridad de 1993, la Conferencia de Obispos Católicos de Cuba dio a conocer su fundamental mensaje pastoral, «El amor todo lo espera», cuyo nombre es la síntesis mejor de la reiterada proposición del amor como único camino de salvación para nuestro pueblo. Y a lo largo de todo su fructífero y valiente ministerio, en Cuba y fuera de Cuba, el bien llamado «Profeta del exilio», Mons. Eduardo Boza Masvidal, nos dejó, con su vida, su obra y su palabra, un incuestionable testimonio de amor vivido, practicado y predicado, tanto en el orden estrictamente religioso, como en el del patriotismo, que él concebía como lo que éste debe ser: manifestación del amor a Dios en el amor a los hermanos, hijos de la misma patria.

En 1961, bajo el más feroz asedio gubernamental y a pocos meses de ser expulsado de Cuba a punta de metralleta, el inolvidable obispo auxiliar de La Habana proclamaba: *«A la Iglesia toca gritar a los cuatro vientos que no se llegará a la solución del problema social mediante el odio y la lucha de clases, sino mediante el amor, que es lo esencial del Evangelio...»* Y en 1994, recapitulando sus 50 años de sacerdocio, reiteraba a todos la fórmula del amor como el remedio mejor a los males de la patria: *«El odio destruye, sólo el amor construye. Este camino es el que tenemos que forzar, para que salgan ganando Cuba, la justicia, la libertad y la paz»*.

Justo es decir algo que es evidente, además, y es que el dilema entre el odio y el amor no es exclusivo del pueblo cubano, sino coyuntura constante para toda la humanidad, en todos los tiempos. Lo ha visto así en los tiempos actuales el Santo Padre Benedicto XVI, al dedicar la primera encíclica de su pontificado al tema del amor. «Dios es Amor», nos recuerda el Papa, señalando que esas palabras identifican el corazón de la fe cristiana, así como la consiguiente imagen del hombre y su camino. (*Deus caritas est*, 1)

Pero quien dude de la vital importancia que tiene esa alternativa para el pueblo cubano, dentro y fuera de la isla, y especialmente en estos momentos que parecen ser de definición del futuro de la nación, no tiene más que constatar los devastadores efectos del odio, fundamento malévolo del actual estado de cosas en Cuba, así propuesto específicamente por uno de los más importantes teóricos de la revolución, Ernesto Guevara, quien convocaba al odio como motor de su lucha ideológica, convocatoria que lamentablemente para todos, ha marcado el hacer y el decir de los gobernantes de Cuba por casi medio siglo ya. *«Por sus frutos los conoceréis»*, nos dijo el Señor (S. Mateo, 12: 33) y los frutos del odio están bien visibles en Cuba.

Queridos hermanos: rememos mar adentro, escojamos el amor. Imprimámosle a ese amor el «nuevo dinamismo» del que nos hablaba Juan Pablo II y hagámoslo fundamentando en la oración nuestro quehacer patriótico. En este año en que coinciden varios aniversarios significativos en la historia de nuestra devoción a la Madre de la Caridad, proclamemos sin temor ni respeto humano que el amor es el único camino para la patria que Dios nos dio. Noventa años atrás, el Papa Benedicto XV complacía la petición de los mambises, veteranos de las luchas por la independencia, proclamando a la Virgen María, bajo el título de la Caridad del Cobre, Patrona de Cuba. Setenta años atrás, por delegación del Papa Pío XI, el entonces arzobispo de Santiago de Cuba, Mons. Valentín Zubizarreta, coronaba por primera vez la imagen milagrosa. Cuarenta y cinco años atrás, exactamente el 8 de septiembre de 1961, llegaba a Miami, al estadio deportivo donde 30,000 cubanos exiliados oraban por Cuba, la bendita imagen de nuestra Patrona, que, después de recorrer varios templos en los primeros años del destierro, halló asiento adecuado y reverente en nuestra Ermita de la Caridad, hoy Santuario Nacional, y desde entonces ha acompañado a los cubanos en su destierro y ha acogido las súplicas de peregrinos de todo el mundo, en ese templo levantado para gloria de Dios por un pueblo en exilio.

Añádase a todo lo anterior, que entraremos este 8 de septiembre en el cuarto año de preparación para la gran celebración, en los años 2012 y 2013, del cuarto centenario de la aparición de la imagen de la Virgen en la bahía de Nipe, y veremos que todo nos obliga y nos convida a hacer de la fiesta de este año una de especial significación.

Hagámoslo respondiendo de corazón a la disyuntiva que planteara durante el Congreso Católico Nacional de noviembre de 1959, el entonces obispo de Matanzas, Mons. Alberto Martín Villaverde: *«¡O con Dios en el amor, o contra Dios en el odio!»* Respondamos que para Cuba, la tierra de la Madre de Dios, la Virgen de la Caridad, no hay más camino que el Amor.

Los bendicen,

Mons. Agustín A. Román
Obispo Auxiliar Emérito

P. Oscar Castañeda
Rector del Santuario

30 de agosto de 2006

LA LUCHA DEL PUEBLO CUBANO POR LA JUSTICIA

INTRODUCCIÓN

Hace apenas una semana celebrábamos la fecha del 10 de diciembre, aniversario de la proclamación por la Organización de las Naciones Unidas de la Declaración Universal de los Derechos del Hombre, documento que va creciendo en importancia con el correr de los años, porque en él se logró plasmar un firme reconocimiento de la dignidad de la persona humana sin limitaciones de raza, nacionalidad o creencia y sin limitaciones de tiempo y lugar tampoco, ya que el mismo es válido para todas las épocas y para todos los pueblos.

Claro está que siendo el enunciado de un organismo laico y supraconfesional, no hay en esa declaración referencia religiosa alguna. Sin embargo, a los hombres de fe y aún a aquellos que sin ser religiosos han seguido el desenvolvimiento de la raza humana desde sus albores hasta el presente, no nos es difícil encontrar el origen de los principios sustentadores del convencimiento de los seres humanos sobre su propia dignidad y los derechos a ella inherentes, en su relación con Dios, un dios que en casi todas las grandes religiones se muestra providente, atento a las necesidades de sus criaturas y poseedor de un claro sentido de lo justo.

Por otra parte, es un hecho histórico la importante participación que tuvo la delegación de la República de Cuba ante la Liga de las Naciones en 1948, en la redacción y promulgación de la Carta Universal, particularmente los Drs. Ernesto Dihigo, Guillermo Belt y Guy Pérez Cisneros.

Por lo tanto, para mí, por católico y por cubano, constituye un enorme privilegio que nuestra querida y respetada Fundación Padre Félix Varela, me haya invitado a compartir con sus miembros y amigos algunas reflexiones sobre la importancia de la actual disidencia interna en Cuba, ya que no podría tratarse este tema apropiadamente, sin relacionarlo directamente con la Declaración Universal de los Derechos del Hombre. Es bueno, pues, hacerlo ahora, en el marco de las celebraciones por el 58° aniversario de la proclamación y es urgente que lo hagamos, además, por las circunstancias especiales que enfrenta la nación cubana en estos momentos.

Gracias, pues, a la Fundación Padre Félix Varela por propiciar esta oportunidad de detenimiento y ponderación, que debemos aprovechar para mirar concienzudamente al pasado y al presente de nuestro pueblo, con el fin de aprender y entender lo necesario para que cada uno de nosotros pueda ser facilitador de un futuro en el cual ese inapreciable documento se convierta en guía de la convivencia entre cubanos. Si logramos eso, estaremos implementando en el campo de lo cívico, lo que el Señor anteriormente sintetizó en su mandamiento nuevo, como compendio de su doctrina: *«Amaos los unos a los otros, como yo os he amado»* (S. Juan 15, 12).

ANTECEDENTES HISTORICOS

El movimiento disidente dentro de Cuba es algo novedoso en sus métodos, pero se enmarca dentro de una tradición tan antigua como la historia conocida de la Isla a partir del descubrimiento: es la búsqueda de la justicia, algo que es equivalente a lo que hoy definimos como el respeto a los derechos humanos. Apenas comenzada la colonización bajo el mando de Diego de Velásquez, éste encontró la determinada resistencia de grupos de indígenas que, si tomamos en cuenta la naturaleza pacífica de los mismos, y la falta de coordinación entre diferentes tribus en aldeas aisladas entre si, la tenemos que calificar de notable, aunque condenada al fracaso desde el principio por la superioridad numérica y armamentística de los colonizadores. A aquellos taínos los guiaba la luz natural que hace al hombre diferenciar entre el bien y el mal.

A partir de entonces y aún antes de que fuera aflorando la idea de lo cubano como algo diferente a lo español, un fuerte concepto de la justicia se fue adueñando de segmentos cada vez más crecientes entre los habitantes de la «siempre fiel Isla de Cuba», sometidos a las arbitrariedades de los representantes de la Corona, a tal punto, que todos los estudiosos de esta materia están de acuerdo en que fue eso precisamente lo que acabó por darle forma al criollo como ente distinto al peninsular.

Las tempranas rebeliones de los mineros de El Cobre y de los vegueros de Jesús del Monte en la primera mitad del siglo XVIII, la prédica de los hombres ilustrados que hoy identificamos como forjadores de nuestra nacionalidad como el Padre Varela, Luz y Caballero, Saco, etc., y las primeras conspiraciones e intentos separatistas, fomentadas casi siempre por criollos de alta posición económica, nos indican, además, que la aspiración a la justicia era compartida por hombres y mujeres de todas las razas y estratos sociales del país. Todo ello cristaliza en la Guerra de los Diez Años, a cuyo comienzo Carlos Manuel de Céspedes, después de apelar al *«Dios de nuestras conciencias con la mano puesta sobre el corazón»,* declara : *«nosotros creemos que todos los hombres somos iguales, amamos la tolerancia, el orden y la justicia...»* y se consolida más tarde, en la Guerra de Independencia, cuando José Martí resume el propósito de la misma diciendo querer que *«la ley primera de la República sea el respeto de cada cubano por la dignidad plena del hombre».*

Más tarde, al paso de los 56 años transcurridos desde la instauración de la República hasta el 1º de enero de 1959, vemos que la aspiración a la justicia se acentúa y es motor del progreso social en Cuba. A su influjo surgen leyes populares, poderosos movimientos sindicales, agrupaciones políticas, instituciones educacionales, y obras sociales. Se logra, tempranamente, el reconocimiento al derecho de la mujer al sufragio, la jornada laboral de ocho horas, el concepto de pago igual por trabajo igual, etc. Males persistentes como la corrupción pública, la discriminación racial y las marcadas diferencias económicas entre el campo y la ciudad, encuentran siempre el rechazo ciudadano. La Constitución de 1940 y sus leyes complementarias, no siempre acatadas, van por el camino del logro de la justicia. El debate filosófico-político entre liberales, conservadores, marxistas. socialdemocrátas, etc. es un debate encaminado a demostrar qué propuesta está más cerca de lo justo. La Acción Católica Cubana es, para mediados de los 50, una fuerza emergente que propone la Doctrina Social de la Iglesia como instrumento idóneo para esas aspiraciones.

Esas aspiraciones, centradas en demandas tales como la restitución del orden constitucional, el adecentamiento de la gestión pública, etc., son las que mueven a las grandes mayorías cubanas a apoyar la revolución que llega al poder el primer día de 1959. Esas mismas aspiraciones a la justicia son las que hacen que aquella euforia se desvanezca pronto, como burbuja de jabón, ante la torcedura marxista de la revolución.

Tan temprano como en noviembre de 1959, la Plaza Cívica de La Habana se llena de católicos que, al pie de la venerada imagen de María Santísima, Patrona de Cuba bajo el título hermoso de la Caridad del Cobre, claman a viva voz «¡Justicia social, sí; comunismo, no!». Comenzaría entonces otra nueva y cruenta etapa de lucha para los cubanos, esta vez contra un enemigo desconocido en su crueldad y subestimado en su audacia. Pero, nuevamente el ideal de la justicia movió a los cubanos a un enfrentamiento heroico y al mismo tiempo doloroso en extremo, como lo son siempre las guerras civiles.

Sin calcular riesgos, ni medir posibilidades de triunfo, los que tenían «hambre y sed de justicia» se enfrentaban a un despotismo totalitario que no vacilaba en llevar a millares de compatriotas ante los pelotones de fusilamiento, y atestaba las cárceles. Los gritos de «¡Viva Cristo Rey!» fueron el testimonio mejor de la motivación justísima de aquella lucha, que tuvo episodios inolvidables en Playa Girón, en las montañas y llanuras de todo el territorio nacional y en los centros urbanos donde, de acuerdo a la mentalidad de los tiempos, a la tradición, y a lo que parecía ser lógico, se veía a la violencia armada como la única forma de llegar un día, paradójicamente, a la República que, junto con Martí, soñábamos cordial, *«con todos y para el bien de todos»*.

Para mediados de los 60, la magnitud de la represión, el apoyo del campo soviético a los represores, el abandono de los que creíamos aliados a los luchadores por la democracia y la complacencia de un mundo, muchos de cuyos dirigentes y pensadores creían fatalmente destinado a caer en la órbita comunista, aplastaron en Cuba la resistencia activa. El éxodo por Camarioca, en 1965 y los subsecuentes «Vuelos de la Libertad» darían la estocada mortal al valeroso y sacrificado clandestinaje cubano.

Continuó, sí, la callada resistencia individual del obrero que rompía su maquinaria, del desesperado que pintaba un letrero, o de la anciana que, no obstante las consecuencias, iba a la Iglesia.

Así, hasta el 28 de enero de 1976. Si hubiera que ponerle fecha al comienzo de la disidencia activa dentro de Cuba, tendría que ser ésta, día en que se constituye, más o menos difusamente, el Comité Cubano pro Derechos Humanos, fundado por Ricardo Bofill y un reducido grupo de colaboradores.

No que antes de esa fecha no hubiera habido disidentes. Los hubo, muchos y muy destacados, como el presidente Manuel Urrutia, el primer ministro Miró Cardona y los comandantes Húber Matos y Pedro Luis Díaz Lanz, sólo por citar unos pocos entre los muchos que, en su momento, denunciaron de palabra o de obra, la entraña marxistoide del castrismo. Pero estos terminaron en prisión o en destierro, mientras otros muchos, como el inolvidable Porfirio Ramírez, murieron en lucha desigual en las montañas de Cuba. Los cubanos no habíamos descubierto todavía la viabilidad de la lucha pacífica como instrumento de liberación.

Subrayando su pertenencia a la histórica lucha del pueblo cubano por la justicia, el Comité Cubano Pro-Derechos Humanos sale a la luz en el aniversario del nacimiento de Martí y cita al Padre Valera como uno de sus inspiradores en su documento fundacional. Es la misma lucha, pero es atrevidamente diferente: se busca la justicia, pero por medios pacíficos. Se introduce en la historia de Cuba el concepto de la resistencia cívica no violenta. Se toma como arma la verdad, poniendo en práctica, en el campo cívico, lo que la Escritura propone en el campo espiritual: *«la verdad os hará libres»* (S. Juan 8, 32). De ahí su importancia en aquel momento y su trascendencia para el futuro de Cuba.

Hay que destacar que durante todo ese tiempo, antes y después del surgimiento de la disidencia interna activa, el exilio fue, y lo sigue siendo hoy, el «otro pulmón» de la lucha del pueblo cubano por la reivindicación de sus derechos, la «otra trinchera» donde se ha resistido desde el primer día, con posibilidades y sin ellas, con aciertos y errores, pero con enaltecedora fidelidad, los intentos del totalitarismo de hacerse permanente en Cuba. La casi totalidad de los dirigentes de la disidencia interna reconocen, además, que sin el apoyo de los exiliados, a ésta no le hubiera sido posible llevar a cabo su labor, y ni siquiera sobrevivir.

EL GRANO DE MOSTAZA.

Lo que comenzó por aquel escuálido Comité Cubano Pro-Derechos Humanos, que muchos calificaron de quijotesco, es en el presente una fuerza notable por su valentía, su determinación y su autoridad moral. No es un movimiento multitudinario, pero es el más numeroso de cuantos han existido en cualquiera de los países que estuvieron sometidos al totalitarismo comunista en todo el mundo.

Es, además, muy diverso, pues incluye en sus filas a cubanos y cubanas de todas las capas sociales del país: médicos como el Dr. Oscar Elías Bisset, ingenieros como Oswaldo Payá, abogados como René Gómez Manzano, economistas como Marta Beatriz Roque, poetas como Regis Iglesias, educadores como Roberto de Miranda, filósofos como Jaime Legonier, ex-militares como Vladimiro Roca, campesinos como Antonio Alonso, sindicalistas como Carmelo Díaz, amas de casa como Berta Antúnez, simple gente de pueblo como los hermanos Sigler Amaya y tantos más.

Entre ellos hay blancos, negros y mulatos; católicos, protestantes y santeros; liberales, conservadores, democrátas-cristianos, socialistas y de toda otra denominación política no comunista. Y los hay desde el extremo occidental de la isla, como el Partido Pro-Derechos Humanos, en Guane, hasta el extremo oriental, como el Movimiento Jóvenes por la Democracia, en Baracoa.

A su sombra y con su impulso ha renacido en notable medida la sociedad civil de la nación: periodistas, bibliotecarios, cooperativistas, asociaciones de profesionales, campesinos, obreros, artistas, intelectuales y discapacitados independientes, entre otros.

Han alcanzado reconocimiento internacional a muy altos niveles, como lo atestiguan importantes premios por la promoción de los derechos humanos otorgados a diferentes activistas por la Unión Europea, organizaciones no gubernamentales y otras instituciones de distintos países. Lo que es más importante, cada día ganan más respeto entre sus conciudadanos.

Es de notar, además, que en Cuba, como en ninguna otra parte, se han borrado diferencias semánticas que tuvieron importancia en el pasado. Hoy en día, en el contexto cubano, opositor y disidente son sinónimos, pues bajo la clasificación de «disidentes», «disidencia» o «la gente de los derechos humanos», como los llama la generalidad de la población, se incluye a personas como Oswaldo Payá, por ejemplo, que nunca perteneció a las filas del régimen, y a otros que creyeron por mayor o menor tiempo en el espejismo de la revolución.

Se puede decir, pues, que la disidencia interna actual es un vívido muestrario de toda la nación cubana y que es, hoy por hoy, el más importante agente de cambio dentro de la isla. Se cumple en ella la parábola del grano de mostaza, pues de una semilla pequeñísima ha surgido un árbol corpulento. No sería prudente exagerar su importancia en cuanto a la correlación de fuerzas con la dictadura, pero tampoco lo sería ignorar su potencial como probable canalizadora de las ansias de justicia, ahora generalizadas a nivel popular, que le dieron origen cuando esas ansias eran expresadas por unos pocos solamente.

No tiene la disidencia una articulación eficaz en todo el territorio cubano, pero creo que no es exagerado decir que muestra ya la capacidad de, llegado el momento y con la ayuda adecuada, poder, junto a otros organismos independientes, religiosos y fraternales, ofrecer respuestas perentorias a las incertidumbres, la inestabilidad y el desorden inicial que inevitablemente acompañan a todo cambio significativo en una sociedad anteriormente totalitaria.

En resumen, ya que el tema ha surgido: si me preguntaran a mí cuál es la verdadera importancia de la actual disidencia interna, yo diría que lo es el habernos revelado a los cubanos la posibilidad de desterrar la violencia de las luchas políticas y la efectividad de los métodos no violentos en la búsqueda de la justicia.

Cuba heredó antiguos conceptos que indicaban que la única manera honorable de resolver los agravios y conflictos era a través de la sangre, no obstante lo evidente que hoy resulta que vencer por la fuerza quiere decir que se es más fuerte o se está mejor armado que el otro, pero no necesariamente que se está en posesión de la razón o del derecho. El enfrentamiento físico o armado se convirtió, erróneamente, en la única prueba aceptable de la valentía y el honor.

Esa mentalidad que enfrentó ferozmente a los españoles y a sus hijos cubanos cuando estos reclamaban justamente su independencia, continúo primando en la República, y así vimos como patriotas que ganaron en la manigua méritos incuestionables, se enfrentaron después entre sí con igual violencia por disparidades políticas o ambiciones de poder, dándole a nuestra historia como nación páginas tristísimas, como lo fueron, entre otras, la muerte de Quintín Banderas en tiempos de Estrada Palma, los enfrentamientos raciales y veteranistas durante el gobierno de José Miguel Gómez y los excesos del gobierno y la oposición en épocas de Machado.

No se trata de querer juzgar por parámetros modernos, y a la luz de experiencias que ellos no tenían, a personas que actuaban de acuerdo a la cultura de su época y a lo que habían aprendido como bueno y honorable, y a los que, por otra parte, tanto bien debemos. Se trata de entender desapasionadamente una nefasta y contraproducente tradición de violencia que hacía que las rivalidades y los agravios pasaran de generación en generación, sin posibilidad de solución. Siempre quedaba alguna deuda por saldar, y se saldaba con sangre, sangre de hermanos.

Junto a esto hay que aclarar que nada de lo dicho implica que se pueda condenar a un pueblo si en un momento determinado se ve forzado a recurrir a la violencia en una situación extrema, como se recurre a veces a una amputación para evitar la muerte, máxime cuando la obstinación de los opresores cierra las puertas a todo otro intento de solución. Los pueblos, como las personas, tienen derecho a defenderse de la agresión. Ese recurrir a la violencia no deseada, tiene, sin embargo, que ser impuesto temporalmente por las circunstancias, y no ser una opción favorecida, ni mucho menos una práctica o método de lucha justificable de por si.

El síndrome de violencia que marcó nuestra República y al cual me refería anteriormente, ha tenido su expresión más cruel en el presente régimen. Nunca podremos olvidar a los fusilados, a los torturados, a los caídos en combate, a los asesinados mientras trataban de escapar de la isla. No podremos ni debemos olvidar la vivencia del miedo, el Calvario heroico del presidio político, ni el horror de los actos de repudio. Es precisamente por respeto y gratitud a los caídos y a lo que hemos sufrido todos, que tenemos que luchar porque sus nietos y los nietos de todos los cubanos del presente, puedan vivir una Cuba diferente a la nos tocó vivir a ellos y a nosotros. Una Cuba donde los problemas se resuelvan «entre cubanos», en armonía y civilidad, no por la imposición de unos sobre otros. Una Cuba, por fin, *«donde la ley primera de la República sea el respeto de cada cubano a la dignidad plena del hombre».*

Las conductas y los métodos que hundieron a Cuba y la mantienen sometida hasta el presente, no son los que la van a salvar. Asumir la ingrata tarea de tratar de acabar con el pesado legado de la violencia es el mérito mayor de la disidencia, porque, de lograrse sería un inestimable bien para Cuba, no solamente para hoy y para nosotros, sino para el futuro, para los que vienen detrás.

Concretando, yo diría que la mayor importancia de la disidencia interna actual en Cuba, radica en que ha probado que la acción política puede ser coherente con lo que la conciencia sabe y es que la fuerza de la razón es, y debe ser, más poderosa que la razón de la fuerza.

CONCLUSIONES.

De todos es sabido que no hay peor ciego que el que no quiere ver. Creo que solamente esos podrán tratar de negar la importancia de la actual disidencia interna en Cuba, pero, si hiciera falta un testimonio convincente al respecto, me parece que ninguno mejor que el de la propia dictadura: si esos opositores no representaran un desafío real al régimen, ¿por qué entonces reprimirlos con tanta virulencia?... ¿por qué encarcelarlos?... ¿por qué tratar de desprestigiarlos constantemente?

A los escépticos habría que recordarles que si bien el resultado final que busca el pueblo cubano no ha sido obtenido todavía por los disidentes ni por nadie más, ellos han demostrado que la resistencia cívica no violenta es capaz de poner en jaque al totalitarismo, como sucedió en 1996 con Concilio Cubano, en el 2001 con el Proyecto Varela y en el 2003 con el fermento oposicionista que provocó la «primavera negra» de ese año, todo lo cual indica que existe en esos métodos el potencial de desencadenar el cambio definitivo.

Y al llegar a este punto, es claro que lo lógico sería que todos los cubanos, tanto los de la isla como los del destierro, nos preguntáramos ¿qué podemos hacer para ayudar a la disidencia?... Nosotros los exiliados debiéramos preguntarnos qué hacer para, entre ellos y nosotros, imprimirle toda la efectividad posible a la legítima lucha por la liberación de la patria común.

Yo no podría ofrecer fórmulas políticas ni estrategias de acción, porque yo no soy un político ni un estratega. Yo soy un sacerdote cubano, un simple pastor de almas, y como tal, sólo pudiera referirme a lo que he aprendido a la luz del Evangelio, recordar lo que algunos de nuestros grandes pensadores han indicado y recomendar que no olvidemos la probada sabiduría de nuestros guajiros, eso que hoy llaman el sentido común.

Les decía al principio de lo urgente de reflexionar sobre estos temas como lo hemos hecho hoy, debido a las circunstancias especiales que vive la nación cubana en estos momentos. Ese mismo sentido de urgencia debiéramos tenerlo en cuanto a los pasos que debemos dar. No soy yo quien pueda decir cuáles son esos pasos, pero, cualesquiera que fuesen, nos harán avanzar, y no retroceder solamente si los damos por caminos de virtud. *«No hay patria sin virtud»,* nos dijo el primero que nos enseñó a pensar y a mí se me ocurre que pudiera sugerir algunas de las virtudes necesarias para que nuestros pasos nos lleven a las metas del bien común, las que deseamos para Cuba:

1) Firmeza de principios y claridad en los objetivos. Hemos de estar conscientes de lo que queremos para Cuba: verdadera soberanía, estado de derecho y respeto a los derechos humanos. En esto se

resume toda otra justa demanda como lo son, por ejemplo, la liberación de los prisioneros políticos, democracia, elecciones libres, procesos justos, etc. Hemos de poner por delante, además, nuestra no aceptación de fórmulas que pretendan impedir u obstaculizar el derecho de los cubanos a escoger libremente su destino o de propiciar la continuidad del presente sistema o de algo semejante, bajo apariencias de democratización, apertura o reformas.

2) Equilibrio. El ser humano es muy susceptible al apasionamiento que le hace perder claridad en su visión de las cosas. Los cubanos no somos la excepción de esta regla, todo lo contrario, por lo tanto, debemos recordar las sabias palabras del bien llamado Profeta del Exilio, nuestro inolvidable Obispo Eduardo Boza Masvidal. Nos decía él sobre esto, cito: *«El equilibrio no es bailar la cuerda floja, sino es adoptar una actitud clara y definida que no pide nada prestado a nadie, sino que nace de una buena formación doctrinal y de un estudio desapasionado y objetivo de la realidad»* Fin de la cita.

3) Unidad. Unidad en la diversidad, que es como tiene que ser, pero unidad firme, porque si siempre la hemos necesitado, hoy nos es imprescindible. No hay que explicarle a ningún cubano cuanto daño nos ha hecho la desunión. Ya es hora de separar el trigo de la cizaña. No olvidemos lo que el mismo Señor Jesús nos dice en el capítulo 12 de San Mateo: *«Todo reino dividido será desolado y toda ciudad o casa dividida, no subsistirá».*

4) Prudencia y energía. El Siervo de Dios y artífice de la cubanía, el Padre Varela, recomendaba a los cubanos de su tiempo en sus «Máximas Morales y Sociales» no equivocar la debilidad con la prudencia, aclarando que ésta *«indica al hombre lo que debe elegir, practicar y omitir en cada circunstancia»*. Yo subrayaría esta máxima valeriana, recordando que lo primero que la prudencia indica es pensar antes de actuar. Varela señalaba también, en «El Habanero», algo que parece escrito para nuestros días. Cito: *«No es tiempo de entre-*

tenernos en acusaciones particulares, ni en lamentos inútiles. Lo es solo de operar con energía para ser libres». Fin de la cita.

5- Justicia, verdad, perdón y reconciliación. Decía al principio que la causa de la disidencia interna, la causa de todos nosotros en fin de cuentas, es la continua búsqueda de la justicia del pueblo cubano. Cuba clama justicia al cielo, la justicia es imprescindible. La verdad es complemento de la justicia y debe ser condición primera de nuestro quehacer y base firme de la sociedad. Cada cubano deberá reconocer la verdad de sus responsabilidades y errores si queremos entrar con limpieza en la Cuba nueva que anhelamos. Al mismo tiempo, la patria necesita igualmente del perdón y la reconciliación para poder tener posibilidades de futuro. Una sociedad que mantenga sus heridas permanentemente abiertas se condena a la continuidad de sus conflictos y elimina sus posibilidades de vivir en paz. Justicia, verdad, perdón y reconciliación no son términos excluyentes ni contradictorios. Nuestro muy recordado Papa Juan Pablo II, decía al respecto lo siguiente, en su mensaje por la Jornada Mundial de la Paz, el 1° de enero de 1997. Cito: *«El perdón, lejos de excluir la búsqueda de la verdad, la exige. El mal hecho debe ser reconocido y, en lo posible, reparado... Otro presupuesto esencial del perdón y de la reconciliación, es la justicia, que tiene su fundamento último en la ley de Dios... En efecto* —añadía el Pontífice— *el perdón no elimina, ni disminuye la exigencia de la reparación, que es propia de la justicia, sino que trata de reintegrar tanto a las personas, como a los grupos, en la sociedad.»* Fin de la cita.

6) Fe, esperanza y caridad. Lo más importante lo he dejado para el final, porque es lo que envuelve y posibilita todo lo demás. Fe en Dios, porque sin Él todo esfuerzo será inútil: *«Si el Señor no edifica la casa, en vano se afanan los albañiles»*(Salmo 127), afirma la Escritura. Esperanza en Dios, porque de Él nos viene todo bien: *«Dichoso el hombre que ha puesto su confianza en el Señor»*, proclama San Mateo en su evangelio. Caridad, que es amor, a Dios y a nuestros hermanos, porque ya hemos visto en demasía los frutos del odio

en nuestro pueblo. Caridad, porque es lo que Dios mismo quiso para nosotros, al enviarnos sobre el mar la imagen de la Madre de su Hijo amado bajo ese inspirador apelativo: la Madre de la Caridad, la Madre del Amor, Madre de la patria. Si lo que hacemos por Cuba no lo hacemos por amor, mejor no lo hagamos.

Si todos los que deseamos el bien de la nación, los de la importante disidencia interna y los del perseverante exilio nos armarnos de esas virtudes, seremos eficaces. Si asumimos el compromiso de no dejar que el personalismo o las pasiones las diluyan, habremos ganado. Si las mantenemos y contagiamos con ellas a todo nuestro pueblo, le habremos asegurado a Cuba un futuro feliz.

Quiero terminar con una expresión de lealtad, afecto y reconocimiento a la labor paternal de la Iglesia Católica en Cuba durante esta etapa tan difícil de nuestra historia. El 3 de febrero de 1959 vio la luz la primera pastoral conjunta de los Obispos cubanos, en la cual, centrados en el tema de la educación, aquellos pastores lanzaban ya demandas y cuestionamientos aplicables a todo el engañoso proyecto revolucionario que entonces comenzaba. Ya antes, solamente dos días después del triunfo de la revolución, el Arzobispo de Santiago de Cuba, Mons. Enrique Pérez Serantes, le recordaba al nuevo gobierno y al pueblo todo porqué se había luchado, diciendo: *«Queremos y esperamos una República netamente democrática, en la que todos los ciudadanos puedan disfrutar a plenitud la riqueza de los derechos humanos»* Fin de la cita.

A partir de entonces, los hechos, bien documentados además, nos muestran a esa Iglesia sufriente, hostigada unas veces más disimuladamente que otras, pero hostigada siempre, al lado del pueblo de Cuba. Esto tuvo, quizás, su punto más elocuente con la pastoral «El Amor todo lo espera», de 1993, pero hay también una extensa y rica historia, que un día se conocerá en todos sus detalles, de la generosa, valiente y callada labor de la Iglesia a favor de los legítimos intereses y necesidades del pueblo cubano en estos tiempos. No es por gusto que los más sonoros gritos de «¡Libertad!» escuchados en Cuba en tiempos recientes tuvieran lugar en las plazas públicas durante la visita de Juan Pablo II en 1998.

Ratifico igualmente mi personal aprecio y respeto por la disidencia interna de Cuba y lo hago desde el corazón de un cubano sanamente orgulloso de ser exiliado, de pertenecer a este destierro comprometido con el destino nacional, lleno de hombres y mujeres de fe y de acción, cuyos méritos y virtudes no son siempre justamente apreciados. Cuando se pudo llevar a feliz término los motines carcelarios de Atlanta y Oakdale en 1987, recuerdo que la emoción me hizo exclamar aquel día que, si yo no fuera cubano, pagaría por serlo. Sin el menor asomo de prepotencia, con gran respeto para todos los pueblos del mundo, lo repito hoy: pagaría por ser disidente, pagaría por ser exiliado, porque uno y otro son lo mismo: cubanos, cubanos buenos, tratando de ser mejores.

Debo pedirles perdón por haberme olvidado del límite de tiempo, pero me pareció que las importantes alternativas que tenemos los cubanos ante nosotros en estos momentos, pedían estas consideraciones que he querido compartir con ustedes, aprovechando la invitación de la Fundación Padre Félix Varela, que nuevamente quiero agradecer. Quizás me faltó añadir entre las virtudes que necesitamos, la de decir más en menos tiempo. Pero ustedes, que son tan generosos, sabrán comprender, porque son cubanos como yo.

Muchas gracias a todos.

Monseñor Agustín A. Román
Obispo Auxiliar Emérito

Charla en la Peña Valeriana, 16 de diciembre de 2006

RELACIONES FRATERNALES ENTRE JUDÍOS Y CRISTIANOS

La invitación de la Comunidad Judía de Miami a la celebración del 20º aniversario de la visita de Juan Pablo II a la Sinagoga de Roma nos llena de alegría y gratitud como cristianos que somos.

Ante todo, porque nos recuerda nuestro común origen en el Dios de la Biblia, que escogiendo a Abraham, padre común de los creyentes, comenzó la historia sagrada en la cual caminamos ambos pueblos. Hoy también los que seguimos a Jesús de Nazaret, nos podemos contar entre la realización del mensaje profético de que de Abraham descendería un pueblo numeroso como las estrellas del cielo y como la arena de las playas (Gen. 22, 17).

Aquella visita del papa, en 1986, ha quedado viva en el corazón de la comunidad judía y de la comunidad cristiana, porque abrió la puerta de la fraternidad no sólo para los judíos y cristianos, sino porque, además, dio un ejemplo para todos los pueblos de cómo es posible que, sembrando la semilla de la amistad, se cosechara el árbol de la paz, que con sus flores perfumaría y con sus frutos alimentaría este mundo de todos, en que vivimos.

La descripción que podemos leer en *L'obsservatore Romano* del 20 de abril de 1986, nos hace saborear el encuentro, a pesar de haber transcurrido dos décadas del mismo. Nos dice que el presidente de la comunidad judía de Roma, Giacomo Sabore en aquel momento, en el jardín de la sinagoga, recibió, saludó y presentó el pontífice a sus acompañantes, los representantes de las comunidades judías de Italia.

Al entrar en el templo el rabino jefe con el papa, un prolongado aplauso de los cientos de asistentes los recibía. Seguidamente se sentaron en dos sillas colocadas en el Teva (corazón del templo, así como el presbiterio en las iglesias cristianas) y entonces resonó la música con el canto del Salmo 150.

El papa leyó su histórica alocución comenzando con las palabras: *«Queridos hermanos y amigos judíos y cristianos».* Estas palabras fueron acogidas con otro caluroso aplauso.

El pontífice comentó la declaración de los obispos del mundo en el Concilio Vaticano II, que lleva por nombre, en latín, *Nostra Aetate*, en la cual se tratan las relaciones entre judíos y cristianos y en la cual se lee: *«La Iglesia de Cristo descubre su relación con el Judaísmo escrutando su propio misterio. La religión judía no nos es extrínseca, sino que en cierto modo es intrínseca a nuestra religión. Son ustedes hermanos predilectos y en cierto modo se podría decir nuestros hermanos mayores»,* dijo Juan Pablo II.

El papa deploró, según la declaración mencionada, los odios, las persecuciones y todas las manifestaciones de antisemitismo contra los judíos en todo tiempo, y por quien hubiera sido.

El papa condenó fuertemente el genocidio llevado a cabo durante la última guerra contra el pueblo judío, y que llevó al holocausto de millones de víctimas inocentes.

Recordó también Juan Pablo II las numerosas audiencias concedidas en el pasado a hermanos judíos por sus predecesores Pablo VI, Juan XXIII y Pío XII, en las cuales se estrecharon grandes lazos de amistad.

Este encuentro se repitió en febrero 13 de 2003, al visitar el papa al nuevo rabino jefe de Roma tras su elección, ocasión en la cual Juan Pablo II pedía al Señor que les hiciera conductores de paz, siendo conscientes de que, cuando los hombres trabajaran unidos, son capaces de mejorar el mundo.

Al acercarnos a la sinagoga Emanu-El tendremos la oportunidad de compartir con la comunidad judía de Miami las presentaciones del Arzobispo John C. Favalora, el Imán Nasir Ahmad y el Rabino Fred Klein.

Encuentros como éste nos hacen soñar que no está lejos el día en que el canto de los ángeles en Belén se hará realidad: la gloria de Dios desde el cielo iluminará la tierra y los hombres gozaremos de la tan deseada paz.

Enero de 2007

ORACIÓN POR MIAMI-DADE

Señor Dios, Padre de todos los hombres. Tu voluntad es nuestra paz, pero esa paz tenemos que edificarla nosotros mismos cumpliendo el mandato hermoso de amarnos los unos a los otros, como miembros todos de la gran familia humana.

Tú has querido bendecir este rincón del sur de la Florida con las bellezas de tu Creación, con el sol brillante que nunca se aleja de nosotros por mucho tiempo, con el mar cristalino que besa nuestras costas, con abundancia y variedad de vegetación, con animales de toda especie que nos acompañan y nos sirven, y con un clima generalmente benigno y atrayente.

Nos has querido bendecir también con el don de la diversidad: hombres y mujeres *de toda raza, lengua y nación*, unos nacidos en este suelo, otros venidos de lejos, llenos todos del justo anhelo de labrarse una vida justa y feliz para ellos y para sus hijos. Has dotado a muchos con creatividad, visión de futuro y recursos para promover el progreso y la modernidad y nos enriqueces a todos al permitirnos conocer y apreciar multitud de expresiones culturales y artísticas, muestras vivas de la generosidad con la que has obsequiado tus talentos a los que por amor has creado.

Por si fuera poco, has suscitado en estas tierras, en todas las épocas, notables ejemplos de caridad y filantropía, de liderazgo y de civismo, extendidos por todos los sectores de nuestra comunidad. Queremos aprovechar la ocasión de esta reunión en que se revisan los asuntos propios de la gestión pública en Miami-Dade, para darte gracias de todo corazón por tantas bendiciones, por tu solícita providencia.

Al mismo tiempo, Señor, te pedimos que no nos falten las virtudes espirituales necesarias para lograr y afianzar entre todos esa paz que Tú quieres para nosotros. Que reine entre nosotros siempre el espíritu de acogida. Que siempre respetemos la vida y cuidemos esta porción del

Universo que nos das para vivir. Que no dejemos que se debilite la familia, ni se olvide la justicia social, ni permitamos nunca expresiones de racismo ni discriminación contra ningún ser humano. Que nunca rechacemos al que llega en busca de libertad. Que no limitemos las oportunidades de justo bienestar para nadie. Que los gobernantes estén conscientes de que han sido llamados a servir, no a ser servidos. Que los gobernados entendamos que solamente en la fraternidad se alcanza la felicidad. Que ninguno se tome a si mismo tan en serio que perdamos el sentido del humor, la sana alegría que acompaña a los que en Ti confían.

Y que a todos los aquí congregados, Señor, que a todos los habitantes del Condado Miami-Dade, llegue todo ello en el calor de tu amor, en el nombre del Padre, del Hijo y del Espíritu Santo. Amén.

+*Mons. Agustín A. Román*
Obispo Auxiliar Eméritus

Leído ante la Comisión del condado Miami-Dade, 20 de febrero de 2007

PORQUE YO LO HE VIVIDO ES QUE HABLO HOY: UNA APELACIÓN A LA COMPASIÓN

La reciente llegada a costas de la Florida de una embarcación con 101 haitianos a bordo, muchos de ellos en mal estado de salud tras 22 días a la deriva, suscita en mí recuerdos muy personales, que quiero compartir en este momento como tópico de meditación y toma de conciencia para toda nuestra heterogénea comunidad del sur de la Florida.

Nadie quiere irse de su país, nadie quiere dejar la familia, los amigos, ni los lugares queridos que son parte de la vida de cada uno. Pocos son los que alegremente deciden dejar su patria por el gusto de emigrar. Son muchos más los que lo hacen forzados por circunstancias que parecen o son insalvables. Unos lo hacen obligados por la pobreza extrema, por la falta de oportunidades, por el humano deseo de forjarse una vida digna. Otros los hacen porque se les persigue por su religión o por sus convicciones políticas. Unos tienen detrás una familia que socorrer. A otros les hacen un «acto de repudio». A mí y a otros 130 sacerdotes nos montaron en un barco a punta de fusil. Y así unos y otros dejamos, sin quererlo, la tierra que nos vio nacer.

Yo también llegué sin papeles a un país que no era el mío. Yo también llegué sucio y desarrapado tras varios días de travesía en el fondo de un barco, sin poder cambiarme. A mí tampoco me vacunaron antes de echarme, y representaba, por lo tanto, el riesgo potencial de portar algún virus tropical. A mí también se me dijo que no podíamos entrar a un país, así, simplemente por haber llegado a él.

Fui más afortunado que muchos, porque yo ya era sacerdote y llegué en esas condiciones a una España donde los valores cristianos tenían todavía preeminencia. Tras la confusión inicial se me acogió amablemente y así pude comenzar mi involuntaria vida de exiliado, primero en Chile y después en los Estados Unidos.

He podido rehacer mi vida en el servicio al Señor, como otros muchos lo han hecho de acuerdo a sus posibilidades, y aunque la añoranza de mi patria no me ha dejado ni un solo día de mi prolongado destierro, doy gracias a Dios por haber encontrado amparo, comprensión y ayuda en otras tierras. Junto con mi amor a Cuba y mi dolor de exiliado, hay en mi corazón amor y gratitud sin límites a España, a Chile y a los Estados Unidos por haberme recibido cuando yo buscaba refugio.

¿Cómo no querer para otros en circunstancias parecidas el bien que yo encontré?... ¿Cómo ser indiferente ante su tragedia, si esos haitianos traen en sus ojos la misma mirada de incertidumbre que tuve yo al llegar a España, la misma mirada de desesperación que veo en los ojos de mis hermanos, los balseros cubanos?

Sé que al leer estas líneas muchos recodarán sus propias experiencias, el cómo y el porqué vinieron a este país, el miedo de la salida y las dudas de la llegada. Ojalá que todos recordemos que aunque hoy seamos ciudadanos de los Estados Unidos, o residentes legales, o tengamos un documento que ampara nuestra estadía en este suelo, en el fondo, todos somos refugiados.

Es por ello, porque nos obliga el cristiano deber de la caridad, y porque no puedo olvidar que el Señor a quien trato de servir y cuya resurrección gloriosa estamos celebrando, tuvo que llegar un día, indocumentado también, a Egipto, que quiero reiterar mi adhesión a la apelación hecha por nuestro Arzobispo, John Clement Favarola a las autoridades pertinentes a favor de estos 101 haitianos.

Al hacerlo, espero escuchar esa misma apelación de parte de mis compatriotas en el exilio y de parte de todos los que, no importa de donde hayan venido, han encontrado aquí una oportunidad de vida. ¡Qué nadie calle, qué nadie deje de ser compasivo y de pedir compasión!

¡Qué Dios salve a Cuba! ¡Qué Dios salve a Haití! Los bendice,

+Mons. Agustín A. Román, Obispo Auxiliar Eméritus
Pascua de Resurrección, 8 de abril de 2007

UN CUBANO SUBE A LOS ALTARES

Pascua de Resurrección. El 28 de octubre de este año 2007 un grupo de 498 cristianos católicos, sacerdotes y consagrados al Señor, serán declarados beatos en Roma, por el Santo Padre Benedicto XVI. Beato significa, en la Iglesia, bienaventurado, ciudadano del cielo, y es como el escalón anterior a que un cristiano sea declarado santo.

La razón de esta declaración es porque dieron testimonio de amor a Jesucristo dando lo que más podemos dar, que es la propia vida en el martirio.

Este grupo de cristianos inocentes fueron martirizados, víctimas del odio contra la fe de la ideología comunista, durante la guerra civil española de los años 30, en el pasado siglo XX.

El hecho nos hace descubrir la respuesta del amor ante el odio. En este grupo de heroicos mártires se encuentra un joven cubano, nacido en Arroyo Blanco, (General Tello Sánchez), Jatibonico, Cuba, el 27 de marzo de 1912, poco más de un año antes de que se fundara ese municipio.

San José es el patrón de esa parroquia y el recién nacido recibió el nombre del glorioso San José. Sus padres, españoles, al llegar a Cuba pasaron por Oriente, y se dirigieron a tierras camagüeyanas, donde probablemente había mejores oportunidades de trabajo. Sus nombres eran Emilio López y Lucinda Piteira.

Aunque sus padres retornaron a España cuando él era niño, tal parece que José nunca olvidó la tierra que lo vio nacer... aquellas llanuras verdes sembradas de caña, tabaco y arroz... pues nunca renunció a su ciudadanía cubana.

Sintió el llamado del Señor muy temprano y no tardó en responderle de manera afirmativa, entrando en la orden de los padres agustinos. Pasó su noviciado en Leganés y sus estudios de filosofía y teología los hizo en el majestuoso monasterio de San Lorenzo de El Escorial, cerca de Madrid. Allí hizo su profesión solemne, el 16 de julio de 1934.

Fue ordenado subdiácono por el Arzobispo de Madrid, Monseñor Eligio Garay, el 6 de abril de 1935 y diácono por un obispo misionero de la Orden de Predicadores, el 8 de septiembre, fiesta de la Virgen de la Caridad, en el mismo año 1935. Ya se acercaba al sacerdocio cuando comenzó la guerra civil española, cargada de odio hacia la Iglesia de Jesucristo.

El 6 de agosto de 1936 fue detenido con su comunidad de El Escorial y llevado a la prisión de San Antón, en Madrid. Sufrió cuatro meses de prisión injusta, fue juzgado a final del mes de noviembre por un falso tribunal constituido en la misma cárcel y condenado a muerte junto a sus compañeros, por el solo delito de seguir a Cristo.

Fue llamado el 30 de noviembre de 1936. Le ataron las manos y después de haberle despojado de todo fue conducido a Paracuellos de Jarama con alrededor de otros 50 agustinos como él, dando verdadera muestra de fe cristiana ante los verdugos. Un tiro terminó con su vida, pero antes de que su boca se cerrara se oyó el grito de ¡Viva Cristo Rey!

El padre Natalio Herrera, comentando el doloroso martirio, nos dice: *«Es digno de notarse la respuesta del diácono José López Piteira, nacido en Cuba, quien al decírsele que podía hacer valer esa circunstancia de haber nacido en Cuba para conseguir la libertad, contestó: «Están aquí todos ustedes que han sido mis educadores, maestros y superiores, ¿qué voy yo hacer en la ciudad?... Prefiero seguir la suerte de todos, y sea lo que Dios quiera».*

Desde la tierra podríamos preguntarnos ¿por qué Dios permitió que este joven que nació en Cuba tuviera que trasladarse a España con sus padres, para sufrir el martirio allá por el odio de los comunistas?

Desde el cielo la respuesta sería distinta: para que un cubano demostrara que el amor es más fuerte que el odio y desde los altares, como testigo de la fe, nos predicara el Evangelio a nosotros y al mundo. El himno de los mártires en las Segundas Vísperas pudiera respondernos mejor:

Palabra del Señor ya es rubricada,
es la vida del mártir ofrecida
como una prueba fiel de que la espada
no puede ya truncar la fe vivida.
Fuente de fe y de luz es su memoria,
coraje para el justo en la batalla
del bien, de la verdad, siempre victoria
que, en vida y muerte, el justo en Cristo halla.
Martirio es el dolor de cada día,
si en Cristo y con amor es aceptado,
fuego lento de amor que, en la alegría
de servir al Señor, es consumado.
Concédenos, oh Padre, sin medida,
y tú, Señor Jesús crucificado,
el fuego del Espíritu de vida
para vivir el don que nos has dado. Amén.

Mediados del 2007.

Cuarenta años remando mar adentro.

Hace cuatro décadas el Arzobispo Coleman F. Carroll, obispo de la Diócesis de Miami entonces, hizo un llamado a nuestro pueblo cubano desterrado, el 8 de Septiembre de 1966. Nos entregó una tierra junto a los mismos mares que bañan a Cuba y nos encomendaba levantar un santuario a la Madre de Dios, bajo el título de Nuestra Señora de la Caridad. Le entusiasmaba al Arzobispo, haber contemplado desde la llegada de su imagen de Cuba el 8 de Sep de 1961, la devoción del pueblo cubano desterrado a su Santa Patrona.

Oímos el llamado y confiando en el Señor, nos dispusimos a seguirlo, así como el pescador, remamos adentro buscando la pesca sin otra cosa que sus pobres redes.

Las décadas de los sesenta y setenta eran bien difíciles, los exiliados llegaban cada día con tan solo lo que tenían puesto. La mayor parte no contaba entonces con familia o amistades que los recibieran.

Se podía comenzar gracias a la

CUARENTA AÑOS REMANDO MAR ADENTRO

Hace poco más de cuatro décadas, el 8 de septiembre de 1966, el Arzobispo Coleman Carroll, obispo entonces de la Diócesis de Miami, hizo un llamamiento al pueblo cubano desterrado. Nos entregaba una valiosa parcela de tierra, junto a los mares que bañan a Cuba y a Miami a la vez, y nos encomendaba levantar un santuario a la Madre de Dios, bajo el título de Nuestra Señora de la Caridad.

Entusiasmaba al Arzobispo haber contemplado, a partir de la llegada de la imagen, desde Cuba, el 8 de septiembre de 1961, la devoción de los cubanos exiliados a su Santa Patrona.

Oímos el llamado y, poniendo nuestra confianza en el Señor, nos dispusimos a responder al mismo, tal como el pescador rema mar adentro buscando la pesca, sin otra cosa que sus pobres redes. Aquellos tiempos de los años sesenta y setenta eran bien difíciles. Los cubanos llegaban cada día al exilio con lo que tenían puesto solamente. La mayor parte de los que así arribaban a Miami no contaba entonces con familiares o amigos que los acogieran.

Se podía comenzar gracias a la caridad de las iglesias, que recibían a sus fieles. Es de agradecer los esfuerzos realizados por la iglesia de Miami, que abrió entonces una puerta de servicios de emergencia con el Centro Hispano Católico, donde se ofrecía respuesta a las necesidades de los que allí se acercaban.

Encontrar entonces un trabajo, por muy humilde que éste fuera, recogiendo tomates en los campos, lavando platos en un restaurant o realizando las más rudas tareas en una factoría, era considerado como un premio que aseguraba el pan de la familia. La mayor recreación y consuelo era reunirse los domingos, en la misa, con otros compatriotas y saludar allí a los recién llegados que siempre traían noticias de Cuba, comentar el trabajo de la semana, y animarse pensando en el próximo regreso a la patria.

En aquellos tiempos no se pensaba en comprar una casa, pues la certeza de un pronto cambio en la situación política de la isla, hacía parecer innecesario todo lo que tuviera visos de perdurabilidad en Miami y, además, sólo se contaba con medios para subsistir, no para grandes adquisiciones. Se alquilaba la vivienda lo más cerca posible del centro de trabajo, porque se carecía de transporte propio.

A pesar de todo ello, el llamamiento del Arzobispo Carroll entusiasmó a la gente y se pensó en levantar la Casa de la Madre primero que las casas de sus hijos, rápidamente, antes que llegara la hora del regreso que se creía inminente.

El Arzobispo había hecho la encomienda durante la celebración de la fiesta de la Virgen, y en sólo veintiún días, el 29 del propio mes de septiembre, se organizaba el Comité pro-Santuario, siendo nombrado presidente del mismo el Dr. Manolo Reyes. Ese comité construyó la capilla provisional, que fue bendecida por el propio Arzobispo como parte de la celebración de la fiesta de la Caridad el año siguiente, 1967, nombrando en ese día su Director Espiritual.

El proyecto comenzaba como la pequeña semilla de mostaza de la que nos habla el Evangelio. Faltaban los recursos, pero sobraba la buena disposición, movidos por el amor a la Virgen. Centenares de devotos se acercaban continuamente a visitar la minúscula capilla, a la cual, desde el primer momento, no le llamaron santuario, ni capilla, sino ermita, la Ermita de la Caridad. Muchos cubanos peregrinaban en grupos, de acuerdo cada uno a su municipio de origen en Cuba, lo cual era una ocasión de encontrarse, compartir, y orar juntos familiares, amigos y vecinos, por la libertad de Cuba.

Al llegar el año 1968, el Arzobispo organizó el Comité de Recaudación y Construcción, nombrando al Dr. José Miguel Morales Gómez como presidente del mismo y a un grupo de activos y entusiastas cooperadores, para la realización del proyecto. Ese mismo día (10 de marzo de 1968), ordenaba organizar la Cofradía de la Virgen de la Caridad, para propagar la devoción a Nuestra Señora, bajo esa advocación, en esta Arquidiócesis. El primer grupo de la Cofradía se constituyó en la misma Ermita el 16 de junio del mismo año, siendo sus primeros Coordinadores Tarcisio y Gina Nieto.

El entusiasmo y la dedicación de los miembros de la Cofradía crearon un ambiente propicio a pesar de las dificultades económicas en medio de las cuales se vivía. Se organizaron las peregrinaciones de los 126 municipios cubanos, distribuyéndolas durante el año. Se comenzaba por el Municipio de El Cobre, seguido de los demás municipios de Oriente y se continuaba cada provincia hasta llegar al fin del año con Pinar del Río. La Cofradía era como el motor que lo movía todo.

Se diseñaron dos proyectos: el primero fue de un gran monumento con una pequeña capilla en lo alto; pero, la devoción de la gente pedía algo que fuera más pastoral, es decir, un templo para la oración, donde, junto a la Virgen, se recordara a Cuba ante el Señor. La ilusión de un pronto regreso, impelía a hacerlo todo con rapidez, para dejarlo terminado antes de partir.

El Comité llegó a la conclusión que debía cambiarse el primer proyecto, y así surgió el segundo, consistiendo éste de un pequeño templo para orar al Señor, siguiendo la misma estructura del antes proyectado monumento. Se trabajó arduamente, y el 2 de diciembre de 1973, con alegría, una gran multitud participó en aquella histórica celebración, frente a la obra levantada por todos, cuando el Cardenal John Krol, Arzobispo de Philadelphia y entonces presidente de la Conferencia de Obispos de Estados Unidos, junto con el Arzobispo Carroll y los obispos Eduardo Boza Masvidal y René Gracida, bendecía lo que era el fruto de la fe y el sacrificio de un pueblo en destierro. La casa de la Madre quedaba construida antes que las casas de sus hijos como signo filial de su gran devoción.

Se trató, siguiendo las orientaciones del Arzobispo McCarthy, de dedicarlo con preferencia a la evangelización de todos, pero, principalmente, de los más alejados. De ahí el esfuerzo por tener el Santuario abierto siempre, ofreciendo la oportunidad de la oración y la puerta abierta del perdón en el sacramento de la reconciliación.

El Santuario, cuya estructura se levanta como un recordatorio de la primera oración a la Virgen expresada popularmente por el pueblo cubano cuando implora: «¡Virgen de la Caridad, cúbrenos bajo tu manto!», nos llama constantemente a buscar, en María, a Cristo Salvador del mundo y presente en la Eucaristía que celebramos diariamente.

Aunque desde el comienzo, como ocurre en todo templo católico, asistían fieles de distintos países, con el aumento de la inmigración desde muchos pueblos diferentes, la Ermita se ha ido convirtiendo en la casa de toda América y hoy los miembros de la Archicofradía proceden de todas partes. La devoción a la Virgen de la Caridad que hasta 1961 se limitaba principalmente a Cuba, hoy ha tomado, sin haberlo pretendido, una dimensión continental, lo cual nos llena de gran satisfacción, porque así, compartimos en la Ermita un mismo amor a la Madre de Dios, el mismo amor que sembraron los misioneros en el Nuevo Mundo en la primera evangelización.

Las peregrinaciones de todos los pueblos del continente durante el mes de Octubre y la anual Romería Latinoamericana son los mejores testimonios de esto que decimos.

Con los años, los devotos han ido ampliando el Santuario y se ha construido el salón Padre Félix Varela, donde se conservan las paredes de la capillita original que desde 1975 fue convertida en parte del convento para las Hijas de la Caridad que atienden este centro de devoción mariana.

En el año 2000, el Arzobispo John Clement Favalora, nos hizo el regalo de obtener de la Conferencia Episcopal de Estados Unidos la designación de la Ermita de Nuestra Señora de la Caridad del Cobre de Miami, como Santuario Nacional.

Al celebrar estos cuarenta años, nos unimos a todos los sacerdotes y diáconos que han servido en el Santuario, a las Hijas de la Caridad, y a la siempre fiel Archicofradía de la Virgen, para dar gracias a Dios, a la Arquidiócesis de Miami que celosamente nos ha ayudado y acompañado, a los miles de devotos, muchos de ellos ya fallecidos, y a todos los que han cooperado con esta obra. A todos les damos la bendición.

P. Oscar Castañeda
Rector

+Mons. Agustín Román
Rector Eméritus
8 de septiembre de 2007.

CÓMO NACIÓ LA VOZ CATÓLICA

Durante el año 1980, el sur de la Florida recibió a 125,000 cubanos durante el éxodo del Mariel, con motivo de lo sucedido en la embajada de Perú en La Habana.

En la Arquidiócesis de Miami quisimos recibirles y ayudarles en lo que más necesitaban, ante los cientos de ellos que iban llegando y carecían de todo.

Las Caridades Católicas prepararon programas de ayuda para responder a las necesidades más urgentes. Las Sociedades de San Vicente de Paúl, en las parroquias, abrieron los brazos con gran espíritu de caridad.

Diariamente se les esperaba con un gran número de personal voluntario, ofreciéndoles un folleto preparado por nuestros Movimientos Apostólicos Arquidiocesanos, en el cual se les daba la bienvenida y se les orientaba para que pudieran integrarse en la nueva sociedad a la que llegaban.

La oficina de Pastoral Hispana descubrió la carencia de evangelización en un pueblo que había sufrido el ateísmo impuesto por la ideología marxista del gobierno de Cuba durante más de dos décadas, y que, por lo tanto, manifestaban hambre de Dios.

Teníamos el periódico católico en inglés, *The Voice*, en la Arquidiócesis, que desde el 20 de marzo de 1959 venía sacando dos hojas en español, suplemento que dos años más tarde, el 21 de abril de 1961, tomó el nombre de *La Voz*.

En una reunión con el Arzobispo McCarthy, vimos la necesidad de una respuesta urgente y adecuada, y que estuviera completamente en español, que era su lengua. Pensábamos que un periódico de emergencia sería la solución. El gran problema que se presentaba era el carecer de un presupuesto para sufragarlo. Se me ocurrió pedirle al arzobispo que me permitiera arriesgarme en ese proyecto, prometiendo que trataría de sufragarlo con anuncios que recogeríamos, y el arzobispo aceptó.

Al comenzar la petición de anuncios tuvimos buena respuesta, pero se nos presentaba otro problema: ¿cómo distribuirlo? Me reunía con un equipo formado por Jorge Lescano —cubano—, Donald Dugan —americano— y Víctor Rejón —mexicano—; reflexionábamos, carecíamos de todo pero nos sobraba el entusiasmo. El Señor nos iluminó para hablar con un *lunchero* católico de la parroquia de San Benito, en Hialeah, el Sr. Salvador Gil, y con él descubrí otros *luncheros* que pronto se contagiaron del entusiasmo y se dispusieron a llevar el periódico en sus carros, y a repartirlo en las factorías y otros centros y lugares de trabajo, como la construcción, durante el tiempo en que vendían su *lunch*.

El plan era hacer un periódico durante el Adviento de 1980-1981. El primer número salió el domingo 30 de noviembre, y las ediciones continuaron los domingos 7, 14 y 21 de diciembre. De repente me hice periodista, y con la ayuda de otros que escribían fuimos respondiendo a la necesidad.

El Arzobispo McCarthy, con su gran espíritu evangelizador, se entusiasmó y consiguió poder ayudar en lo que nos iba faltando de lo que recibíamos de los anuncios. Así continuó el periódico durante el año 1981, publicándose mensualmente.

Yo llevaba los paquetes de periódicos a las cocinas en mi carro, y allí los recogían los *luncheros*, llevándolos en sus carros a los centros de trabajo. Los obreros los recibían con gusto, y así el mensaje de la Iglesia llegaba a los hogares.

Me reunía periódicamente con los buenos *luncheros*, y ellos nos contaban el gran resultado de aquella humilde experiencia.

A medida que pasaban los meses, me daba cuenta de que yo, como periodista, no valía mucho, y pedía al Señor que nos enviara a alguna persona dotada que continuara lo que se había comenzado. El Señor nos envió el regalo de Araceli Cantero, quien elevó aquella incipiente obra a lo que es hoy *La Voz Católica*.

El 24 de febrero de 1982 nacía el «niño» que se había estado gestado durante un año. Aquella experiencia fue como el aperitivo de una buena comida. Hoy *La Voz Católica* es el orgullo de los hispanos católicos en esta arquidiócesis.

Aprovecho esta ocasión para agradecer y bendecir a todos los que han trabajado en esta gran obra, de manera especial a Araceli Cantero, Dora Amador y Emilio de Armas, quienes la han dirigido.

7 de octubre de 2007.

EL PODER DE UN PADRENUESTRO

Quiero agradecer a la UCE —Unión de Cubanos en el Exilio— haber organizado el pasado 10 de diciembre, Día de los Derechos Humanos, la celebración de la Misa orando por los lugares donde esos derechos no se respetan y agradeciendo al Señor cómo cada día crece en el pueblo el interés por conocer estos derechos que, ante todo, han sido escritos en lo profundo de la persona humana por el mismo Creador; recordando a Cuba y a tantos otros pueblos y agradeciendo a todos los que luchan porque la paz reine en la familia humana, sin olvidar que esto será imposible si antes no trabajamos porque cada uno viva la verdad, la justicia, el amor y la libertad.

Al mismo tiempo, quisieron los miembros de la directiva de la UCE reconocer, al celebrar el vigésimo aniversario, la labor realizada por el Grupo de Trabajo de las Organizaciones Cívicas Cubanas de Miami en la historia de la crisis en las cárceles de Oakdale y Atlanta en noviembre de 1987.

No entenderíamos el motivo de la rebelión de los prisioneros cubanos del Mariel, en aquella ocasión, si antes no recordáramos sus antecedentes. Por esta razón me atrevo a recordarlos.

En abril de 1980, el gobierno cubano, enojado con el gobierno de Perú, abandonó la custodia de las puertas de su embajada en La Habana y en poca horas se asilaron allí unas 11,000 personas. Seguidamente, el gobierno cubano, humillado por esta demostración de desafecto hacia él, anunció que daba libertad para salir de Cuba a quienes lo desearan, y el número creció tanto que salieron durante cinco meses 125,000 personas hacia Estados Unidos, quedando muchos queriendo salir sin poder lograrlo. Como venganza por este fracaso, abrió las cárceles y los hospitales de enfermos mentales, para manchar moralmente al numeroso grupo de asilados que salían buscando libertad.

Unos habían sufrido prisión por oponerse al gobierno por razones políticas, y otros por delincuencia.

Al llegar a Estados Unidos todos recibieron el permiso como «entrantes» pero, al no poder distinguir los que habían sufrido prisión por causas políticas, de los que habían estado presos por delincuencia, fueron tratados todos de la misma manera, esperando que el gobierno de Cuba permitiera su regreso, a lo cual éste se opuso desde el principio. Así permanecieron aquellos prisioneros, en un limbo y sin un juicio por varios años.

En diciembre de 1984, Estados Unidos firmó un tratado secreto con Cuba, por el cual Cuba abría sus puertas para recibir a los prisioneros deportados. En diciembre de 1985, tristemente, cien cubanos fueron deportados a Cuba.

En noviembre 20 de 1987, el Departamento de Estado anunció la deportación de todo cubano detenido en su territorio. Entonces, se rebelaron los prisioneros en las cárceles de Oakdale y Atlanta, expresando públicamente que preferían morir en Estados Unidos antes que regresar a Cuba y, atormentados, quemaron desgraciadamente las cárceles de Oakdale y Atlanta, tomando como rehenes al personal que trabajaba en esas prisiones.

El gobierno trató primeramente de dar solución estableciendo un diálogo, hasta llegar a una negociación con los detenidos, pero estos, decepcionados por los años en los que no se les tuvo en cuenta, expresaron que sólo continuarían la negociación, si la Iglesia intervenía, y manifestando mi nombre como persona para intervenir. Me habían conocido desde que llegaron a Miami desde Cayo Hueso, cuando pastoralmente les atendíamos desde la Ermita de la Caridad y siempre continuaron desde la cárcel comunicándose por correspondencia conmigo, que nunca dejé de responderles.

El jueves 26 de noviembre, Día de Acción de Gracias, acompañado de Leon Kellner, fiscal del distrito sur de la Florida, el abogado Rafael Peñalver y el líder cívico cubano Carlos Arboleya, fuimos al Departamento de Inmigración y visitamos al Fiscal General Edwin Meese, quien nos atendió y revisó la información que llevábamos, información que había sido recogida cuidadosamente por las Hijas de la Caridad en la Ermita, sobre cada caso, a través de sus familiares a quienes conocíamos bien por nuestro trabajo pastoral.

Tanto los detenidos, como nosotros, pedíamos un debido proceso, donde se pudiera examinar cada caso en particular y así responder de manera justa. Esto no era entendido por las autoridades, a pesar de que lo pedíamos incesantemente con representantes de las distintas organizaciones cívicas cubanas de Miami, con cuyos representantes me reunía frecuentemente en lo que es hoy el Salón Boza Masvidal de la Ermita.

La situación se hacía cada día más difícil en cada una de las cárceles, que estaban rodeadas de tanques de guerra en preparación para una situación de emergencia. El día 18 de noviembre, el FBI me llamó urgentemente pidiéndome que fuera a Oakdale. Me proporcionaron un avión y, acompañado del Dr. Rafael Peñalver nos fuimos, tratando de dar una respuesta legal y justa a la petición que los detenidos presentaban. Todo un día pasamos en la Base Aérea Edwin, estudiando una respuesta justa y humana antes de que se firmara el acuerdo entre el gobierno y los detenidos. Al día siguiente, el gobierno nos llevó en helicóptero al lugar de los hechos y, al descender en Oakdale y contemplar aquella escena lamentable, sentí compasión. La cárcel, casi destruida por el fuego, los rehenes inocentes dentro de ella, los detenidos cegados por la violencia tratando de defenderse con chuchillos que ellos mismos habían fabricado.

Rápidamente los presos me descubrieron y se fueron acercando a la cerca de alambre. Al acercarse se arrodillaban con las armas en las manos y cantando himnos religiosos. Subí a un camión y desde lo alto les dije que ellos, justamente, buscaban libertad, pero que ellos tenían rehenes inocentes carentes de libertad, lo cual no era justo.

Trataron de presentarme las razones por las que habían hecho aquello. Les pedí que oráramos juntos con la oración del Señor y que lo hiciéramos con los brazos levantados, clamando al cielo, pero, que nadie levantara los brazos si no abandonaba las armas.

Al comenzar el Padrenuestro levantaron los brazos, lanzando antes las armas al suelo, y así rezamos la oración del Señor. Seguidamente, me entregaron los rehenes, que acompañé hasta el hospital.

El 4 de diciembre me llamaron urgentemente para que ayudara a solucionar la crisis de Atlanta, que continuaba, enviándome un avión. Partí tarde en la noche, después de la celebración en la parroquia de Santa Bárbara en Hialeah. Fui acompañado del Dr. Rafael Peñalver, para que todo lo que se hiciera fuera de acuerdo con la ley, pero, que la ley no careciera de misericordia. Llegamos tarde, y después de un largo y difícil diálogo con los detenidos, quiso el Señor que también rezáramos el Padrenuestro, después de entregarme los rehenes. Así terminaba en paz una de las crisis más difíciles de los Estados Unidos.

Cada semana continuábamos reuniéndonos el Equipo de Trabajo de las Organizaciones Cívicas Cubanas, luchando porque el Departamento de Justicia cumpliera los acuerdos.

No todos los detenidos pudieron salir, como hubiéramos querido, pues un grupo fue deportado a Cuba, alegando el Departamento de Justicia que había causas graves. Unos 7,000 pudieron salir y reunificarse con sus familias, lo cual nos llenó de alegría a todos los miembros del Equipo de Trabajo.

Después de 20 años, puedo recordar todavía el poder del Padrenuestro.

Principios de 2008.

CINCO DÉCADAS CANTANDO SIN MÚSICA

Según San Agustín, cuando cantamos oramos dos veces y yo, como todos, lo experimento así en nuestra Liturgia. Siempre me han gustado la música, el canto y la poesía porque ellos me llevan a Dios. Disfruto mucho cuando una persona que tiene este don lo ejerce y siempre he lamentado no poder hacerlo yo. Me esforcé en la época del seminario en las clases de música y, en particular, tanto como mis compañeros lo hacían. Soñaba con cantar y hacer cantar a los fieles al buen Dios. Pude leer bastante la música, como los demás, pero, cada vez que cantaba todos se daban cuenta de que yo no podía entonar las notas. No era capaz de distinguir el do del re. Comprendí que era imposible y decidí no continuar haciendo inútiles esfuerzos.

Alguna vez me atreví a preguntar al Señor por qué no me había dado el don que otros tenían y que yo no podía disfrutar conmigo mismo. También me gustaba leer poesías y admiraba al poeta que en tan pocas palabras puede decir tanto y tan lindo. Yo, cuando escribo, tengo que escribir mucho para exponer pocas ideas y no queda al fin tan bonito.

Durante las clases de Sagrada Escritura en el seminario me interesaron mucho los salmos y descubrí en ellos la belleza de la poesía lírica de Israel: un pueblo campesino que supo expresar verdades eternas en imágenes tomadas de la misma naturaleza, donde aparecen frecuentemente la tierra y el firmamento: el sol, la luna y las estrellas, y el mar, las aguas y las fuentes; en fin, la obra del gran Creador. Mi origen campesino me hizo saborear los salmos desde los primeros días en la Biblia de Jerusalén, que salía a la luz entonces. El buen profesor, que acababa de llegar de Tierra Santa, nos hacía apreciar el valor de la poesía lírica de aquel pueblo escogido por Dios y que, bajo Su inspiración, entregaba al mundo el mensaje de salvación en poesía y en cantos.

Nos hacía distinguir los géneros literarios de los 150 salmos que nos servirían como súplicas, himnos o acción de gracias para alabar al Señor en nuestro trabajo pastoral. Lo que nunca pensé es que aquellos cánticos pudieran penetrar tan dentro de nosotros y hacernos vibrar de tal manera que, al orar con ellos, verdaderamente cantamos sin música.

Después de haber pasado 50 años, no recuerdo mucho los detalles de mi ordenación de Subdiácono, que recibí el 29 de junio de 1958 de manos del Cardenal Leger; lo que sí no he olvidado es que recibía de manos de la Iglesia la encomienda de orar con ella y por ella con la Liturgia de las Horas todos los días de mi vida. Aquel día se me encomendaba el «Cántico de Alabanza» que, como dijera Paulo VI, resuena desde este destierro por el que estamos caminando hasta las moradas eternas. Recuerdo que el director espiritual me dijo: *«traduce los salmos del latín para que puedas mejor entenderlos y haz que entren en tu memoria y en tu corazón de tal manera que al orar lleguen a brotar de tu alma como algo muy tuyo»*. Ciertamente, él no soñaba entonces que años más tarde los rezaríamos en nuestras propias lenguas sin tener que traducirlos.

Juan Pablo II, al comenzar el tercer milenio, dedicó las catequesis semanales a comentar a la luz de los estudios bíblicos más recientes y de los Padres de la Iglesia, los salmos de laúdes y de vísperas, dejándonos un precioso regalo espiritual que he aprovechado mucho el pasado año con laúdes, y comenzaré este año con vísperas. Así, cuidadosamente, recorre el Papa todo el mes litúrgico.

He visto siempre el salterio como un lindo jardín florido y oloroso, donde la Santa Iglesia ha penetrado como un florista y ha escogido las flores, presentándolas en un ramillete artísticamente confeccionado, que es la Liturgia de las Horas. Lo sorprendente es que, al recitarlas cada día como la expresión del alma del pueblo de Dios en la antigua alianza, se convierten hoy también, como ayer, en expresión sentida de toda clase de circunstancias, ya sean éstas públicas o privadas, alegres o tristes, en tiempos de fracaso, o de triunfo, en nuestros pueblos.

Al leer las noticias en el periódico u oírlas en los medios de comunicación cada día, y conocer las situaciones difíciles de los hombres, mis hermanos en el mundo, se podría pensar, sean buenas o malas, cómo todo lo que le ocurre a uno nos afecta a los demás de una u otra manera, algo que en el plano espiritual se nos presenta también desde muy cerca en el misterio de la comunión de los santos, *«ya que el gozo y la esperanza, las lágrimas y angustias de hombre de nuestros días, sobre todo de los pobres y de toda clase de afligidos, son también el gozo y la esperanza, lágrimas y angustias de los discípulos de Cristo, y nada hay de verdaderamente humano que no tenga resonancia en su corazón»* (Gaudium et Spes, 1) al recitar los salmos en las horas de la Liturgia.

El sacerdote, aunque no se conozca por la gran mayoría, es el confidente que guarda los secretos de los hombres, que como un hermano tiene que escuchar para consolar al que sufre. El alma del sacerdote, como discípulo de Cristo, es como una esponja que recoge en el silencio el dolor de sus hermanos, y el rezo de los salmos en la Liturgia de las Horas, tan bien distribuidos durante el día, es la mejor manera de poder desahogar y rogar por todos los que le piden que interceda. ¡Cuántas lágrimas seca el sacerdote durante la jornada que va presentando a Aquel que puede, no sólo escuchar, sino responder favorablemente!

Lamentablemente, tengo muchas distracciones que me hacen releer lo que tengo frente a mí, porque, aunque despierto muchas veces, tengo momentos como dormidos y, peor aún, hasta soñando en otras cosas; pero he podido descubrir que la belleza del Salterio, su riqueza y el vigor de sus imágenes; la ternura, la pasión y la religiosidad de estos poemas cargados de unción y lirismo, nos hacen despertar frente a los problemas que cada día nos agobian a todos. Me ayuda mucho la antífona que, seleccionada por la Iglesia y sacada de una frase del cántico, preside y cierra el salmo y resume el contenido del mismo. Las antífonas son como la cadena del rosario, que presenta las cuentas organizadas, evitando el reguero y que muchas veces nos sirven de jaculatoria durante el día.

De nuevo, mi origen campesino me hace saborear el mensaje divino tan bien expresado en sus imágenes: el sol y la luna que iluminan, el levantarse como las aves; el cuerno, como símbolo de fuerza, me hace recordar el aporte de los bueyes en la finca en que nací; la cuerda como expresión de herencia para los que trasladaban el ganado a lugar seguro; el óleo perfumado tan común en las flores silvestres.

Sin embargo, a algunos he oído quejarse por ver en los salmos al hombre que aún no había descubierto el más allá y se lamentaba de la oscuridad de la muerte en una vida pasiva y lánguida, como sombras en un lugar desconocido llamado seol (región de los muertos). Yo les comprendo, pero a mí me hacen pensar en tantos hombres, aún hoy, que peregrinan por este mundo en la oscuridad del desconocimiento, buscando el cielo prometido por Cristo y necesitan encontrarlo. Esto me hace orar por los misioneros que trabajan en la evangelización de los pueblos, para que puedan llegar a ellos e iluminarlos con la luz de la Buena Nueva.

Tenemos que recitar los salmos hoy a la luz del mensaje de Cristo. El Antiguo Testamento y los salmos dentro del mismo, me parece que deben leerse como una semilla donde está todo escondido y que llega a su plenitud en el árbol del Nuevo Testamento. San Agustín lo decía en latín de modo admirable: *«Novum in vetere latet. Ventus in novo patet»*. («El nuevo está latente en el Antiguo y el Antiguo se hace patente en el Nuevo»).

Al orar con los salmos pienso que el Señor no me dio el don de la poesía, pero, «el Poeta Divino» me pone sus poesías en mi lengua para que le hable con ellas a Él.

19 de marzo de 2008

UN EQUIPO QUE JUGÓ BIEN

Nacieron en los años 20 del pasado siglo en distintas provincias de la tierra cubana. Tarcisio Nieto y Federico Cruz en Pinar del Río; Rolando Encinosa y Evelio Jacomino en La Habana; José Tejada en Matanzas e Isidoro Rodríguez en Oriente. Nunca se conocieron en la patria, ni al llegar a Miami. Comenzaron a ganar el pan en trabajos humildes, siempre pensando en el regreso a la tierra que les había visto nacer.

Escucharon el llamado del arzobispo Coleman Carroll en la celebración en honor a la Virgen de la Caridad en 1966, cuando invitaba a los cubanos a levantar un santuario a su patrona, la Madre de Cristo. Sin conocerse, sintieron la misma simpatía por la realización del proyecto. Nada les desanimó, aunque parecía un vano sueño levantar un santuario careciendo de recursos para hacerlo. El arzobispo invitaba a fundar la Cofradía el 10 de marzo de 1968 y se conocieron en la capillita provisional.

El mismo amor a la Madre del Cielo que sus madres en la tierra les habían sembrado desde la cuna les unió, y el 16 de junio del mismo año se creaba la Cofradía de la Virgen de la Caridad en esta parte de la Iglesia del sur de la Florida. En la humilde capillita, la fraternidad cristiana los unió en un gran equipo. Les acompañaba el apoyo de sus buenas esposas, que también estrecharon fuerte amistad entre ellas: Gina, Rosita, Elsa, Emelina, Daisy y Josefina, quienes con la Srta. Violeta del Junco, formaron rápidamente el resto del equipo.

El constante peregrinar de grupos de los distintos municipios y parroquias hacia una capilla con tan poca capacidad, les hizo organizar las 126 peregrinaciones anuales en noches diferentes durante el año. Tarcisio y Gina Nieto como presidentes, junto a este grupo, al cual muy pronto se le fueron sumando otros hermanos y hermanas que sentían la misma devoción, hicieron que la Cofradía, que se programaba para algunos cientos, creciera hasta contar hoy con más de 55,000 miembros.

No se poseía casa propia, pues se esperaba un regreso rápido a los añorados lugares de donde habían venido. Algunos opinaban que la construcción debía ser gigantesca y hasta se pensó en llamarle Monumento a la Caridad, pero el pueblo ya la había empezado a llamar «Ermita» y la Cofradía quiso que se respetara ese nombre. Se quiso que el proyecto fuera más modesto, aunque pastoral, para poderlo realizar antes del regreso que se esperaba inminente. La Cofradía, que comenzaba a funcionar el 16 de junio de 1968, no era una asociación nueva, pues había sido fundada en Santiago de Cuba para la isla y para la Florida, que entonces estaban unidas eclesiásticamente, en el primer sínodo, el 9 de agosto de 1682, por el obispo Don Juan García Palacios.

La Cofradía fue el motor de la obra, pues inyectó la devoción a la Virgen y el entusiasmo para que el Comité de Recaudación y Construcción llegara a hacer realidad la primera parte de la obra que hoy contemplamos.

El equipo se dedicó en cuerpo y alma y la virtud de la caridad hizo a sus miembros crecer en el espíritu misionero que les llevaba a buscar a aquellos que, espiritualmente, se encontraban más alejados. Crearon la Cruzada del Rosario, visitando y llevando a las familias imágenes de la Virgen, seis imágenes que representaban a las provincias cubanas tradicionales. Reunieron miles de personas durante años, orando y meditando el Evangelio con el rezo del rosario e invitando a guardarlo en lo profundo del corazón, como hacía la Virgen, para llevarlo a la vida diaria.

También organizaron romerías por provincias, donde la música, la comida y el folclor patrio creaban tardes inolvidables que siempre terminaban con la oración por la evangelización y la libertad de nuestro pueblo.

Al celebrar los cuarenta años de haberse fundado la Cofradía (1968-2008) en el marco de las Bodas de Oro de nuestra Arquidiócesis de Miami, quiero rendir honor al equipo de aquellos seis que verán, desde la casa del Padre, la casa de la Madre y su familia, la Cofradía por la que tanto trabajaron.

Realmente, fue un equipo que jugó bien.

11 de junio de 2008

UN NIÑO ABANDONADO, CONSUELO DE UN PUEBLO

Al acercarse la Navidad, con el comienzo del Adviento, pienso siempre en el nacimiento de Cristo, y al pensar en él me pregunto: si el pueblo de Belén hubiera sabido que en aquel Niño estaba la salvación de Israel y del mundo, ¿lo habrían abandonado con sus padres, dejándolo nacer en una cueva? El nacimiento, representado cada año, en imagen, en nuestros hogares, nos presenta esta escena evangélica para que podamos contemplarla saboreando su rico mensaje: un niño abandonado que se convierte en el consuelo del mundo.

Pienso que este año se me presentará aquella misma escena, señalada en un hecho histórico, cuando sea beatificado el Padre José Olallo Valdés, el 29 de noviembre en Camagüey, Cuba, al abrir el Adviento el nuevo año eclesiástico.

Con Fray José Olallo Valdés tendremos la primera beatificación, es decir la primera elevación a los altares de un cubano dentro de Cuba, ya que el pasado año tuvimos la de José López Piteira, de Jatibonico, Cuba, en el Vaticano. Desde ese momento, el nombre de Fray Olallo aparecerá públicamente en toda la Iglesia Católica a través del mundo. Será reconocido como el cristiano que al pasar por este mundo demostró haber seguido a Cristo viviendo su divino mensaje y hoy, en el cielo ante el Señor, será un modelo a seguir y un intercesor por todos nosotros.

La vida de este hombre comenzó muy humildemente. Nació en La Habana el 12 de febrero de 1820. Sus padres respetaron su vida al ser concebido y al nacer; pero lo abandonaron, llevándolo en silencio a la Casa Cuna, hogar que había fundado el Obispo Valdés en 1710 para salvar la vida de los niños abandonados. Quien allí lo dejó, sólo puso en sus ropitas una nota con la fecha de su nacimiento y diciendo que no estaba bautizado.

La institución lo recibió con cariño, lo crió y lo educó. El niño nunca conoció quienes eran sus padres, sólo sabía que habían respetado su vida.

Como a los 14 años sintió el llamado de Dios a consagrarse a su reino. Sensible al dolor de sus hermanos, escogió dedicarse a Cristo en los enfermos. Seguramente tuvo que haber escuchado en lo profundo de su alma la frase del Señor: *«estaba enfermo y me visitaste»* (S. Mateo, 25, 36) y decidió entrar en la Orden de San Juan de Dios, que había sido fundada en 1572 en España.

En 1835, a los 15 años, celebraba su consagración en aquella familia religiosa que era llamada popularmente, «los juaninos».

La epidemia de una enfermedad llamada cólera corría por la isla haciendo morir en pocas horas a miles de personas. En La Habana, donde él estaba, murieron 10,000 y la epidemia había llegado a Camagüey haciendo grandes estragos. Los hospitales de la Orden estaban llenos a pesar del gran número de enfermos que moría. A pesar de sus 15 años, fue enviado a Camagüey en 1835 para atender allí el hospital de la Orden con los numerosos enfermos. Allí se entregó en cuerpo y alma a sus hermanos dolientes. A los enfermos del hospital les dedicaba día y noche, y no por eso desatendía este santo enfermero a los pacientes que llegaban del exterior.

Practicó las obras de misericordia a tal extremo, que ha llegado a recibir del pueblo camagüeyano el distintivo «Testigo de la Misericordia». Enseñaba la catequesis a la niñez, aconsejaba a los matrimonios, salvando muchos hogares de la ruptura, y daba consuelo a todos los que sufrían.

Vivió los diez años de la Guerra Grande recibiendo en el hospital a los heridos y enfermos de los dos bandos, mambises y españoles, a los pobres desamparados y a las personas de alta posición económica, así como a los esclavos africanos, que eran los más abandonados. El hospital de San Juan de Dios, con el Enfermero Mayor José Olallo Valdés, no sólo era un espacio de sanación, sino también de reconciliación, donde con el dolor convertía en el mismo lugar a los enemigos en amigos, gracias al trabajo de este santo cristiano.

Los tiempos de la guerra fueron difíciles, pero legó la tregua un día de 1878. La enfermedad no tuvo tregua, porque cuando parecía terminar el cólera, empezó la viruela. Dentro de esa situación desesperante, y viviendo en esta oscura noche por más de 50 años, entre la desesperación y la muerte, no perdió el equilibrio y su bondad calmaba lo que parecía imposible.

Las leyes civiles de España cerraron a la Iglesia las posibilidades de servir mejor, prohibiendo a los religiosos dirigir sus obras como antes, y éstas cayeron en manos del estado. Entre la enfermedad y el dolor corría la secularización civil y con ella, la exclaustración, por la cual los religiosos no podían actuar y debían quitarse el hábito.

El Padre José Olallo, por amor a los enfermos, continuó trabajando sin hábito, aunque en su interior nunca olvidó su consagración, alimentando con su vida espiritual cada día de su vida. Vivió en unión con la Virgen, con el rosario en la mano, meditando con ella los misterios de Cristo durante en trabajo y rezándolo en la noche con los enfermos.

El pueblo camagüeyano lo veneraba con razón y a la hora de su muerte, el 7 de marzo de 1899, todos lo lloraron. Su funeral fue el más concurrido en aquella ciudad, porque, para todos, Fray José Olallo Valdés, fue un padre. De ahí que, sin ser sacerdote, el pueblo lo llamaba siempre Padre y la iglesia, siguiendo al pueblo, así también lo llama.

En el nuevo beato me parece que se retrata en este Adviento la escena de Belén y me pregunto, si los padres conocieran el plan de Dios en cada niño que viene a este mundo, ¿le impedirían el nacer, o, después de nacido, lo abandonarían? La historia del beato José Olallo Valdés debía hacernos pensar: un niño abandonado que se convierte en el consuelo de un pueblo. Consuelo que más que nunca necesita nuestro pueblo cubano.

22 de noviembre de 2008.

EL FUNDAMENTO DEL ECUMENISMO

El interés por la unidad de los cristianos no es nada nuevo, aproximadamente ya en 1740, en Escocia, nacía en el movimiento pentecostal con vínculos en América del Norte con un gran entusiasmo por llamar a los cristianos de las distintas denominaciones a orar por la unidad entre las comunidades cristianas. Este entusiasmo continuó en el siglo XIX sobre todo en las comunidades anglicanas tanto en las comunidades como en la jerarquía, pero fue en el siglo XX donde ha llegado a extenderse en gran parte de las denominaciones y en la Iglesia Católica, después del Concilio Vaticano II, con la celebración de la semana o el octavario de oración por la unidad en la Iglesia de Cristo.

Este interés que el Espíritu Santo ha hecho nacer entre los que siguen a Cristo ante las lamentables divisiones, hace surgir propuestas para revisar métodos, cambiar estructuras, integrar nuevos miembros, examinar las cuestiones urgentes e incluso estimular una reflexión sobre nuestros propósitos y sobre nuestros objetivos.

Estas sugerencias pueden ser razonables e importantes, pero se me ocurre que la respuesta a la unidad la tenemos en San Pablo con la riqueza de su mensaje.

Celebrándose este año el Año Paulino, me parece que, con más razón, debemos hacer de él y de sus escritos la fuente donde encontrar la luz como respuesta a esta inquietud.

San Pablo, tomando la imagen del arquitecto con su pedagogía habitual, nos dice que en la construcción de un edificio, el arquitecto no debe comenzar por el techo o la estructura interior. sino por el cimiento. Solo un sólido cimiento, puesto, no sobre la arena, sino sobre la roca, como dijo Jesús en el Sermón de la Montaña, hará que el edificio permanezca firme y no se desplome cuando vengan los huracanes *(Mateo 7, 24-27)*. Por eso San Pablo nos invita a reflexionar nuevamente en el cimiento o fundamento de nuestro trabajo pastoral.

Su respuesta es clarísima. A los nuevos desafíos y propuestas es realmente una respuesta de fe y una respuesta espiritual, es decir, una respuesta arraigada en la vida, en el espíritu de Cristo.

La fe en Jesucristo, verdadero Dios y verdadero Hombre, es el fundamento del Bautismo que nos transforma en cristianos incorporados a la Iglesia *(1 Cor. 12, 13., Gál. 3,28)*. Será la confesión cristológica de fe en Jesucristo como único Salvador de toda la humanidad, el denominador común de todos los que participamos en el Movimiento Ecuménico.

El testimonio misionero común proclamando, que solo hay salvación en el nombre de Jesucristo *(Hechos 4,12),* ante un mundo que aún no lo conoce o que lo ha olvidado, debe ser, precisamente, la finalidad de este compromiso ecuménico. La división será siempre el escándalo por el cual los que no conocen a Jesucristo no se interesan por conocerlo.

Así, Jesucristo no es sólo el cimiento, sino también el objetivo de nuestro compromiso ecuménico y tendremos que comenzar poniéndolo en nuestro corazón y en nuestra familia primero, compartiendo seguidamente con los demás cristianos, que hermanos nuestros son, en un ambiente de oración fraternal, bien llamado en estos días a este gesto, ecumenismo espiritual.

Dios quiera que el Espíritu Santo nos ilumine a todos para que siempre trabajemos por la unidad en esta sociedad postmoderna, donde todo resulta relativo y arbitrario, y cada uno se fabrica su propia religión sin un cimiento sólido, un punto de referencia común y seguro. ¿Qué otro cimiento podíamos tener sino Jesucristo? ¿Dónde sino en él, podemos encontrar palabras de vida eterna? *(Juan 6,68)*.

En esta semana al orar en la Liturgia de las Horas pedí el don de la unión cristiana al encontrar este himno:

Jesucristo, palabra del Padre,
luz eterna de todo creyente:

Ven y escucha la suplica ardiente,
Ven Señor, porque ya se hace tarde.

26 de enero de 2009.

MI PRIMERA PARROQUIA

Pascua de Resurrección. Hace 50 años recibía la ordenación sacerdotal de manos del Obispo de Matanzas, Monseñor Alberto Martin Villaverde, el 5 de julio de 1959, en la parroquia de San José de Colón y en medio de la alegría de ese amanecer sacerdotal, recibía el nombramiento como padre espiritual de las comunidades de Coliseo y Lagunillas, compartiendo el ministerio con otros dos hermanos sacerdotes, el padre Romeo Rivas que atendería San Miguel de los Baños, y el padre Reinaldo Pol, Limonar. Entre los tres se nos hacía responsable de todo el territorio de Guamacaro con sus 385 kilómetros cuadrados.

El 15 de agosto celebraba la primera misa en Coliseo y el domingo siguiente en la tarde, en Lagunillas. Recuerdo bien aquellas primeras eucaristías y, aunque entonces se celebraba en latín y de espalda al pueblo, me parece hoy, a mis 81 años y a pesar de la memoria, que no es la misma de entonces, ver los rostros de aquella gente que ha quedado en mi mente y en mi corazón a pesar de los años. Todo me viene como un grato recuerdo, desde las primeras comuniones hasta las jornadas misioneras que tan frecuentemente hacíamos.

Desde el primer momento comencé a programar el trabajo pastoral proponiéndome que el Evangelio llegara a todos, para lo cual me proponía vivir las palabras de San Pablo: *«Haciéndome todo para a todos servir»* no obstante la poca experiencia de los primeros años en el ministerio.

Desde el primer momento sentí el calor fraternal de todos y pensaba pasar allí toda mi vida, pasara lo que pasara.

Mis años en la Acción Católica y la linda experiencia del seminario misionero donde me había formado, me hizo seguir en el ministerio pastoral con el método de «ver, juzgar y actuar».

Comencé, ayudado por aquellos buenos fieles, a descubrir, viendo primeramente el mapa de lo que era el sector de Coliseo. Más tarde lo hice con Lagunilla, ayudado por las religiosas diocesanas del Corazón de María, que el buen Obispo había fundado para misionar la diócesis.

Al comenzar, descubría la parte urbana y la parte rural, con sus dos centrales: Carolina y Santa Amalia. A todos queríamos llegar, y para ello nos propusimos preparar un personal misionero con la viva Acción Católica de entonces, en sus cuatro ramas de adultos y jóvenes, de hombres y mujeres. Las dos ramas femeninas existían y trabajaban muy bien en el ministerio catequético y de visita a las familias. Las ramas masculinas de jóvenes y adultos con algún esfuerzo se formaron, y al año teníamos un verdadero ejército entusiasmado por compartir el Evangelio con la fuerza del amor, que es, como decía San Antonio María Claret, Arzobispo de Cuba, lo que debía mover a los cristianos a compartir el Evangelio con sus hermanos.

Carecíamos de muchos medios entonces, pero el entusiasmo y la alegría nos sobraba guiados por el Espíritu Santo y no tardamos en recoger los frutos abundantes.

Una vez que vimos el panorama y juzgamos, descubrimos que teníamos necesidad de formarnos mejor pastoralmente, por lo que, careciendo entonces de un local, recibíamos en el mismo templo las charlas de formación, abiertas a todos los que deseaban participar.

En pocos meses nos capacitamos, ofreciendo a la comunidad excelentes agentes pastorales, sobre todo en la catequesis y en la misión.

No tardamos en lanzarnos a la acción y comencé con su ayuda a predicar misiones de tres días en los campos, culminando después con una recepción de los Sacramentos.

Recibí el regalo de una motoneta de las Misioneras Laicas de Canadá, que mucho agradecí y rápidamente aprendí a conducirla. Con ella recorría casi todo el territorio con tan solo unos centavos de gasolina.

La Legión de María de Coliseo fue para mí otro de los regalos que el Señor me daba, ya que sus miembros visitaban familia por familia cada semana en distintos sectores de la población y lo hacían de manera organizada.

La Misa dominical la celebraba en la mañana en Coliseo y después salía en mi motoneta hacia Lagunilla, donde pasaba toda la tarde, celebrando la Misa con una ferviente población campesina que había conservado la fe que años atrás misioneros habían sembrado.

Mi origen campesino me hacia maravillarme del lindo paisaje verde, interrumpido a los lejos por las elevaciones grises que llamaban de «El Descanso».

Allí pase mis dos primeros años de sacerdote, tan felices, que medio siglo después los recuerdo con una sonrisa en los labios, como vividos ayer.

Al rezar el rosario en las tardes, lo hacía caminando frente al pintoresco templo, junto a la carretera central, pidiendo por la intercesión de la Virgen de la Caridad y San José, cuyas imágenes presidían la Iglesia, que un día pudiera Cristo pudiera reinar en todos y cada uno en aquella comunidad, antes que yo partiera.

El huracán ideológico y político me hizo salir en una oscura noche y hoy, medio siglo después, tan lejos de allí, sueño con los gratos recuerdos con el mismo rosario en la mano de cuando empecé.

2 de marzo de 2009.

INVOCACIÓN PARA EL CONGRESO DE EX PRISIONEROS POLÍTICOS CUBANOS

Te damos gracias, Señor Dios nuestro, por esta noche, que es hermosa, pues podemos ver en ella la obra maravillosa de tus manos y de tu amor, lo mismo cuando los astros que Tú has creado iluminan el firmamento, que cuando la lluvia conque fecundas la tierra nos recuerda el permanente regalo de tu providencia.

Pero te damos gracias especialmente, porque esta noche es doblemente hermosa, ya que en ella se reúne este numeroso grupo de hombres y mujeres que padecieron en Cuba los horrores del presidio político y, en bella muestra de amor y perseverancia, no se reúnen para revivir dolores, sino para pensar en la patria y vislumbrar la manera de servirla mejor en la ya larga búsqueda de la recuperación de los derechos de nuestro pueblo.

Bendice esa búsqueda y el justo empeño que la anima. Bendice y acoge a todos los que han caído en el camino, los que Tú llamaste a la patria definitiva, que es el cielo, para que puedan ver desde allí la liberación de su patria en la Tierra. Dales un lugar en tu Reino a todos los que en su vida mortal lucharon por la justicia.

No permitas que nos olvidemos de que tantos años de lucha y tanto sacrificio, no tendrían sentido si no te pusiéramos a Ti en medio de todo, si no encamináramos nuestra patria hacia Ti, como meta de sus aspiraciones más legítimas.

Cuba no será verdaderamente libre mientras no entendamos los cubanos que la verdadera libertad consiste en hacer tu voluntad. No veremos los cubanos justicia verdadera, mientras no entendamos que solamente merece ese nombre la que pasa por tu misericordia. No podremos llevar la democracia a Cuba, mientras no tengamos por sagrado el respeto a la dignidad de cada uno de tus hijos, Señor. Cuba no tendrá paz, mientras no nos convenzamos de que la paz real, la que viene de Ti, no se alcanza si no se fundamenta en sus cuatro pilares inconmovibles, a saber, la verdad, la justicia, la libertad y el amor.

Bendice a todos los participantes en este Congreso, particularmente a los que han venido desde lejos. Envía tu Espíritu, Señor, para que Él los guíe en sus deliberaciones, les provea sabiduría para tomar sus acuerdos, y discernimiento para escoger los mejores caminos para el cumplimiento de su misión.

De igual manera, no permitas que nos olvidemos de que fue alguien que sufrió en carne propia las durezas del presidio político, el Apóstol José Martí, quien nos llamó a fundar una república «con todos y para el bien de todos» y que al echar cimientos para la Cuba del futuro, no pasemos por alto la advertencia del forjador de la nacionalidad cubana, el padre Félix Varela cuando nos dijo «No hay patria sin virtud».

Por último, Señor, te pedimos que así como una día nos enviaste la imagen de tu Madre Santísima sobre las aguas de la Bahía de Nipe, para mostrarnos la caridad, el amor de tu corazón; nos envíes ahora el aliento necesario para seguir adelante en esta justa lucha y nos permitas ya pronto ver el día de la liberación y del abrazo fraternal entre todos los cubanos.

Todo esto lo pedimos en el nombre de Jesucristo, Hijo tuyo y Señor nuestro. Amén.

+Mons. Agustín A. Román
Obispo Auxiliar Eméritus

3 de abril de 2009.

EN LA DESIGNACIÓN DE LA CALLE MONSEÑOR AGUSTÍN A. ROMÁN

Los caminos han sido y son algo muy importante en el desarrollo humano, pues ha sido abriendo caminos, precisamente, que el hombre ha ido avanzando en todas las posibilidades del conocimiento de si mismo y del mundo que lo rodea, acercándose a sus semejantes para el establecimiento y desenvolvimiento de las relaciones interpersonales y llevando a la humanidad a un grado de progreso cada vez mayor.

Pero, más importante que todo ello, es que los caminos tienen también un gran significado espiritual y un hermoso simbolismo en la relación del hombre con su Creador. Nuestro paso por la vida ha sido acertadamente comparado a un caminar hacia Dios, hacia la vida eterna. El caminar por el desierto del pueblo de Israel tras su salida de Egipto se ha presentado siempre como un ejemplo del ansia de justicia, libertad y patria, regalo de Dios a todos los pueblos. Y por si fuera poco, el propio Jesucristo, Dios y hombre verdadero, al presentarse ante nosotros, nos dice: *«Yo soy el camino, la verdad y la vida»* (Juan 14/6).

Las calles son los caminos de la edad moderna, de la civilización y son los vasos comunicantes que enlazan a una comunidad, de ahí su tremenda importancia. Pueden ser tan buenas o tan malas como lo sean los pasos de aquellos que las transitan, de ahí la gran responsabilidad que compartimos, la de usarlas para el bien, para llegar con amor a las puertas de los demás, no para llenarlas de odio, como tantas veces hemos visto, cuando las desbordan las pasiones de los que las recorren sin orientarse hacia Dios.

Estoy consciente, pues, del gran honor y de la gran responsabilidad que representa el que las autoridades de una comunidad decidan darle a una calle, a un camino, el nombre que uno lleva. Es algo que agradezco y que acepto humildemente por ese simbolismo espiritual que antes les mencionaba.

Fijémonos que en este caso se ha escogido el nombre de un sacerdote, un hombre célibe, para designar esta calle. Un hombre que, por la condiciones de su vida, inspira la compasión de algunos, bien intencionados, pero equivocados, que hablan de su supuesta soledad al renunciar a fundar una familia. En esto también quiero ver un símbolo: el sacerdote no se queda sin familia, por el contrario, su vida se vuelve un acoger a todos como familia y acaba, al final, con la más numerosa familia que alguien pudiera tener. Por eso se le llama padre.

De igual manera, aquí no se reconoce solamente a un hombre. Creo que se reconoce el trabajo hecho en una comunidad y ese trabajo no hubiera sido posible, si la comunidad misma no hubiera hecho su parte en él. Se honra, por lo tanto, no sólo a un hombre, sino a toda una comunidad, y en nombre de esa comunidad es que yo recibo este reconocimiento y les doy las gracias por su generosidad.

Se honra también a este vecindario, y me parece providencial que ocurra esto aquí, porque, si miramos con atención a esta calle, a este camino que hoy estrena un nuevo nombre, nos daremos cuenta de que es, en si mismo, todo un mensaje, todo un recordatorio de la bondad de Dios para con nosotros aquí en Miami, aquí en el sur de la Florida:

Hacia el este y hacia el oeste, esta calle, que se convierte más adelante en South Miami Avenue y en North Miami Avenue, se adentra y atraviesa toda la ciudad, recorriendo sus barrios más típicos, los más acaudalados y los más pobres, los de todas las razas, y todos los orígenes étnicos, los que entretejen la gran riqueza de la diversidad cultural de este inmenso conglomerado humano. Esto nos dice que todos los hombres y todas las mujeres, a pesar de nuestras diferencias, podemos vivir juntos y en paz, siempre en busca de la justicia, pero en armonía, comprensión y respeto mutuo, como hijos de Dios.

En su acera norte tenemos el Museo de Ciencias, donde podemos admirar las maravillas del progreso humano, y el Planetario, que nos permite admirar las excelencias del firmamento, ambos reflejos espectaculares de la grandeza de Dios. En su acera sur está el Palacio Vizcaya, donde la belleza de la Naturaleza creada por Dios y la que el hombre es capaz de crear a través del arte, se unen para disfrute de todos. Tenemos el colegio LaSalle y el Centro Juvenil, y el edificio para personas mayores Carroll Manor, como para recordarnos la atención que nuestra sociedad debe dar a niños, jóvenes y ancianos. Ahí está también el hospital Mercy, que es todo un llamamiento a la humanización de la atención a los enfermos. Tenemos los conventos de las Hijas de la Caridad, las Claretianas, las Hermanas de San José y las Salesianas, comunidades religiosas que nos enseñan cómo el amor de Dios inspira los mayores sacrificios en favor de los demás, y tenemos la parroquia de St. Kieran, como la casa de todo el vecindario, el centro de su vida en comunidad.

Y, como corazón de toda esta maravilla, tenemos el Santuario Nacional de la Ermita de la Caridad, monumento vivo a la fe de un pueblo exiliado y testimonio de gratitud de ese mismo pueblo a la nación, al estado, al condado y a la ciudad que tan generosamente lo ha acogido y cuna de las nuevas generaciones de ese pueblo que no se desprende de sus raíces y al mismo tiempo, bendice la nueva tierra donde estas pueden crecer. Es la Casa de la Madre, fruto del sudor y del amor de millares de hombres y mujeres, orgullo de nuestra comunidad. A todo ello se honra aquí hoy más que a mi persona y es en nombre de todo ello que yo acepto el reconocimiento.

Una nota más, muy importante para mí: si yo no me equivoco, creo que, aquí, en este tramo, es esta la calle más cercana a Cuba en Miami-Dade: no podían haber escogido una mejor, pues este hecho nos está diciendo que el camino hacia Cuba, pasa por la Ermita, pasa por la fe: que no lo olvidemos.

Gracias al Arzobispo John Clement Favalora por su apoyo, a la Unión de Cubanos en el Exilio, la UCE, y a toda la Iglesia de Miami, a las autoridades civiles y a todos los que han hecho posible esta bella ocasión. Gracias a Dios, a quien debemos todo. Que Él los bendiga a todos.

25 de marzo de 2009.

EL CURA DE MI PUEBLO

Mientras veo terminar el año de San Pablo con todo su contenido misionero, y comenzar el Año Sacerdotal, presidido por la figura del Santo Cura de Ars, celebré 50 años de sacerdocio el 5 de julio de este año 2009.

Durante este año he tratado de recorrer con la mente y el corazón lo que han sido estas cinco décadas dentro de mis 81 años. He recordado cuando comencé a soñar, como a los 16 años, estudiando todavía el bachillerato en el Instituto de La Habana, sueño cuya realización celebro hoy, después de medio siglo.

Algunos me preguntan cómo nació esta vocación. No me es fácil descubrir el momento. Pudiera decir que hasta los 15 años conocía a Cristo y a su Iglesia desde lejos. Por ese tiempo comencé a participar en el grupo de la Acción Católica de mi parroquia en San Antonio de los Baños. Allí encontré una verdadera familia. El grupo se componía, entre muchachos y muchachas, de cerca de un centenar de jóvenes alegres, llenos de fe, que luchaban por vivir su vida cristiana. Allí me enriquecía cada día con el apoyo fraternal de los demás.

Cada semana nos reuníamos con el párroco, el padre Manuel Colmena y Jiménez, hombre joven, naturalmente inteligente, y con una buena formación teológica. En sus charlas semanales nos presentaba el Evangelio y nos invitaba a vivirlo en nuestra vida personal y a compartirlo con los que a nosotros se acercaban a través del apostolado.

El entusiasmo de aquel sacerdote era contagioso. Al predicar la divina palabra hacía desaparecer las dudas fácilmente, porque nos mostraba su seguridad en ella. Al celebrar la Eucaristía, su devoción respetuosa le hacía descubrir a todo el que asistía a la misa, que el pan y el vino, al cambiar en la consagración, nos traía al Cristo vivo, resucitado ya. Al orar con la Liturgia de las Horas, lo hacía en voz tan alta como si Dios estuviera sordo, alegando que él era distraído y quería orar bien. Un día le pregunté por qué oraba tanto tiempo y me respondió: *«Porque tengo que orar por todos ustedes cada día»*. Entonces descubrí porqué oraba el sacerdote.

Cada mes, cuando nos acercábamos al sacramento de la Reconciliación en vísperas del primer viernes de mes, al llegar un sacerdote de fuera que venía siempre, le veíamos acercarse a recibir el perdón, tal como nosotros lo hacíamos.

En él encontramos al padre, al hermano y amigo. Él, sin hablarnos, nos mostró el valor del celibato, el hombre que, como dice San Pablo, se hace *«todo para todos»*. Realmente, se daba a todos y cada uno, sin buscar otra cosa que no fuera compartir el mensaje salvador del Reino.

Fue el cura de mi pueblo, sin que nunca me hiciera una invitación a seguirle, quien más influyó en mi decisión, sin él saberlo. Su devoción a la Eucaristía me hizo acercarme diariamente a recibir al Señor en la Comunión y me fortaleció, como a mis compañeros, durante los años juveniles en que, a veces, en las tempestades fuertes se derrumban los ideales.

De aquel grupo salimos cuatro sacerdotes: Romeo Rivas, Mariano Vivanco, Ovidio Ortega y yo. De aquel grupo salieron también matrimonios ejemplares con lindas familias, con las que hemos podido compartir en sus renovaciones matrimoniales de 25 y 50 años.

No pudiera contar las lindas experiencias que he vivido durante este medio siglo, pero, entre tantas, hay una que no olvido. Fue mi última visita al buen Padre Colmena, viviendo su destierro en New York. Estaba muy mayor, y los años y la salud lo habían puesto de tal manera que no era fácil reconocerlo. Al saludarlo pensé que ya su espíritu no sería el mismo, pero, después de hablar un rato con él, me di cuenta de que su entusiasmo había crecido. Su corazón ardía como en los primeros tiempos, porque todos se acercaran al Señor. Al final, antes de despedirme, pude comprobar que, a pesar de sus años y del destierro, no estaba solo, porque lo acompañaba una linda comunidad que él había formado y que después supe que lo cuidaron como a un padre hasta cerrarle los ojos.

Al celebrar este Jubileo de Oro he podido comprobar que no he podido seguir los pasos del cura de mi pueblo, pero, seguiré tratando.

Mediados de 2009.

EL HOMBRE DE DIOS

En días pasados, mientras leía la primera carta de San Pablo a Timoteo durante el rezo de la Liturgia de las Horas, me vino a la mente la vida de un bondadoso obispo que muchos conocimos y admiramos: Monseñor Eduardo Boza Masvidal. A medida que leía la carta, descubría su vida retratada en los consejos del Apóstol al santo obispo Timoteo: *«Tú, hermano, hombre de Dios, practica la justicia, la piedad, la fe, el amor, la paciencia, la delicadeza»...* Estas virtudes brillaron en Monseñor Boza Masvidal y todos los que lo conocimos somos testigos de esto.

Tendría yo unos 17 años cuando conocí a Mons. Boza en la parroquia de San Luis Gonzaga, en Ceiba del Agua, Cuba, donde le servía en la misa dominical. Él iba allí desde el seminario El Buen Pastor, en Arroyo Arenas, en la Arquidiócesis de La Habana, donde era profesor y orientaba espiritualmente a los seminaristas. La misa se celebraba al mediodía y para esto tenía que estar en ayunas desde las doce de la noche, como lo requerían las leyes sacramentales de entonces. A pesar de esto, llegaba siempre entusiasta y sin manifestar ningún cansancio.

Desde la primera vez que lo vimos celebrar la Eucaristía descubrimos la profunda piedad del sacerdote, y su sabiduría al presentar el mensaje de la homilía a una población campesina que carecía de párroco permanente. A pesar de ser un universitario graduado de Doctor en Filosofía y Letras en la Universidad de La Habana, al comunicarse con la gente, hasta los niños lo entendían. Su bondad, fruto de su caridad, contagiaba el ambiente, aún en las dificultades, lo que hacía fácil compartir con el nuevo sacerdote.

Llegaba temprano, siempre con su rosario en la mano y se preocupaba de ayudar a los catequistas a organizar la catequesis. Después celebraba la misa con la comunidad, que se veía crecer cada domingo a pesar de que el pastor podía permanecer tan sólo unas horas con sus ovejas.

Un día sentimos saber que no volvería, pero, nos alegramos porque había sido nombrado párroco de la parroquia de San Luis Rey en Madruga. Por un tiempo no tuve contacto con él, pero, al ir a confesarme una mañana en la parroquia de La Caridad en La Habana, me lo encontré, y desde entonces lo tomé como confesor.

Allí iba yo a comulgar cada día antes de asistir a clases en el Instituto de La Habana y allí comencé a confesarme regularmente con aquel sacerdote que fue siempre el Apóstol de la Reconciliación, pues se sentaba diariamente desde muy temprano en el confesionario, esperando a cada penitente, mientras aprovechaba los pocos momentos libres rezando la Liturgia de las Horas.

Organizó la parroquia de tal manera que el Evangelio llegara a todos. A la comunidad china les ofreció servicios en su idioma. Para ellos hizo venir dos sacerdotes desde China y les organizó una escuela en la que los hijos pudieran conservar la lengua de sus padres, además de la lengua española, dentro de un ambiente cristiano. Florecieron las cuatro ramas de la Acción Católica y su actividad apostólica se hacía sentir. En aquella comunidad surgieron vocaciones que han hecho mucho bien dentro y fuera de la isla.

Lo conocí cuando despertaba en mí la vocación sacerdotal y así se lo comuniqué desde el principio. Fue para mí, como para tantos, el amigo sincero que siempre con su visión de fe comunicaba paz.

Durante mis años en el seminario en Cuba y en Canadá, siempre tuvimos noticias de su actividad apostólica, que nos servía de ejemplo. Cuando nos ordenamos, el 5 de julio de 1959, lo visitamos el padre Romeo Rivas, el padre Reinaldo Pol y yo, y me alegró ver al hombre que aún al pasar los años era el mismo: hablaba poco, pero sabía escuchar y respondía con pocas frases lo que se buscaba de él. Nunca lo oí hacer una crítica, ni aún en casos que eran públicos; siempre brillaba su prudencia.

Un día, ya en el ministerio en las parroquias de Coliseo y Lagunillas, donde servía yo como párroco, llegó la noticia de que Mons. Boza había sido llamado al episcopado y, más tarde, la noticia de su ordenación, que mucho nos alegró. Lo visitamos, y lo encontramos tan paciente como cuando lo conocimos.

La situación política de Cuba se fue haciendo cada día más difícil, con el comunismo que se hacía más visible. Los obispos hablaron y prepararon al pueblo para lo que venía. Él, con gran sabiduría, como auténtico profeta que anuncia y denuncia, no calló.

Dentro de aquella situación, y viajando en ómnibus como el resto del pueblo, fue nombrado Rector de la Universidad Católica Santo Tomás de Villanueva, la que dirigió con gran prudencia y sabiduría y donde se ganó con su ejemplo los corazones de los estudiantes. Allí lo vimos combatir el buen combate como hombre de fe, con las luces de la Doctrina Social de la Iglesia.

La persecución contra la Iglesia arreció. De 700 sacerdotes que en Cuba servían al pueblo, fueron expulsando con presión, violencia o intimidación hasta el último grupo de 130 sacerdotes que subieron al barco español Covadonga. En este grupo, incluyéndome a mí, caía el bondadoso obispo. Sólo unos 200 sacerdotes quedarían en Cuba.

Lo trajeron de la cárcel, donde estaba preso con su secretario, y al llegar al barco lo recibió un representante de la Embajada de España, quien dobló las rodillas y le besó el anillo. Mons. Boza Masvidal, sin perder la paz, subió al barco, y ya en la escalerilla se viró hacia los soldados que lo traían y los bendijo. Al entrar al barco se le recibió con un aplauso y no sin lágrimas en los ojos. Entonces alguien dijo: *«le dieron una bofetada y respondió con un beso»*.

El barco comenzó a separarse de la isla y, subiendo con los sacerdotes a cubierta, el Hombre de Dios cantaba con todos: *«¡Tú reinarás!»*...

Octubre de 2009.

PASTORES QUE NO ESPERAN PORQUE SALEN A BUSCAR A LAS OVEJAS

Era el mes de junio de 1951 cuando el joven Romeo Rivas, que enseñaba como maestro en el Colegio Baldor, acompañado de un amigo tocaba la puerta del Obispado de Matanzas buscando al obispo, entonces Monseñor Alberto Martín Villaverde. Se abrió la puerta y apareció un sacerdote sonriente, con sotana blanca, a quien Rivas preguntó: «Quisiera hablar con el señor obispo».... «Yo soy el obispo», fue la respuesta que recibió. Pasaron a la oficina y Romeo se presentó como un joven de Acción Católica a quien su párroco, muy amigo del obispo, enviaba.

Le decía al prelado que él sentía el llamado del Señor desde hacía tiempo y que deseaba entrar al seminario. El obispo les miró y les dijo: «Quiero sacerdotes que no se sienten a esperar, sino que salgan a buscar las almas». Aquella frase resonó en el corazón de ambos amigos, pues respondía al ideal misionero vivido en la Acción Católica, donde nos habíamos formado.

El obispo presentó entonces su plan pastoral. Había encomendado una parte de la diócesis a los Padres de Misiones Extranjeras de Canadá, y ya habían comenzado un trabajo evangelizador hasta en los barrios más alejados. Junto con estos misioneros había confeccionado un proyecto más amplio aún: estaban creando un Centro Católico Educativo que llamarían Ciudad Estudiantil Padre Félix Varela, en el cual, como parte del mismo, estaría el seminario diocesano formando un clero con espíritu misionero. El proyecto entusiasmó al padre Rivas y a su acompañante y unas semanas después, dejando la enseñanza, se prepararon a dar respuesta al obispo.

Con gusto cambiaban el magisterio por el seminario. Esto le hacía hablar del proyecto y cada día el entusiasmo crecía. Regresaron en el mes de agosto, en la fiesta de la Asunción, dispuestos a vivir este experimento. Comenzaron en la parroquia de San José, en Colón, Matanzas, donde el edificio de un antiguo cuartel sirvió para dar lugar al colegio y a las primeras semillas del seminario.

No sin nostalgia, Rivas había dejado su ciudad natal, San Antonio de los Baños, con sus hermanos y sobrinos. Allí había nacido el 13 de julio de 1926 y allí habían muerto sus padres, Venancio Rivas y Juana Sánchez. Allí había dejado su grupo parroquial de Acción Católica que, con su partida, perdía su valioso liderazgo. Desde allí, como un misionero y aún jovencito, había salido a catequizar, dando charlas a otros grupos en pueblos cercanos. Rivas recordaba la frase del Evangelio: *«El que pone la mano en el arado y mira hacia atrás, no sirve para el Reino de Dios»* (S. Juan, 9,62). Había que seguir al Señor.

Al principio, la obra comenzada en Colón no era, con las dificultades, lo que se esperaba. Había que estudiar intensamente el latín para comenzar la Filosofía. La mística de la Acción Católica hacía entonces que otros jóvenes se acercaran, y en poco tiempo, el seminario, aún sin edificio, ya tenía un grupo considerable de jóvenes, de los cuales, en sus diez años de existencia, doce llegamos al sacerdocio.

El carácter jovial de Rivas contagiaba el ambiente del seminario de alegría, salpicada siempre con sanos chistes espontáneos que brotaban frecuentemente. Su inteligencia le hacía fácil el estudio y su pasión por la lectura enriquecía cada día a los que le rodeábamos.

De allí, al terminar los cuatro años, fue a Canadá al Seminario de Misiones Extranjeras donde pasó sus cuatro años de Teología. Su capacidad intelectual le hacía fácil aprender las lenguas en su adolescencia; el inglés, después el latín y más tarde el francés. Era un adicto a la buena lectura, como ya he mencionado, y siempre se movía con un libro en las manos, aprovechando toda oportunidad para abrirlo.

Al terminar sus estudios teológicos y haber sido ordenado diácono por el cardenal Leger en Montreal, regresaba a su diócesis de Matanzas en Cuba, donde el mismo obispo nos esperaba. Fue ordenado en la catedral de Matanzas, el 5 de julio de 1959, y el 15 de agosto recibía el nombramiento como párroco de la parroquia de San Miguel, en el pintoresco San Miguel de los Baños. La persecución religiosa durante el gobierno comunista, entonces fue cruel, lo cual afectó su salud para toda su vida.

Sirvió en la parroquia de Cárdenas, y el 17 de septiembre de 1961 fue desterrado de Cuba en el vapor español Covadonga, junto con 130 sacerdotes más. De España, asociándose con las Misiones Extranjeras, la Sociedad con la que había estudiado, salió como misionero a Argentina, después a Honduras y más tarde aquí, en la Arquidiócesis de Miami, donde pasó el mayor tiempo.

El padre Rivas dedicó toda su vida a la evangelización del pueblo, excepto durante dos años que estudió en el Instituto Católico de París, donde sacó su licencia en la enseñanza catequética.

Su amor por la Palabra le hacía vivir con la Biblia siempre cerca. La disfrutaba en el estudio personal que regularmente hacía; la saboreaba en la Eucaristía, cuyos textos litúrgicos preparaba cuidadosamente, y en la Liturgia de las Horas, a la que fue fiel cada día. Su constante y profundo contacto con la divina Palabra le hacía predicarla de tal manera que los fieles siempre apreciaban escucharle. De todo su ministerio nada tuvo más preferencia que su participación en los Cursillos de Cristiandad en esta Arquidiócesis, encontrando en ellos un instrumento valioso para la evangelización de los ambientes.

En los últimos diez años de su medio siglo de sacerdocio le llegó la cruz de la enfermedad que mucho le hizo sufrir personalmente: primero el Parkinson y después el Alzheimer, aliviados gracias al servicio y cuidado de unas bondadosas enfermeras que el Arzobispo John Favalora le facilitó.

El pasado sábado 19 de junio cerró sus ojos para abrirlos en la eternidad feliz con Cristo, por la que nunca descansó, pues buscaba a todos, noche y día, para hacerles felices con el Evangelio.

Mediados de 2010.

LA PAZ ES POSIBLE CAMINATA POR LA PAZ, MIAMI, 11 DE SEPTIEMBRE DE 2010

Hermanos sacerdotes y hermanos pastores de las distintas confesiones cristianas aquí representadas. Queridos amigos:

La de hoy es una conmemoración luctuosa, sin dudas, y llena de recuerdos tristes que son inevitables. No podemos olvidar a las víctimas de los atentados terroristas que un día como éste, en el año 2001, estremecieron no solamente a las ciudades de New York, y Washington, D.C., y a los campos cercanos a Shanksville, Pennsylvania; sino que consternaron también a toda la nación, así como a los hombres y las mujeres de recto corazón alrededor del planeta.

Hoy rendimos tributo a la memoria de los fallecidos, y nos solidarizamos de corazón con los que quedaron lisiados y con los familiares de unos y otros, a la vez que reiteramos nuestra gratitud, respeto y admiración por todos los que participaron en las labores de auxilio y rescate. Valoramos también y agradecemos los esfuerzos de los gobernantes, funcionarios y miembros de los organismos de seguridad y las fuerzas armadas del país, que, durante los años transcurridos desde aquel día infeliz hasta la fecha, han logrado, con el favor de Dios, impedir la repetición de hechos semejantes en el territorio nacional.

Recordar los trágicos sucesos del 11 de septiembre de 2001, es contemplar de nuevo el dolor causado por el odio. Y aunque volvamos a sentir ese dolor al rememorar lo ocurrido, es algo que debemos hacer, para no perder de vista nunca los efectos del odio, negativos todos.

Los cristianos trabajamos por vencer el odio con el amor y por amor. En esto, como en todo, cada persona ofrece lo que tiene y por lo tanto, yo no puedo ofrecer otra cosa que lo que tengo en mi Iglesia y que comparto con todos ustedes, mis hermanos y hermanas, humildemente y con gran gusto.

El siglo XX, terminado hace apenas una década, fue, desgraciadamente, el siglo de las grandes guerras mundiales y de no pocos conflictos regionales, pero fue también, y quizás por eso mismo, por los horrores de esas guerras, la centuria de la gran reflexión de la humanidad sobre la paz. Los creyentes no fuimos —no podíamos haber sido— ajenos a esa reflexión: al contrario, muchos líderes espirituales, particularmente los cristianos, golpearon la conciencia del mundo con sus vehementes apelaciones en favor de la paz. Los papas que durante esos años ocuparon la Cátedra de San Pedro, fueron buen ejemplo de ello.

Tocó a Benedicto XV, elegido papa en 1914, toda la angustia de la Primera Guerra Mundial y la Historia reconoce sus ingentes esfuerzos por la paz: innumerables propuestas a los dirigentes de los países en conflicto entonces, siempre ignoradas por estos; múltiples apelaciones y una gran labor de caridad hacia las víctimas le ganaron ese reconocimiento. Sus biógrafos cuentan que, en su lecho de muerte, sus últimas palabras fueron un ofrecimiento de su vida por la paz.

Un papel semejante tocó a Pío XII, hoy injustamente vilipendiado por algunos. Apenas una semana antes de que se produjeran los hechos que desencadenaron finalmente la Segunda Guerra Mundial, este papa proclamaba una verdad que los hombres olvidamos con frecuencia: *«Nada se pierde con la paz, todo puede perderse con la guerra»*.

Cuando Hitler, el dictador nazi, contemplaba secuestrarlo, y cuando Stalin, el dictador soviético, preguntaba irónicamente a los líderes de los países aliados que proponían contar con la opinión de Pío XII, con cuántas legiones contaba el Papa; no hacían otra cosa que demostrar la diferencia entre los que creen en la guerra y los que luchan por la paz.

Lugar de honor entre los apóstoles de la paz, ocupa Juan XXIII, quien marcara época con su encíclica *Pacem in Terris,* «Paz en la Tierra», primer documento de su clase dirigido no solamente a los católicos, sino, además, a todos los hombres y mujeres de buena voluntad, y dado a conocer el 11 de abril de 1963. La identificación de la justicia, la verdad, la libertad y el amor como fundamentos de la paz, que este Papa campesino y bonachón hizo en esta encíclica, ha sido desde entonces la definición por excelencia de esta justa aspiración de todos los pueblos del orbe.

Pablo VI no se quedaría atrás. Instauró en 1968 la celebración, cada 1º de enero a partir de entonces, de la Jornada Mundial por la Paz, como un esfuerzo de concientización de la humanidad hacia la convivencia armoniosa. En la Jornada correspondiente a 1972, resumió en una frase lo que debiera ser un programa de vida para cada uno de nosotros y todo un plan de trabajo para cada gobernante: *«Si quieres paz, trabaja por la justicia»*.

Este consejo lo entendió, lo reiteró, y lo aplicó bien Juan Pablo II, de feliz memoria. Al tenaz trabajo del papa polaco a favor de la justicia para su propio pueblo, así como a su habilidad diplomática, se atribuyen, entre otros factores, el desplome del mundo comunista en Europa del este. Y, ¿qué es el comunismo, sino la guerra del estado contra sus propios ciudadanos y la agresión abierta o solapada a los otros estados que no aceptan su ideología? Al luchar por la justicia, Juan Pablo II contribuyó notablemente a llevar la paz a esos pueblos, antes sumidos en la opresión.

Y fue la paz uno de sus grandes temas. En la celebración de la Jornada Mundial del año 2004, la última de su fructífera vida, nos recordaba que, para los cristianos, *«proclamar la paz es anunciar a Cristo»* (Efesios, 2; 14) y que *«el evangelio de Cristo es evangelio de paz»* (Efesios, 6; 15), reiteraba su propio llamamiento de igual ocasión, en 1979: *«Para lograr la paz, educar para la paz»*. Llamaba el papa peregrino a educar a las nuevas generaciones en los ideales de la paz y a respetar el orden internacional. Recalcaba la existencia de principios universales que son anteriores y superiores al derecho interno de los estados y advertía contra la tentación de apelar *«al derecho de la fuerza, más que a la fuerza del derecho»*.

Creo que las palabras y las acciones de los papas que he citado se salen del marco, siempre limitado, de una denominación cristiana en particular, pues podemos considerarlas como un legado para la humanidad entera. Es por ello que me atrevo a proponerlas hoy, junto a ejemplos y expresiones de otros grandes obreros de la paz que en el mundo han sido, como guía y apoyo en nuestro propio compromiso con la paz.

Para terminar, me parece importante señalar que una de nuestras tareas más importantes al respecto, tiene necesariamente que ser la lucha contra el pensamiento fatalista que algunos exteriorizan cuando dicen que la paz es un ideal noble, pero inalcanzable. Me permito recordar que en su mensaje de Jornada Mundial por la Paz de 2004, que ya he citado, Juan Pablo II insistía con vehemente convicción, *«la paz es necesaria, la paz es posible»*.

Esa convicción que estoy seguro que todos nosotros compartimos, porque nace de la fe común en Jesucristo, el Príncipe de la Paz, es la que nos anima hoy a orar por los Estados Unidos de América y por todos los pueblos del mundo.

¡La paz es fruto y compendio de la justicia, la verdad, la libertad y el amor! ¡La paz es necesaria! ¡La paz es posible! ¡Pidamos al Señor la paz, y en el nombre del Señor, trabajemos por la paz!

Que Él nos bendiga a todos.

Mons. Agustín A. Román
Obispo Auxiliar Emérito
Arquidiócesis de Miami

9 de septiembre de 2010.

CÓMO SE VIVÍA LA NAVIDAD EN EL CAMPO CUBANO

Pasé mi infancia en el lindo campo de Cuba, con mis padres campesinos y mis hermanos. Vivimos una niñez y adolescencia pobre sin faltar lo necesario, pero muy feliz. Mi casa era un bohío amplio y fresco con techo de guano y con las habitaciones necesarias para descansar. El agua pura nunca faltó, pues se sacaba del pozo del patio que era profundo, y siempre la teníamos en abundancia. No teníamos luz eléctrica pero, acostumbrados a las lámparas de aceite, no creíamos necesitarla.

El campo lo trabajábamos todos, dirigidos por mi padre, y la comida siempre sobraba. Recuerdo que mis padres agradecían a las personas que se acercaban en busca de las frutas, porque eran tan abundantes, especialmente el mango, que caían a la tierra y las abejas volaban sobre ellas buscando el néctar en sus jugos. Más de una vez sufrimos la picada de aquellos insectos y las consecuencias eran desagradables.

A los 15 años me enviaron al poblado de San Antonio de los Baños, porque los cursos en la escuela del campo sólo llegaban hasta 6º grado. Allí hice el 7º y 8º grados que eran llamados entonces Primaria Superior.

Dentro de este marco feliz vivimos nuestra niñez y adolescencia, y dentro de aquel inolvidable mundo, de tierra poblada de verdes árboles, siempre recuerdo las Navidades. Los campos se cubrían de unas flores silvestres blancas salpicadas de morado. Eran llamadas «aguinaldo» y con su olor anunciaban el Adviento desde finales de noviembre, y el colorido sobre la verde hierba de los potreros hacía que pareciera como adornada por un buen artista.

Al comenzar los duros inviernos del norte, las aves nos iban llegando como turistas y en el cielo azul las veíamos divertirse aprovechando la temperatura que habían perdido. Desde el comienzo de diciembre las casas siempre se pintaban con el blanco de la cal y las puertas con los colores de la bandera patria, azul y rojo. Los tres colores relucían.

Las mujeres cosían las ropas que vestiríamos en Navidad y Año Nuevo y todo se iba preparando. En mi casa hacían un nacimiento que, comparado con los de hoy, tenía pocas figuras, pero el misterio relucía en un lugar preferencial del bohío donde no faltaban la Virgen, San José y el Niño. Como carecíamos de luz eléctrica, utilizábamos la electricidad de la batería que mantenía la radio.

Aunque diciembre no era el tiempo mejor para las flores, porque las lluvias habían desaparecido con el otoño y no había regadío, recuerdo que mamá siempre las cultivaba para hacer adornos desde el día de Nochebuena hasta el primero del año. Las mujeres iban preparando los buñuelos y la miel desde temprano. Recuerdo ver los tableros llenos de harina de yuca para prepararlos. Se cocían los dulces de frutas, de manera especial los de papaya, coco, naranja y ciruela. Daban gran importancia a la preparación de una variedad de postres y a compartirlos con los vecinos.

Las familias soñaban con las fiestas que comenzaban con la Nochebuena. El día 24 se preparaba el lechón, que era la carne preferida, aunque a las personas mayores se les ofrecía optar por la gallina de guinea o el pollo. No recuerdo nunca haber comido el pavo. Desde temprano, alguien de la familia iba a la población a comprar el arroz, los frijoles y todo lo restante, y se traía el vino que se tomaba en los campos tan sólo en esta festividad y al terminar la Semana Santa, en la fiesta de la Pascua de Resurrección. El vino de frutas se hacía en los hogares desde el principio del año para que estuviera bueno en ese momento. En Navidad nunca faltó el turrón.

Unas familias iban a compartir con otras y traían las golosinas que habían preparado. La mesa se adornaba dentro de la casa, aprovechando la luz de las lámparas, ya que afuera, la luz de la luna y de las estrellas, que bien resplandecían durante este tiempo, no era suficiente. Terminada la comida comenzaba la canturía para la mayoría que no podía ir a la Misa de Gallo, que por la distancia teníamos que salir temprano para llegar a las 12 y regresar muy pasada la media noche.

En la canturía se emocionaban algunos jóvenes, dirigiéndose a las jóvenes exaltando su belleza con gran franqueza, gracias al entusiasmo que les daba el vino. En ese momento se descubrían los enamorados sin temor al respeto de los padres.

Se sabía que la celebración era por el nacimiento de Cristo, pero la carencia de catequesis no les permitía saborear el misterio de un Dios hecho hombre por amor a todos los hombres. Tal vez aquello contribuyó a que yo escogiera el sacerdocio pues en la medida en que iba conociendo más a Cristo y su Iglesia, iba descubriendo cómo en la mayoría de nuestro pueblo estaban todos bautizados pero ahí se quedaban dormidos.

Allí comencé yo más tarde una catequesis semanal a la que venía un gran número de niños que se preparaban para la primera comunión. Esto hizo que el párroco comenzara una misión anual de tres noches que en casa se llenaba y les instruía en la fe. Este despertar misionero en mí fue el fruto de la Acción Católica Cubana que pretendía, en los años '40 y '50, hacer una Cuba creyente y dichosa donde Cristo reinara en los hogares primero y en la sociedad también.

Esta evangelización era aún incipiente y mucho prometía, pero en los '60 terminaba con la implantación del comunismo, que puso fin hasta a la Navidad y Semana Santa, perdiendo así el pueblo la alegría que hacía feliz su vida. Las fiestas religiosas, en especial Navidad y Semana Santa, fueron desapareciendo en poco tiempo y la alegría también desapareció con ellas, naciendo el terror a expresar todo sentimiento religioso exterior, ya que esto podía hacer perder a los hijos oportunidades ventajosas.

La visita del Santo Padre Juan Pablo II en enero de 1998 abrió algunas puertas a los creyentes, entre otras el resucitar costumbres como la celebración de la Navidad de manera pública. Pero la fe de la clase campesina, que tradicionalmente transmitía sus costumbres de generación en generación, existe hoy en día después de medio siglo en que ha pasado el huracán comunista. Pensaba que no. Sin embargo, el recorrido de la imagen de la Virgen por toda la Isla y que comenzó en

Oriente el pasado septiembre, va demostrando que la fe parece dormirse, pero sorprende cuando resucita.

Ante la Peña Vareliana, 18 de diciembre de 2010.

LEYENDO EL DOCUMENTO A LOS ENFERMOS DE BENEDICTO XVI PARA EL 2011

Durante mi estancia en el hospital Mercy en este mes de enero, he tenido la oportunidad de leer y meditar el mensaje a los enfermos que el Santo Padre ofrece cada año, con motivo de la celebración de la Virgen de Lourdes, el 11 de febrero. Quiere este año Benedicto XVI que ningún enfermo se sienta olvidado, pues la Madre Iglesia los recuerda diariamente en su oración al Padre, además de ofrecerles la ayuda y el consuelo que nos brinda la fe.

El enfermo es visto por el cristiano como el rostro de Cristo sufriente. Para esto, el Vicario de Cristo comparte con nosotros su experiencia al visitar la Sábana Santa en Turín, Italia, y descubrir en ella a Cristo crucificado, derramando hasta la última gota de su sangre por nuestra salvación, pero no quedándose ahí, pues lo sigue hasta su gloriosa resurrección, donde hoy nos espera con el premio para los que han seguido sus pasos.

La reflexión ante la Sábana Santa la considera como una invitación a recordar las palabras que escribe San Pedro: *«Por Sus llagas habéis sido curados»,* (1P, 2, 24), pues esas llagas se convierten en signos de redención, de perdón y de reconciliación con el Padre, a pesar de que ayer los discípulos no comprendían el valor espiritual del dolor, y hoy gran parte de nosotros pensamos como ellos. El sufrimiento sin la fe será como una oscura noche que sólo esa fe puede aclarar.

Este caminar hacia el Cielo, con la enfermedad y sus sufrimientos, podrá venir un día para nosotros o para los que nos rodean. Sin la fe, la vida es un acercarnos a la tumba, es decir, perecer. Con la seguridad de la fe en Cristo que nos habla, es un acercarnos al premio que se nos ha reservado y que, con los dolores y penas que soportamos, será, al final, mejor.

En esta semana he recordado bien mis seis años de trabajo pastoral en el hospital Mercy, de 1967 a 1973. ¡Cuántas vivencias he recordado al andar por los pasillos donde caminé tantas veces en aquellos años! Allí aprendí el valor que tiene en la vida la fe recibida en el hogar con la familia, y más tarde en la catequesis parroquial, donde se prepara a la recepción de los sacramentos y a la práctica de esa fe a nivel comunitario.

Recuerdo que a todos entregaba una doble hoja que contenía las verdades de nuestra santa fe. Recuerdo el bien que les hacía al despertarles y ver que en el horizonte de cada persona, iluminado por el Divino Espíritu, no terminaba el mundo, sino que Dios nos espera con los brazos abiertos como Padre a través de su Hijo Jesucristo, puerta siempre abierta para los que llaman. En esos años de hospital mucho aprendí de aquellos enfermos que a él llegaban. Cuántos despertaron al buen Dios con lo poquito que podíamos hacer frente a tantos pacientes que visitábamos cada día, junto a las buenas Hermanas de la Congregación de San José y un pequeño grupo de apóstoles laicos que compartían con nosotros.

Pero más que agradecer los regalos en conversiones y acercamientos al Señor, recibí el bien de descubrir a Cristo en el que sufría física o moralmente. Esto me ha hecho agradecer al entonces Arzobispo Coleman Carroll que me asignó este trabajo, y a todos sus sucesores con los que he podido compartir este ministerio directa o indirectamente.

Oro y bendigo a aquellos laicos que lo realizan en sus parroquias como Ministros de los Enfermos, y a los que desde temprana edad riegan la fe que el día de su bautismo fue sembrada, y que hoy ven germinar con la catequesis. Un día, en el cielo, podrán disfrutar de los frutos de aquella rica siembra. Allí podremos comprender mejor la importancia de la catequesis, sin la cual la fe bautismal estará condenada a permanecer dormida.

Al final de los años '60 y comienzos de los '70 la Ermita era un sueño que algunos creían imposible realizar. Así empezaba yo entonces, con la esperanza en el alma y el rosario en las manos. En estos días, mientras hacía ejercicios caminando por los pasillos del 5º piso del hospital, echaba una mirada a la obra terminada y la contemplaba tan bella como se soñaba entonces. Y recordé aquel primer grupo de la Cofradía que nacía, fundada por el Arzobispo Carroll y elevada más tarde por el Arzobispo Favalora al rango de Archicofradía, levantada centavo a centavo movidos todos por la Caridad.

La imagen que llegaba a la Arquidiócesis en 1961, al arribar a aquel futuro lugar donde se le pensaba construir su casa, estaba en la primera década de su presencia aquí, y ya esta semana, mientras miraba la Ermita desde el hospital Mercy, ha llegado al medio siglo de su permanencia entre nosotros, y celebraremos sus Bodas de Oro en septiembre, comenzando así el Año Jubilar de cuatro siglos acompañando a un pueblo que, en su dolor, no la olvida. En 1612 los tres Juanes no podían soñar, en la Bahía de Nipe, que llegaría tan lejos la imagen que encontraron.

Termino compartiendo las palabras del Santo Padre a los enfermos:

> *«Que junto con Jesús vele a nuestro lado la Virgen María, a la que invocamos con confianza, salud de los enfermos y consoladora de los afligidos. Al pie de la Cruz se realiza para ella la profecía de Simeón: su corazón de Madre es traspasado (Lucas 2, 35). Desde el abismo de su dolor, participando en el de su Hijo, María fue capaz de acoger la nueva misión: ser Madre de Cristo en sus miembros. En la hora de la Cruz, Jesús nos la presenta a cada uno como nuestra Madre»*

Febrero de 2011.

CREYENTE Y DICHOSA: LA CUBA QUE NECESITAMOS

Gracias. Esta es la primera palabra que viene a mi mente al comenzar a poner en orden y por escrito los pensamientos que he estado contemplando en las últimas semanas, durante mi reciente internamiento en el Hospital Mercy. Doy gracias a Dios, porque la enfermedad es siempre ocasión para ver la manifestación de su misericordia y sentir su compañía. Doy gracias también a todos los que han orado por mi salud, a los que han puesto su conocimiento y su esfuerzo en tratar de ayudarme y a todos los que se han preocupado por mí. No los podría mencionar nombre por nombre, pero a todos alcanza mi agradecimiento y todos están en mis plegarias.

A la persona que posee el regalo de la fe no le resulta difícil hallar consuelo aún en medio de las situaciones más difíciles, y para aquel que puede ver la mano del Creador en las maravillas de la Creación, la hermosura de la Naturaleza sirve siempre de bendito lenitivo. Así, desde mi lecho de enfermo, he podido una vez más contemplar la belleza del mar y me ha confortado el saber que esas aguas que besan el litoral de Miami son las mismas que igualmente besan a Cuba; que si bien no podemos ver la Isla por más que escudriñemos el horizonte, sabemos, sin embargo que Cuba está ahí.

Si pensamos que ese mar nos separa de la patria, nos sentiremos abrumados por la distancia. Pero, si nos damos cuenta de que ese mar nos une a ella, se nos puede convertir en una invitación al reencuentro en libertad que nuestro pueblo merece.

Para poder surcarlo, para una travesía exitosa, es imprescindible una buena brújula. Esta observación ha sido el centro de mis meditaciones de estos días, las que me atrevo ahora a compartir con ustedes.

24 DE FEBRERO

El 24 de febrero es una de las fechas que más cálidamente toca los corazones cubanos. Marca el comienzo, en 1895, del esfuerzo final por la independencia de Cuba, el que coronaría, al fin, con la victoria, muchos años de cruentas tribulaciones. Marcó también, en 1996, uno de los más notables empeños de la lucha cívica no violenta dentro de la isla: la frustrada reunión unitaria de Concilio Cubano. En ese mismo año, 1996, la dura tragedia del derribamiento de las avionetas de Hermanos al Rescate, algo que aún nos conmueve, pues el dolor del asesinato de los cuatro jóvenes que ese día dieron su vida por sus hermanos, y la admiración por su heroísmo, no se borran de nuestra memoria. Más recientemente, el año pasado, sumamos tristemente a estas conmemoraciones el sacrificio, en la víspera del 24 de febrero, del prisionero político Orlando Zapata Tamayo, muerto en huelga de hambre como último recurso ante la indiferencia de una dictadura sorda a los justos reclamos de la nación que sojuzga.

Algo tiene que haber fomentado y sostenido el espíritu nacional, para que en un día del calendario podamos hallar tantos ejemplos de patriotismo y tan alta capacidad de entrega, manifestados a través del tiempo en distintas generaciones de cubanos.

Más aún, al arribar a este 24 de febrero, el de 2011, vemos la concurrencia en este año de otros hitos históricos que nos confirman en la apreciación de las virtudes que anteriormente mencionaba: el patriotismo y la capacidad de entrega. Este año estaremos observando el cincuentenario, entre otros, de importantes acontecimientos, como lo fueron la fundación de la U.C.E. (Unión de Cubanos en el Exilio) por Monseñor Eduardo Boza Masvidal, la acción de Playa Girón, la expulsión de Cuba de 130 sacerdotes y un obispo, la llegada al exilio de la imagen de Nuestra Señora de la Caridad del Cobre y su multitudinario recibimiento en Miami en una misa que desde entonces se ha convertido en una de las más entrañables tradiciones del destierro.

La constancia y la firmeza del compromiso del pueblo cubano con el destino de la nación es fácilmente comprobable, pues. Basta simplemente con mirar al calendario y contemplar la riqueza de sus efemérides.

¿De dónde salió todo esto? ¿Qué ha sostenido esa constancia y esa fidelidad en un pueblo que han querido caracterizar como frívolo y despreocupado los que no han sabido mirar más allá de su buen humor y su amor a la música?

LA FE CRISTIANA Y LA CULTURA DEL CRISTIANISMO

La razón y la esencia del fruto hay que buscarlas en la raíz. Al llegar Cristóbal Colón a la isla que él llamó Juana, ésta se abrió al mundo a la luz del evangelio de Cristo, un proceso de magnitud no vista hasta entonces, en el cual las sombras, que, lamentablemente, las hubo, no opacan la brillantez de esa luz. Un proceso que no hay que confundir con otros que marchaban paralelamente a veces, y a veces convergían, como la conquista y la colonización, y que fue el que incorporó a estos algún soplo de piedad en multitud de ocasiones. Las pocas voces que, dentro de las limitaciones de los conceptos entonces imperantes, clamaban por la justicia, eran las de hombres de fe intrépida, como Fray Bartolomé de las Casas y otros.

Esa fe intrépida, la de los misioneros, fue el cimiento de Cuba y lo único inmutable en su evolución política... española primero, criolla después, por último independiente; pero afincada siempre en su identidad como nación esencialmente cristiana, con las variaciones propias de la integración paulatina en ella de otras razas, culturas y tradiciones, pero, sin dejar por ello de ser parte incuestionable del mundo occidental; si no químicamente pura en la fe de Cristo, sí fundamentalmente cristiana.

Esa fe la encontraron en sus hogares los primeros «españoles de ultramar» nacidos en Cuba. Esa fe se cubanizó definitivamente al aparecer en la bahía de Nipe la imagen morena de la Virgen de la Caridad del Cobre en el siglo XVII y, siendo la misma fe proclamada milenio y medio antes por el Señor Jesús en tierras de Israel, asumió los tonos propios de un pueblo que iba gestando su identidad. Esa fe dirigió la acción socio-pastoral de hombres de Dios como los obispos Espada y Valdés y forjó las conciencias de otros que, a su vez, forjarían lo mejor de la cubanidad: los presbíteros José Agustín Caballero y Félix Varela y Morales.

Tan determinante fue la fe cristiana en la formación y desarrollo del alma de la nación cubana, que fue ella la que le dio cuerpo y espíritu al pensamiento de patriotas insignes a los que no podemos ubicar dentro de la práctica religiosa, pero fácilmente identificables como productos de la fe y la cultura cristianas: Agramonte, Céspedes, Martí, Maceo, Gómez... la luz del evangelio brillaba en sus palabras y en sus motivaciones y así lo proclamaron ellos mismos en más de una ocasión.

Discretamente, esa luz siguió brillando en medio de las incomprensiones y tropiezos de los primeros tiempos de la República y con mayor vigor después. Vienen a mi mente, entre otros, nombres como los del padre Pastor González y los doctores Andrés Valdespino y José Ignacio Lasaga, prominentes intelectuales católicos, que trataron siempre de hacer un aporte honesto y positivo al enriquecimiento institucional de la nación en los difíciles campos del civismo y la política.

Esta verdad evidente, la de la impronta de la fe y cultura cristianas en el alma nacional y en las luchas de los cubanos por la libertad y la justicia social, fue rubricada con sangre, como nunca antes en nuestra historia, inmediatamente después de la instauración de la dictadura marxistoide que todavía hoy desangra y somete a la mayor de las Antillas.

Después de los fusilamientos de los primeros meses posteriores al triunfo revolucionario —crímenes impulsados por la más brutal revancha política— la orgía de sangre continuó y entonces las víctimas fueron, cada vez más notablemente, jóvenes que habían creído en las promesas de democracia y equidad ciudadana que repetían sin recato, antes y después de tomar el poder, y falseando sus verdaderas intenciones, los dirigentes del movimiento insurreccional, particularmente su máximo líder.

Eran jóvenes que, en su mayoría, habían luchado contra el gobierno anterior con gran pureza de ideales, que provenían de todas las clases sociales del país y que, al sentirse traicionados por la realidad comunista de la nueva dirigencia, se habían volcado con mayor fervor aún en la lucha por impedir que el incipiente totalitarismo sumiera a Cuba en un mal mayor que todos los que hasta entonces había padecido.

Eran jóvenes que, a pesar de la sordera de muchos en aquellos tiempos de violencia extrema, estremecieron para siempre la conciencia nacional al enfrentar los pelotones de fusilamiento con un grito que resumía el motivo de sus luchas y sus aspiraciones patrias, y era, a la vez que el testamento de sus vidas para el futuro de la nación. A las puertas de la muerte, cuando es más sincero el hombre, aquellos jóvenes gritaban ¡Viva Cristo Rey!... ¡Viva Cristo Rey!

Me parece que haríamos bien los cubanos de hoy en recordar esto, para poder pensarlo y para poder vivirlo, pues está claro que una Cuba donde Cristo reinara era, en términos generales, el ideal de los forjadores de la nación, de los que la hicieron independiente y de muchos de los que, de entonces a nuestros días, lo dieron todo por ella.

Esto, quede claro, sin pensar siquiera en un estado teocrático, en una religión oficial, o en una doctrina religiosa impuesta desde el poder político o mezclada con el mismo. El grito de «¡Viva Cristo Rey!» no implicaba nada de esto, pero, sí, definitivamente, subrayaba el deseo de una Cuba enmarcada dentro de los ideales cristianos, esos que Juan XXIII expresaría magistralmente en su definición de la paz como fruto de la libertad, la justicia, la verdad y el amor.

¡VIVA CUBA, CREYENTE Y DICHOSA! ¡VIVA CRISTO, MONARCA IDEAL!

La fuente de todo ello, válganos repetirlo, era el evangelio de Jesucristo, que es el mismo para todos los hombres de todos los tiempos, y que se hizo más cercano a los cubanos con la presencia entre nosotros de la Madre Santísima del propio Jesús, representada en la imagen de la Virgen de la Caridad, encontrada milagrosamente en medio del mar, y tras una tormenta, por dos indios y un negro y venerada desde el principio por blancos y mestizos también, por aristócratas, burgueses y esclavos; por instruídos y por iletrados, por todo el pueblo de Cuba.

Una imagen que traía a los cubanos, en una mano, al propio Hijo de Dios, como símbolo de redención, y, en la otra la cruz, símbolo del cristiano. En Cuba, fue María, la Virgen de la Caridad, la más eficaz transmisora del evangelio y del concepto de justicia que éste proclama. No por casualidad fue bajo su manto que se rebelaron los mineros de El Cobre en los albores de nuestra historia. No por casualidad se le adjudicó el título de Virgen Mambisa. No por casualidad, fueron los veteranos de las guerras por la independencia los que pidieron al Papa su proclamación como Patrona de Cuba.

En los años 40 y 50 del siglo pasado, esos ideales tomaban cuerpo y formaban conciencias en las filas de la Acción Católica Cubana, particularmente en sus ramas juveniles, conocidas popularmente como «la juventud católica». Allí, incontables hombres y mujeres de mi propia generación hicimos nuestros esos ideales. Allí, en los círculos de estudio, vimos actualizarse las bienaventuranzas a través de la Doctrina Social de la Iglesia y descubrimos las notables coincidencias de todo ello con los postulados martianos. Allí se nos daba como lema «piedad, estudio y acción» para cincelar en nosotros la importancia de la oración, la superación y la presencia del cristiano en el quehacer nacional.

Allí se nos avivaban la fe religiosa y el fervor patriótico al calor del himno de «la juventud católica» que terminaba con dos expresiones que lo concentraban todo: «¡Viva Cuba creyente y dichosa, viva Cristo, monarca ideal!»... Cristo, monarca ideal para una Cuba, por creyente, dichosa. Cristo, monarca e ideal... Cristo, rey.

Sin desconocer ni admirar menos el aporte heroico que a este proceso dieron jóvenes miembros de otras denominaciones cristianas, hay que decir que fue la «juventud católica», notablemente la Agrupación Católica Universitaria, la gran fragua de muchos de los que después morirían por Cuba al grito de «¡Viva Cristo Rey!»

Al llegar un nuevo 24 de febrero, parece necesario, y hasta urgente, actualizar, fortalecer y convertir en programa de acción, u hoja de ruta, como se dice en estos tiempos, lo que nuestros mártires nos legaron en el grito final de sus vidas.

LA CUBA QUE CUBA NECESITA

Si fuera necesario demostrar la validez del ideal de patria que, aún sin articularse específicamente, cabe pensar que latía en los corazones de los que morían con ese grito en los labios, no habría más que mirar objetivamente a las crudas realidades de la Cuba de hoy, para ver, en los efectos de las ideas opuestas, la argumentación mejor a favor de una nación sustentada por los valores de la fe y la cultura cristianas, dentro de un estado de derecho democrático.

Tras más de medio siglo de sometimiento a condiciones de vida deshumanizantes, tanto en lo psicológico como en lo material, la deshumanización incide ya con alarmante frecuencia en la realidad cubana y es, sin duda, la amenaza mayor para el futuro de la nación.

¿Qué es, si no deshumanización, la presencia totalitaria del Estado en la vida de cada cubano, una presencia asfixiante que, sin respetar derecho alguno, aplasta desde lo más íntimo del individuo hasta su vida comunitaria? ¿Qué es, si no deshumanización, que un gobierno haya insistido durante tantos años en métodos represivos despiadados e inescrupulosos para mantener su poder sobre una población a la que no se le da voz ni voto en su destino? ¿Qué es, si no deshumanización, el que existan personas dispuestas todavía a vigilar, denunciar y someter a «actos de repudio» a compatriotas suyos por el simple hecho de proponer pacíficamente un modelo de sociedad diferente? ¿Qué es, si no deshumanización, que las condiciones de vida que el sistema provoca hagan que el robo, la mentira y la prostitución sean aceptados por muchos como legítimos instrumentos de supervivencia?

El daño que todo esto causa en la personalidad es un mal que, con el paso de las generaciones, se puede incrustar en el alma de la nación y debiera esto preocuparnos mucho más que la economía, la cultura, o el simple juego político, por legítimo que todo esto sea. La deshumanización es el gran problema que tenemos por delante los cubanos y a solucionar este problema estamos llamados todos, los de adentro y los de afuera, porque, se ha dicho, y se ha dicho bien: la patria es de todos.

Necesitamos una Cuba creyente y dichosa. Para los creyentes esto es reiterativo, pues sabemos que solamente es verdadera la dicha que nace de la fe. Pero, para los que pudieran recelar de esto, es bueno volver a aclarar que no se trata de la adopción por parte del Estado de determinadas creencias, sino del pleno respeto de éste a la libertad religiosa, algo por lo que ha abogado insistentemente el Santo Padre Benedicto XVI. Junto con esto, el fomento, el respeto y la promoción de los valores que conformaron el alma nacional, esos que han sido subvertidos o erradicados por el presente sistema.

Necesitamos una Cuba creyente y dichosa donde se respete la vida, se proteja la familia natural, se promueva el respeto mutuo en las relaciones humanas, se vele por la justicia social, se observen todos los derechos humanos y donde sea el bien común el árbitro de la política y la economía. Ya sabemos lo que ha dañado a Cuba, ya sabemos lo que allí ha traído dolor, causado pobreza y rebajado la dignidad de la persona. Sabemos lo que allí ha fracasado: busquemos todo lo contrario.

Busquemos una nación que tenga el *«ámense los unos a los otros»* como base y como meta, algo que no es tan quimérico como pudieran pensar los escépticos, si se le traduce como *«el respeto de cada cubano a la dignidad plena del hombre»*. Una Cuba creyente y dichosa, porque el Evangelio la ilumina.

¿PODEMOS HACERLO?

Podemos hacerlo si buscamos la guía del Señor y seguimos el ejemplo de los que nos antecedieron en lo mejor de la labor religiosa, cívica y patriótica. Podemos hacerlo, porque dentro de esa Cuba donde tanto se sufre, también se lucha; donde tanto se esclaviza, también se resiste y allí, donde el odio trata de imponerse, el amor trabaja. No todo allí es deshumanización, sumisión y miedo. Contra esto compiten la generosidad, la perseverancia y la valentía de los que luchan cívicamente por una Cuba mejor. Los que continúan hoy la tradición del patriotismo y muestran la misma capacidad de entrega de los que sembraron el Evangelio, los que lograron la independencia y los que proclamaban a Cristo como rey.

Los prisioneros de conciencia que aún permanecen tras las rejas, los que, apenas excarcelados retoman el trabajo libertador, los que articulan movimientos de resistencia pacífica sin proponer el odio ni la venganza, algunos de ellos, bueno es señalarlo, de sólida formación cristiana; todos los que, a pesar del hostigamiento, no claudican y reclaman sus derechos, los que han sido fieles a la fe en los tiempos peores, y los que la descubren ahora y cambian sus vidas en consonancia a la misma, nos dicen que podemos hacerlo.

Buena prueba de ello es que, a pesar de tantos años de encarnizada represión política, los que luchan por los derechos de la población no han podido ser exterminados, ni siquiera silenciados del todo. Buena prueba de ello lo es también la fortaleza de la fe frente a los intentos de arrancarla del corazón de los cubanos.

Esos intentos fueron descarnados muchas veces, como la persecución y expulsión de sacerdotes, la clausura de templos, largas penas de prisión y, en ocasiones, como hemos recordado, la pena de muerte, contra líderes laicos comprometidos con la fe. Otras veces los intentos descristianizadores eran más sofisticados, como las grandes dificultades de los fieles para estudiar, trabajar y hasta para el simple convivir en una sociedad donde se les discriminaba y ridiculizaba, lo cual incluía la ojeriza contra los que mantenían símbolos religiosos en sus hogares.

Sin embargo, apenas las conveniencias del régimen indicaron una atenuación de esas medidas y se abrieron los estrechos resquicios donde hoy toleran a regañadientes la expresión de la fe, ésta está mostrando el vigor de su raíz y su potencial de transformación. Multitudes de cubanos están saliendo a las calles, no detrás de un líder político, ni siguiendo las consignas del terror, sino para acompañar a la imagen de la Virgen de la Caridad, la «Mambisa», en un recorrido iniciado en El Cobre el pasado mes de agosto, semejante al realizado en los años 1951 y 1952 en celebración del cincuentenario de la República. Ese gran peregrinaje nacional va avanzando lenta, pero contundentemente, paso a paso y pueblo a pueblo desde Oriente hasta Occidente, desde Maisí hasta San Antonio, y habrá de culminar, Dios mediante, en La Habana, justo a tiempo para la celebración del cuarto centenario del hallazgo de la imagen, en septiembre de 2012.

En esas manifestaciones religiosas no se escucha otra cosa que el mensaje liberador del Evangelio de Jesucristo, el mismo que, en la fe y en la cultura, inspiró la formación del carácter cubano, el mismo que engendró en nuestro pueblo los ideales mejores... el mismo que motivaba a los que gritaban «¡Viva Cristo Rey!».

¿Puede esto ser malo para Cuba? ¿No hay en todo ello una positiva promesa de futuro? Esto no sería posible sin la presencia y el paciente trabajo de la Iglesia en Cuba, donde ésta trata de sortear las circunstancias peores, consciente de que el objetivo final, el lograr que el cubano alcance íntegramente *«la libertad gloriosa de los hijos de Dios»*, vale la pena.

Creo que debiéramos meditar desapasionadamente sobre esto. Escucho con dolor, críticas severas, desproporcionadas y casi siempre injustas contra la labor presente de la Iglesia en Cuba, sin verla en su dimensión total, tergiversando sus verdaderas intenciones y sin hacer mención de sus logros, pequeños, pero promisorios. La crítica leal, dentro de los parámetros del respeto y de la búsqueda común, en nuestro caso, de lo mejor para nuestro pueblo, es siempre válida. Pero, el ataque desconsiderado, la ignorancia o el silenciamiento de hechos y circunstancias que inciden en la realidad, la generalización y el juicio rápido, no traen más que división y desconfianza entre nosotros. Habría que preguntarse honestamente quién recoge los frutos de tan amarga cosecha.

A pesar de esto, decía que podemos hacerlo. Que podemos edificar esa Cuba creyente y dichosa con todo lo que ello entraña, y daba las razones que veo cuando miro dentro de la Isla para sustentar esa esperanza. Ahora, me parece oportuno observar lo que puede aportar el exilio cubano a esa Cuba que necesitamos.

EL APORTE DEL EXILIO

Si tomamos como referencia bíblica y ejemplo para el destierro cubano el exilio de los israelitas en Babilonia, pudiéramos decir que los cubanos exiliados, desde el principio y hasta el presente, hemos hecho un aporte fiel, positivo, fructífero y perseverante a favor de los mejores intereses de la nación cubana. Pudiéramos igualmente decir que se puede hacer mucho más. Y habría que añadir que es urgente que lo hagamos.

Los hijos de Israel desterrados a Babilonia llevaron con ellos los libros sagrados, el depósito de la fe, sus tradiciones y su cultura. Mantuvieron vivas su identidad, su compromiso como parte del pueblo de Dios, y su esperanza de regreso, a través de sus reuniones en la sinagoga. Reflexionaron sobre su relación con el Señor, sobre ellos mismos, y sobre su misión. Tomaron conciencia de sus pecados, rechazaron la idolatría y al cabo de 50 años regresaron a Israel con un tesoro en las manos: no obstante las fallas humanas y los errores cometidos, habían preservado lo mejor de sí mismos y podían aportar lo que de positivo habían aprendido en su destierro.

Esto ha sido, en buena medida, la historia del exilio cubano, de 1959 a la fecha. El final, que yo tal vez no vea desde la tierra, debiera ser semejante, y aún mejor, que el final del exilio babilónico.

El exilio cubano ha conservado su fe, su ser, sus costumbres y su compromiso con la patria, integrándose con amor, provecho mutuo y gratitud a esta segunda patria, pero evitando ser asimilado. Ha sido un exilio constante en el trabajo por los derechos de su pueblo, ha ayudado con generosidad ejemplar a sus hermanos y a otros pueblos y no ha renunciado nunca a la esperanza de un regreso en libertad.

De muchas maneras, en diferentes épocas y en distintos foros, el exilio cubano también ha reflexionado sobre Cuba, su pasado, su presente y sus posibilidades de futuro, tanto desde el ángulo de la fe, como en el plano cívico y socio-político. Notablemente lo hizo durante la celebración del 5º Centenario de la Evangelización a través de las Comunidades de Reflexión Eclesial Cubana en la Diáspora (CRECED), un proceso que recogió las experiencias, testimonios y opiniones de cubanos desterrados en 19 países alrededor del mundo, y culminó junto a la tumba del Siervo de Dios padre Félix Varela, en San Agustín de la Florida. Ahí se examinó, se confirmó, se transparentó y se renovó el alma de la nación cubana a la luz de la fe en un trabajo arduo y amoroso que ha dado ya abundantes frutos y puede darlos en mayor cuantía aún para el porvenir. Yo insto a todos los que no han leído el documento final de CRECED, particularmente a los más comprometidos o preocupados por la nación cubana, a que lo lean, mediten sobre el mismo, y lo apliquen. Está disponible en la Ermita de la Caridad para todos los que lo soliciten.

El justo reconocimiento de los méritos de los exiliados que he mencionado a vuelapluma, contribuye también a alimentar la confianza en que podemos, siempre confiando primero en Dios, lograr, repito, la Cuba creyente y dichosa, la Cuba para todos los cubanos que todos los cubanos necesitamos.

Esto, por otra parte, no nos puede llevar a descuidar el trabajo ni a ignorar las cambiantes realidades que hemos de reconocer si queremos ser eficaces. El paso de los años ha debilitado el nivel de participación y el activismo. El arribo de nuevas generaciones de cubanos, con vivencias y formación diferentes a las del exilio inicial aporta retos que hay que encarar desde el amor, la fraternidad, el realismo, y la mutua comprensión. La subversión en la escala de valores, allá y aquí, es un peligro que no podemos descuidar.

Por todo ello, debemos renovar continuamente nuestro compromiso con la preservación del alma nacional, con sus valores fundamentales. Los cristianos, además, con el tesoro de la fe que nos mueve. Todos, con el trabajo entusiasta por la real liberación de Cuba. Con ese fin, me atrevo a mencionar algunas consideraciones que estimo prioritarias:

El respeto a la vida: la vida es el don primero de Dios, sin el cual ninguna otra cosa pudiera existir. Respetemos la vida, desde el vientre materno hasta la muerte natural y procuremos una vida digna para todos.

La familia: sin familia, no hay patria. Sin la familia firmemente asentada en el matrimonio de un hombre y una mujer, la nación se derrumbaría. Ayudemos a la familia en el desarrollo de su misión, en la educación de los hijos y la factibilidad de convertirse en modelo de convivencia para toda la sociedad. Separemos una noche cada semana para estar con la familia en el hogar: comer juntos, participar juntos en algún entretenimiento colectivo, y orar juntos.

La virtud. Tampoco hay patria sin virtud. Lo dijo en esas mismas palabras el padre Varela. La virtud en la vida de la nación se logra solamente cuando cada uno de sus ciudadanos la practica. Empiece cada uno consigo mismo, pues.

El equilibrio. Nos llamaba a él, desde su sabiduría y su amor a Cuba, Monseñor Eduardo Boza Masvidal, el Profeta del Exilio. El extremismo, el fanatismo, el creerse cada quien o cada grupo poseedor exclusivo de la verdad o practicante único del patriotismo nos reduce al status de tribus antagónicas, no nos eleva a la categoría de nación verdadera.

Las instituciones. Es urgente que las organizaciones del exilio se revitalicen, que sin variar principios ni objetivos traten de incorporar sangre nueva, métodos diversos y las tecnologías de la modernidad para su propio fortalecimiento y mejor trabajo. Cuba las necesita, porque el depender de hombres y no de instituciones nos ha dado siempre los peores resultados.

Conciencia de nuestra misión: preparémonos, formémonos continuamente dentro de los postulados de nuestra fe, fomentemos la visión cristiana de la vida, pues la misión nuestra no es solamente cambiar un gobierno, sino ayudar a re-fundar una nación y eso no se logra sin una base firme, ni una actualizada preparación.

La unidad. Quiero terminar estas largas consideraciones enfatizando lo imprescindible de la unión en la diversidad, en el respeto al otro, en la búsqueda de las necesarias convergencias, sin las cuales se hará imposible la materialización del ideal que perseguimos. A veces parece que estamos todos contra todos, cuando debiéramos todos ser uno frente al mal que corroe nuestra patria. Lo que dijo el Señor Jesús, lo que ha sido tristemente necesario repetir a lo largo de estos años de destierro, hay que decirlo aún más enfáticamente hoy: *«todo reino dividido, perecerá»*. (S. Mateo, 12, 25)

No lucha tanto un pueblo para perecer por la división. ¡Unámonos, unámonos, unámonos los que anhelamos una Cuba creyente y dichosa, los que entendemos lo que querían los que proclamaban a Cristo por rey con sus vidas y en su muerte! ¡Unámonos en la oración, unámonos en la acción y en el honesto e inteligente cumplimiento de nuestro deber! Unámonos ya, y pidamos al Señor que el cuarto centenario del hallazgo de la imagen de nuestra santa patrona, la Virgen de la Caridad del Cobre, la Virgen Mambisa, marque también el total encuentro de Cuba con la fe y la libertad.

Es el regalo que quisiera ver antes de partir a la patria definitiva. Es el regalo que quisiera dejar para mi patria en la tierra. En la fe, la esperanza y el amor, los bendice,

Mons. Agustín A. Román
Obispo Auxiliar Emérito.

21 de febrero de 2011

EL CONFESIONARIO: ESPACIO DEL ABRAZO CON CRISTO

Desde el 2003, al cumplir mis 75 años de edad y como todo Obispo en la Iglesia Católica, he recibido mi jubilación; jubilación que me ha brindado más tiempo para la pastoral personal.

Desde ese momento me propuse ofrecer también más tiempo en el Sacramento del Perdón a mis hermanos y hermanas que me lo pidan. Así, he comenzado a ver el confesionario como el espacio del abrazo que se realiza cuando la persona arrepentida de sus caídas, pero deseosa de alcanzar la santidad y la paz, viene a abrazarse con el Cristo que siempre espera y perdona.

En estos ocho años de jubilado he descubierto aún más la sinceridad del hombre y la misericordia del Dios bueno, que se encuentran en el sacramento, en el cual sólo soy yo un instrumento de Cristo que, con su muerte y resurrección, nos alcanzó la liberación espiritual en este signo sensible o sacramento.

Al leer las palabras del Señor resucitado a sus apóstoles el domingo de Pascua: *«Reciban el Espíritu Santo. Los pecados serán perdonados a los que 'ustedes' se los perdonen y serán retenidos a los que 'ustedes' se los retengan»* (Juan 20, 22-23), cuántas veces me he preguntado yo con temor, temblor y gratitud, cómo ha podido Él llamarme y elegirme a mí entre el grupo de los 'ustedes', y hacerme testigo y partícipe de su misericordia con las almas sinceras que se arrepienten.

Mi origen campesino me hace pensar en el campo en que nací y donde viví mi niñez y mi adolescencia, y oí tantas veces a los mayores que decían: *«el cuerpo se lava con agua y jabón, el alma se lava con la confesión»*. No he visto personas que sientan vergüenza en decir que se bañan. No es así con la confesión, porque no la vemos como Dios la ve. Pudiéramos decir que no tenemos pecados, pero la palabra de Dios nos desmiente: *«Si decimos que no tenemos pecados nos engaña-*

mos» (I Juan, 1, 8). De ahí la sabiduría de la Iglesia en pedirnos antes de la confesión el examen de conciencia en que con Cristo, Luz del Mundo, (Juan 18, 12) podremos descubrir las oscuridades del pecado; luz que Él siempre proyecta a través del Espíritu Santo.

Parece ser que, pensando en nuestras faltas, éstas nos acobardan al acercarnos a Él para recibir el abrazo del perdón ofrecido. Siempre debemos conocer, y nunca olvidar, que la vida nueva que recibimos en el bautismo no suprimió en el hombre normal la fragilidad y la debilidad de la naturaleza humana, ni la inclinación al pecado que la tradición en la familia de la Iglesia llama concupiscencia, y que permanece en los bautizados a fin de que sirva de prueba en ellos en el combate de la vida cristiana y en el que, ayudados por la gracia de Dios, vencerán.

Vuelve a mi mente el mundo campesino en que viví y oía a aquellos hombres sinceros que, sin conocer la psicología, con la sabiduría natural explicaban esto con ejemplos tomados de la vida diaria. *«Todo hombre cuando nace viene con un potro suelto dentro de sí que tendrá que domar luchando, pero Dios también nos da las riendas para conducir el potro por el camino que debemos caminar».* El potro simboliza las pasiones desordenadas que quieren arrastrarnos por caminos contrarios a la voluntad de Dios. La rienda para conducir al potro es la voluntad con la que podemos decir sí o no. Hay que conducir al potro y no dejarnos arrastrar por él.

El cristiano no ha de asustarse por las tentaciones de las pasiones desordenadas que quieren llevarnos por caminos contrarios al que Cristo nos revela. Él es el Camino y la Verdad; el abrazo con Cristo no será algo momentáneo, sino permanente. Él es el Camino, no dudemos (Juan 14, 6). Al acercarnos al confesionario con el peso de nuestras miserias pudiéramos sentir temor pensando que no nos recibirá. Él es la puerta (Juan 10, 7). Ésa nunca se cerrará mientras vivamos. San Pedro le preguntó al Señor: *«¿Cuántas veces tengo que perdonar a mi hermano?»* La respuesta fue: *«Setenta veces siete»* (Mateo 18, 21-22), que quiere decir 'siempre'.

A veces en la misma confesión, al decidir dejar lo prohibido que nos atrae, sentimos que no seremos capaces de morir al pecado para comenzar la vida nueva. No temas darle el abrazo al que es Resurrección y Vida (Juan 11, 25), porque el que te abraza ha dicho: *«Yo soy la vid, ustedes los sarmientos»* (Juan 15, 1). Desde el bautismo Él está unido a ti. Sus brazos están abiertos esperándote para unirte a Él, tronco de vida eterna, porque aunque te has desprendido de Él por el pecado, Él quiere injertarte de nuevo y espera que tú lo quieras también.

Puede ser que el demonio, antes de salir del confesionario, te haga pensar que regresarás al mismo mundo en que rompiste el abrazo de tu bautismo anteriormente, pero no olvides que ahora no estarás solo, porque Él es el Buen Pastor (Juan 10, 11) que no abandona a sus ovejas y, si se lo pides, te buscará hasta donde puedas esconderte. Si se lo pides libremente, nunca te abandonará porque el pastor no abandona a sus ovejas. No confíes en tus fuerzas limitadas, confía en Su fuerza y con ella prepárate a la lucha y vencerás.

Siempre después de la confesión le pido al penitente que visite al Santísimo Sacramento, pues veo estos dos sacramentos muy unidos. Allí Él siempre nos espera, aún cuando no estemos abrazados con Él, y siempre que a Él nos acercamos, nos acerca al Cielo, nuestra última morada, donde se realizará el abrazo eterno. Él es el Pan del Cielo (Juan 1, 35).

Al mirar el confesionario desde afuera, hay quien piensa en los pecados pero yo, prisionero en el mismo desde adentro, pienso en el Abrazo de Cristo con el alma arrepentida que producirá una nueva vida en Cristo.

Siempre recuerdo el himno del Oficio Divino: *«Esta es la hora para el buen amigo –llena de intimidad y confidencia– y en que al examinar nuestra conciencia –igual que siente el rey, siente el mendigo. Hora en que el corazón encuentra abrigo– para lograr alivio a su dolencia –y al evocar la edad de la inocencia– logra en el llanto bálsamo y castigo».*

6 de abril de 2011

44 AÑOS CON LA VIRGEN

Hace 45 años llegaba yo a la Arquidiócesis de Miami. Me recibió el Padre Emilio Vallina en la Parroquia de San Juan Bosco, en el edificio provisional en que comenzó. Me mostraron la imagen de la Virgen de la Caridad que había venido de Cuba, y que había presidido la primera celebración pública del exilio en Miami con la presencia de su Arzobispo, Coleman F. Carroll. Me contaron que cada año, desde ese día, se continuaba celebrando su fiesta en el mismo viejo Estadio de Miami.

Vi cómo la gente devota continuamente pasaba frente a ella y me contaron también que, después de su llegada en 1961 y hasta comenzar la construcción de la Parroquia en 1962, había servido de consuelo recorriendo los campamentos de la Arquidiócesis donde se alojaba parte de los 14,000 niños cubanos que habían sido recibidos desde Cuba a través del programa Pedro Pan.

En el año1966, en la festividad del 8 de septiembre, participaba yo por primera vez en la Misa con los demás sacerdotes y predicó ese día el Padre Ángel Villaronga. El Arzobispo, al dirigirse a la multitud de cubanos, les invitó a construir un santuario a la Virgen, a la vez que les ofrecía un terreno junto al mar que nos une con Cuba. En esa época, yo estaba asignado como Asistente en la Catedral de Miami. Allí me enteré que el Arzobispo organizaba un Comité de Recaudación y Construcción para levantar la obra.

El Comité comenzó rápidamente a trabajar con todo entusiasmo, y el 20 de mayo de 1967 se bendecía la primera piedra, esperando terminar la capilla provisional para la fiesta de la Virgen ese año.

Meses después, en septiembre, y con gran sorpresa pues no lo hubiera yo pensado, supe al leer el periódico católico The Voice que me habían nombrado Director Espiritual del nuevo Santuario y, al mismo tiempo, Capellán del Hospital Mercy y Asistente de la Parroquia de St. Kieran.

El día de la festividad de la Virgen me trasladé a la pequeña Ermita que habían construido. Así comenzaba la historia de mis 44 años junto a la Madre de Cristo.

Mi devoción a ella había comenzado desde mi niñez. En la casa de mis padres ella presidía el hogar: el Corazón de Jesús y la Virgen de la Caridad en dos cuadros que nunca faltaron junto a los de nuestra familia. Mi madre siempre nos pedía echarles una mirada a la Madre y al Hijo, pidiéndoles la bendición cada noche.

Al llegar a mi juventud, me incorporé a la parroquia con un grupo de jóvenes de la Acción Católica que el párroco instruía cada semana. Al terminar el Bachillerato y respondiendo al llamado del Señor que ya sentía, entré en el Seminario de Matanzas donde hice mis estudios de Filosofía. De allí fui enviado a Montreal, Canadá, para hacer mis estudios de Teología, y al terminarlos regresé a Cuba con la ilusión de trabajar por el resto de mi vida en la diócesis de Matanzas que libremente había escogido.

El rosario a la Virgen de la Caridad, meditando la vida de Cristo, lo había rezado siempre cada día, y una noche, sin aviso previo, fui expulsado con mi rosario el 17 de septiembre de 1961 por el delito de ser sacerdote de Jesucristo.

Después de cuatro lindos años como misionero en Chile, donde había vivido el rico proceso del Concilio Vaticano II, llegaba a esta Arquidiócesis. Un año después, y aun pensando en un regreso rápido a Cuba, a mi diócesis de Matanzas, recibía un nombramiento para el que no estaba preparado pues nunca había trabajado en un santuario.

Comencé sin saber a donde iría, pero confiando en la Virgen. Rezaba el rosario y le pedía que intercediera a fin de que encontrara respuestas a lo que el Señor quería. Empecé a recordar mis cursos de misionología en el Seminario. Fui hallando contactos con personas de quienes pronto nos hicimos verdaderos amigos. Los veía cada día más enamorados de la obra y dispuestos a comprometerse sin condiciones.

En marzo de 1968 el Arzobispo nos reunió y organizó con nosotros dos instrumentos: el que ya existía para la construcción y el otro, la

Cofradía de la Virgen de la Caridad, que sería el alma del Santuario y que debía vivir y propagar la verdadera devoción a la Virgen María bajo esta advocación. El Espíritu Santo nos había regalado los hombres y mujeres que formarían en el principio la Cofradía, a través de la amistad. Ellos serían el motor principal de esta obra. En junio de ese año 1968 se celebraba el acto de iniciación, y en dos semanas ya había sobrepasado el número esperado de socios.

Al no tener local donde reunirnos, organizaron la Cruzada del Rosario en Familia y cada semana visitaban seis familias, correspondientes a las seis tradicionales provincias de Cuba. El entusiasmo crecía cada día y la Cofradía se hacía conocer mejor a través del trabajo de la Cruzada del Rosario.

El nivel económico en que se vivía era muy pobre. Laboraban en humildes trabajos en las factorías, recogían tomates en los campos, lavaban platos en los restaurantes. El trabajo en sí no faltaba, y la gente ofrecía al proyecto del Santuario la primera hora de trabajo al llegar de Cuba. Los centavos llovían. Se hacían rifas y maratones. La respuesta y la generosidad de la gente eran constantes. Ellos me movían a mí más que yo a ellos. La ilusión era dejar una casa a la Madre Celestial antes de partir de regreso a la patria. No pensaban en su propia casa, pues parecía no ser necesario ya que el regreso lo veían venir cada año.

Así, en 1973, se terminaba la primera parte del Santuario y se bendecía con la presencia del Cardenal Kroll, Arzobispo de Filadelfia, el Arzobispo de Miami, Coleman F. Carroll – quien había esperado la realización de este sueño por seis años – el Obispo René Gracida, el Obispo cubano exiliado Eduardo Boza Masvidal, un número de sacerdotes y una multitud de fieles que disfrutaba este esperado momento. El Santuario fue hecho por todos, a todos pertenece y todos lo han hecho crecer y mantenerse hasta el día de hoy.

Al llegar a la edad del retiro he podido ver con gusto cómo los nuevos Rectores, primero Mons. Oscar Castañeda y ahora el Padre Juan Rumín Domínguez, han continuado lo que se comenzó al principio del exilio.

El Santuario es la obra de un pueblo que, unido por el amor a la Madre de Dios bajo el título de Nuestra Señora de la Caridad, ha sido capaz de levantarlo, mantenerlo y hacer de él un centro evangelizador donde, viviendo la fe, vamos a Cristo a través de María.

Doy gracias al Señor por haberme permitido acompañar a mi pueblo en esta obra durante 44 años como un testigo más de lo que se puede lograr cuando la Caridad es la fuerza que nos une.

8 de septiembre de 2011.

ORANDO POR LA UNIDAD DE LOS CRISTIANOS

Al abrirse el Año Jubilar conmemorativo de los cuatro siglos de la aparición de la bendita imagen de la Virgen de la Caridad el pasado domingo de Epifanía, el médico ordenó que me hospitalizaran para el chequeo anual. Desde entonces he permanecido en el Hospital Mercy como en ocasiones anteriores, y ya tan cerca de la celebración del Domingo de Oración por la Unidad de los Cristianos, he aprovechado para hacer de esta estadía un tiempo de oración porque un día reine en todos los cristianos la unidad que Cristo nos pidió.

En estos días he sentido la presencia del Señor en su Iglesia cuyos miembros, como una familia, no han dejado de apoyarme fraternalmente con la oración constante. Agradezco profundamente a nuestro Arzobispo Thomas G. Wenski y al Arzobispo John C. Favalora su preocupación por mi salud. A los sacerdotes, diáconos, religiosos, y a nuestro laicado que se ha interesado por mi salud de modo especial durante todos estos días. He sentido la fraternidad de cristianos de otras denominaciones, particularmente de los Guías Espirituales del grupo ecuménico al que pertenezco y con los que oramos y compartimos mensualmente nuestra oración.

Quiero agradecer el esfuerzo profesional de los médicos que tanto han trabajado en estos días buscándome la salud: el Dr. Centurión, el Dr. Moas, el Dr. Peter García, así como los Dres. Mayor y Machado.

Puedo decirles que agradezco que el Señor haya permitido estos días de purificación pues los he vivido como una preparación a la Semana de la Unidad en la que cada año, del 18 al 25 de enero, todos los que un día recibimos el santo bautismo estamos llamados a orar porque los cristianos lleguemos a ser el pueblo que Cristo fundó antes de partir al cielo, y que no ha olvidado al enviarnos en Pentecostés el Espíritu Santo para continuar caminando juntos con Él.

Este año la celebración de la Unidad será en la parroquia de Sts. Peter and Paul, 900 S.W. 26 Road, a las 3:30 p.m., y como en años anteriores todos los cristianos de las distintas denominaciones estamos invitados a participar. El Dr. Centurión me ha prometido que podré compartir con ustedes, lo que me ha llenado de alegría.

El tema de este año 2012, escogido por el equipo ecuménico internacional, ha sido la frase de San Pablo a los corintios: *«Todos seremos transformados por la victoria de Nuestro Señor Jesucristo»*. El Apóstol nos exhorta a dar gracias a Dios quien por medio de Nuestro Señor Jesucristo nos concede esa victoria (I Cor. 15:57).Por supuesto, no será una victoria fruto de nuestro esfuerzo humano ni una victoria según los criterios mundanos de éxito y fracaso, sino una victoria conseguida por Jesús a través del misterio pascual y en la que participamos por la fe con la oración.

Al hacer nuestra la victoria del Señor nos vamos transfigurando en Cristo, nosotros y nuestras Iglesias y comunidades eclesiales, y vamos caminando hacia la auténtica unidad de todos los que creemos en ese triunfo del Señor. Esto según los criterios de Dios y no según los nuestros. Este esfuerzo en todos los cristianos requiere paciencia, servicio y disponibilidad.

Los que seguimos a Cristo mientras caminamos tratando de crecer en la caridad con la práctica del ecumenismo espiritual, compartiendo lo mucho que nos une en la fe, confiamos que un día llegará la victoria en la verdadera unidad.

Lo repito, considero estos días de hospital como una oportunidad para agradecer al Señor el don de la salud que tanto he disfrutado en mis ocho décadas de vida, y para poner en las manos de la Virgen a través del rosario mi petición por la unidad de los cristianos, confiado en que Ella se la presentará al Señor como lo hizo en Caná.

18 de enero de 2012.

BENEDICTO XVI, EN SU TERCERA VISITA AL CONTINENTE AMERICANO

Aunque yo nací y crecí en el campo de Cuba, como hijo de campesinos, no tuve la experiencia del pastoreo de ganado permanente. La abundancia del pasto allí durante el año lo hacía casi innecesario. Más tarde, siendo párroco en el sur de Chile, tuve la oportunidad de conocer el pastor y el pastoreo permanente. Recuerdo cuando cada semana, al recorrer el lindo y verde campo, encontraba a personas que daban parte de su vida cuidando sus ovejas. Partían al salir el sol y regresaban cuando éste se ponía. Así conocí la mejor vida del pastor.

Nunca he olvidado a un niño indígena de unos diez años que pasaba todo el día con sus ovejas. En muchas ocasiones me detuve para hablar con él y siempre descubría su gran inteligencia, a pesar de que no la desarrollaba en el colegio. Era educado y sabía responder.

A veces le preguntaba: «¿Por qué estás aquí al sol sobre esas piedras, si allá estarías más cómodo?» La respuesta era siempre: *«Porque aquí las ovejas tienen pasto y allá no»*. En otra ocasión le pregunté: «¿Por qué no vas allá, debajo de los árboles, a la sombra, y evitas el sol fuerte?» Siempre respondía buscando el bien de las ovejas: *«Allá no hay agua y ellas ahora tienen sed»*. Entonces comprendí que el pastor busca siempre el bien de sus ovejas y comprendí aún mejor la parábola del Buen Pastor (Juan, 10): Cristo, que funda la familia de la Iglesia y la organiza con pastores, personas que vienen a servir y no a ser servidas, compartiendo la luz del cielo.

Jesucristo fundó su Iglesia con doce pastores que fueron los apóstoles. Ellos y sus sucesores debían iluminar con el Evangelio la vida de sus hermanos. Entre los apóstoles escogió a Pedro para que pudiera organizar y mantener viva la nueva familia. El Papa es el sucesor de Pedro y por tanto el Vicario, o el que representa al Buen Pastor, Pastor de Pastores.

Desde el martirio de Pedro nunca ha faltado en la Iglesia el Papa. Hoy, Benedicto XVI es el número 265 en la lista de los dos mil años de la Iglesia. Esta Iglesia es la única familia organizada que ha durado ininterrumpidamente durante dos milenios.

Nadie ha podido contemplar esta larga etapa histórica del mundo como la Iglesia. Ella ha visto surgir y derrumbarse los reinos, y ella permanece como el testimonio que quien la sostiene es el mismo Dios. Ella es humana como todas las otras instituciones, con los defectos propios de los humanos, pero en ella han brillado los cristianos santos como ejemplos de vida evangélica.

Benedicto XVI ha visitado este continente americano en Brasil, en Sur América, en el 2007, y en Estados Unidos, en la América del Norte, en el 2008. Esta semana visitará el centro del Continente: México este viernes, sábado y domingo, y Cuba al comienzo de la semana próxima, el lunes, martes y miércoles, celebrando con el pueblo cubano los 400 años de la aparición de la imagen de la Virgen de la Caridad en las aguas de la Bahía de Nipe, en el norte oriental de Cuba.

El Papa celebrará la Eucaristía en México en la Plaza de la Libertad el domingo 25. En Cuba celebrará la Eucaristía en la Plaza Antonio Maceo de Santiago de Cuba, conmemorando allí junto a la Virgen de la Caridad la solemnidad de la Anunciación, y después en la Plaza José Martí en La Habana el día 28, de donde regresará a Roma, a la tumba de San Pedro, de donde vino y donde vive.

Oremos para que esta visita pastoral del Vicario de Cristo ilumine a ambos pueblos con la luz de la Divina Palabra, que cambia los corazones y hace capaces a los hombres de reflejarla cambiando las situaciones más dificiles.

23 de marzo de 2012

Nota del Editor: Este fue el último artículo escrito por Monseñor Román, menos de tres semanas antes de su fallecimiento.

III

AGRADECIMIENTO

Muchas gracias:

El padre Juan Rumín Domínguez, Rector de la Ermita de la Caridad, y la Archicofradía de Nuestra Señora de la Caridad, han sido los padrinos de esta obra en más de un sentido. Sin ellos, hubiera sido muy difícil que la misma viera la luz.

El Diario Las Américas, El Nuevo Herald y la *Revista Ideal* me han permitido amablemente la utilización de artículos que fueron originalmente publicados en sus páginas.

La Voz Católica que, lamentablemente, ya no se publica, proveyó sus viejas páginas para enriquecer este trabajo.

La Colección de la Herencia Cubana de las bibliotecas de la Universidad de Miami abrió generosamente sus extraordinarios archivos para mi investigación.

Roberto Koltún, fotógrafo de *El Nuevo Herald* aportó su talento y su desprendimiento en las fotografías de la portada y la contraportada.

Alain Garmendía, de la *Revista Ideal*, colaboró en aspectos técnicos.

El abogado Rafael Peñalver, gran amigo y colaborador de Mons. Román, me prestó su valiosa asistencia.

En los orígenes de muchos de estos escritos, el diácono Manolo Pérez, la difunta Violeta del Junto, así como Elvira, Marta, Norma, María y Alina que fueron, en distintas épocas, asistentes de Mons. Román, sirvieron en ocasiones de correo y agentes transmisores para que los mismos fueran, entonces, publicados a tiempo.

Manolo Salvat, de Ediciones Universal, ha aportado su experiencia y su paciencia.

Y un montón de familiares y amigos, conocedores de estos esfuerzos, me han dado el ánimo y el entusiasmo para llevar este empeño a un buen término.

A todos, muchas gracias,

Julio Estorino